"十三五"国家重点出版物出版规划项目

外|交|与|国|际|战|略|卷

构建全球伙伴关系网络：
历史发展与现实路径

BUILDING A GLOBAL NETWORK OF PARTNERS:
PAST AND PRESENT

任远喆　著

中国财经出版传媒集团
经济科学出版社
Economic Science Press

图书在版编目（CIP）数据

构建全球伙伴关系网络：历史发展与现实路径/任远喆著.—北京：经济科学出版社，2020.1（2022.9 重印）
（中国道路·外交与国际战略卷）
ISBN 978-7-5218-1228-2

Ⅰ.①构⋯　Ⅱ.①任⋯　Ⅲ.①中国对外政策-研究　Ⅳ.①D820

中国版本图书馆 CIP 数据核字（2020）第 021304 号

责任编辑：孙丽丽　纪小小
责任校对：杨　海
责任印制：李　鹏　范　艳

构建全球伙伴关系网络：历史发展与现实路径
任远喆　著
经济科学出版社出版、发行　新华书店经销
社址：北京市海淀区阜成路甲 28 号　邮编：100142
总编部电话：010-88191217　发行部电话：010-88191522
网址：www.esp.com.cn
电子邮箱：esp@esp.com.cn
天猫网店：经济科学出版社旗舰店
网址：http：//jjkxcbs.tmall.com
北京季蜂印刷有限公司印装
710×1000　16 开　20.75 印张　270000 字
2020 年 2 月第 1 版　2022 年 9 月第 2 次印刷
ISBN 978-7-5218-1228-2　定价：72.00 元
（图书出现印装问题，本社负责调换。电话：010-88191510）
（版权所有　侵权必究　打击盗版　举报热线：010-88191661
QQ：2242791300　营销中心电话：010-88191537
电子邮箱：dbts@esp.com.cn）

《中国道路》丛书编委会

顾　　　问：魏礼群　马建堂　许宏才

总　主　编：顾海良

编委会成员：（按姓氏笔画为序）

马建堂　王天义　刘　志　吕　政
向春玲　陈江生　季正聚　季　明
竺彩华　周法兴　赵建军　逄锦聚
姜　辉　顾海良　高　飞　黄泰岩
傅才武　曾　峻　魏礼群　魏海生

外交与国际战略卷

主　　　编：高　飞　竺彩华

《中国道路》丛书审读委员会

主　任：吕　萍

委　员：李洪波　陈迈利　柳　敏　樊曙华
　　　　刘明晖　孙丽丽　胡蔚婷

总　　序

中国道路就是中国特色社会主义道路。习近平总书记指出，中国特色社会主义这条道路来之不易，它是在改革开放三十多年的伟大实践中走出来的，是在中华人民共和国成立六十多年的持续探索中走出来的，是在对近代以来一百七十多年中华民族发展历程的深刻总结中走出来的，是在对中华民族五千多年悠久文明的传承中走出来的，具有深厚的历史渊源和广泛的现实基础。

道路决定命运。中国道路是发展中国、富强中国之路，是一条实现中华民族伟大复兴中国梦的人间正道、康庄大道。要增强中国道路自信、理论自信、制度自信、文化自信，确保中国特色社会主义道路沿着正确方向胜利前进。《中国道路》丛书，就是以此为主旨，对中国道路的实践、成就和经验，以及历史、现实与未来，分卷分册做出全景式展示。

丛书按主题分作十卷百册。十卷的主题分别为：经济建设、政治建设、文化建设、社会建设、生态文明建设、国防与军队建设、外交与国际战略、党的领导和建设、马克思主义中国化、世界对中国道路评价。每卷按分卷主题的具体内容分为若干册，各册对实践探索、改革历程、发展成效、经验总结、理论创新等方面问题做出阐释。在阐释中，以改革开放四十多年伟大实践为主要内容，结合新中国成立七十年的持续探索，对中华民族近代以来发展历程以及悠久文明传承的总结，既有强烈的时代感，又有深刻的历史感召力和面向未来的震撼力。

丛书整体策划，分卷作业。在写作风格上，注重历史和现实相贯通、国际和国内相关联、理论和实际相结合，对中国道路的重大理论和实践问题做出探索；注重对中国道路的实践经验、理论创新做出求实、求真的阐释；注重对中国道路做出富有特色的、令人信服的国际表达；注重对中国道路为发展中国家走向现代化的途径、为解决人类问题所贡献的中国智慧和中国方案的阐释。

在新中国成立特别是改革开放以来我国发展取得的重大成就基础上，近代以来久经磨难的中华民族实现了从站起来、富起来到强起来的历史性飞跃，焕发出强大生机活力，迈进中国特色社会主义道路发展的新时代。在新时代建设社会主义现代化强国的新的历史征程中，中国财经出版传媒集团经济科学出版社、中国特色社会主义经济建设协同创新中心精心策划、组织编写《中国道路》丛书有着更为显著的、重要的理论意义和现实意义。

《中国道路》丛书2015年策划启动，2017年开始陆续推出。丛书2016年列入"十三五"国家重点出版物出版规划项目、主题出版规划项目。丛书第一批，2017年列入国家"90种迎接党的十九大精品出版选题"；2018年获国家出版基金资助，作为馆藏图书被大英图书馆收藏；2019年被中宣部遴选为"书影中的70年·新中国图书版本展"参展图书，并入选国家社科基金中华学术外译项目推荐选题目录。丛书第二批于2019年陆续推出。

《中国道路》丛书编委会
2019年9月

目 录

第一章 全球伙伴关系网络的基本理念 …………… 1

    第一节 "伙伴关系"及其在美国的实践 ／ 1

    第二节 中国伙伴关系外交的理念渊源 ／ 33

    第三节 全球伙伴关系网络的构成类别 ／ 52

    第四节 本章小结 ／ 71

第二章 中国构建全球伙伴关系网络的缘起与发展 …………… 72

    第一节 伙伴关系外交提出的国内外背景 ／ 72

    第二节 缘起与初创：中国对伙伴关系外交的探索（1993～2002年） ／ 84

    第三节 拓展与深化：中国伙伴关系网络的迅速扩展（2003～2012年） ／ 96

    第四节 本章小结 ／ 108

第三章 积极构建全球伙伴关系网络 …………… 110

    第一节 党的十八大以来中国外交理念的新发展与伙伴关系 ／ 111

第二节　全球伙伴关系网络的基本布局　/　130
第三节　全球伙伴关系网络的新特点　/　152
第四节　本章小结　/　166

第四章　"一带一路"与全球互联互通伙伴关系 …… 168

第一节　全球互联互通伙伴关系的提出与发展　/　168
第二节　建立全球互联互通伙伴关系的动因　/　176
第三节　构建全球互联互通伙伴关系面临的挑战　/　193
第四节　本章小结　/　214

第五章　海洋强国建设与蓝色伙伴关系 ………… 216

第一节　海洋强国建设的中国路径　/　217
第二节　蓝色伙伴关系与全球海洋治理　/　233
第三节　海洋强国建设的未来与伙伴关系的构建　/　257
第四节　本章小结　/　263

附录　/　265
参考文献　/　303
后记　/　318

第一章

全球伙伴关系网络的基本理念

伙伴关系是一种重要的外交形态，可以视为外交战略的一种选择。"冷战"期间，在两极格局之下，不同国家之间尽管也有伙伴关系的存在，但是同盟关系和集体安全成为国家外交政策的普遍选择。伴随着"冷战"的结束，各国之间纷纷建立起伙伴关系，全球外交领域出现了"伙伴化"的趋势。不同国家、国家与国际组织、地区之间逐渐建立起了各种层次和类别的伙伴关系。中国是伙伴关系外交的积极倡导者和实践者，这建立在新中国成立以来外交演进的脉络之上，顺应了世界发展潮流，具有深厚的历史文化渊源。在 2014 年中央外事工作会议上，习近平同志指出，"要在坚持不结盟原则的前提下广交朋友，形成遍布全球的伙伴关系网络"。逐步建立健全全球伙伴关系网络，已成为新时期中国特色大国外交的主要特征。从伙伴关系到全球伙伴关系网络，伙伴关系外交已经成为当代中国外交的重要标识，也是 70 年来中国外交不断取得一个又一个成果和胜利的宝贵经验。

第一节 "伙伴关系"及其在美国的实践

伙伴和伙伴关系具有非常丰富的含义。根据《朗曼当代英语词典》，"伙伴"（partner）就是指"和你在工作上或生活上关系密切的人或机构。可以形容生活上的伴侣也可以形容生意上的合作方"。当然，"伙伴"也可以指"在舞蹈、体育或其他活动中与你配合，在一个团队里的人"。而"伙伴关系"（partnership）则是指"成为伙伴这种状态。在商业领域，伙伴关系依靠组织或个人之间共同工作的协议与约定"①。汉语中的"伙伴"一词由来已久。在中国传统文化中，"伙伴"一词源于一种古代兵制，十人共一火炊煮，同火称"火伴"，亦称同在一个军营的人。后将其意引申而指同伴，形成"伙伴"一词②，这里泛指共同参加某种活动或为共同目标合作努力的人。东西方在"伙伴"和"伙伴关系"的理解上并不存在很大区别，都强调为共同的目标、共同的利益而建立起来的合作关系。这种关系在商业领域早已有之，而且比较常见。

一、伙伴关系的基本含义和主要特点

将伙伴和伙伴关系用于国际关系领域主要出现在第二次世界大战之后，用于解释不同于军事同盟或者结盟战略的国家之间的政治关系。"冷战"期间伙伴关系被正式援引为外交政策概念始于美国对美日关系的再定位。1960年美国国家安全委员会第6008/1号文件规定，以伙伴关系和平等的精神处理美国与日本的关系，充分考虑对日本至关重要的利益并就相互感兴趣的事务与日本政府协商。至此，伙伴关系已经不单是描述两国关系亲密度的词汇，而是指导美国制定对日政策的纲领性原则。③ 之后在调整大西洋两岸关系时，伙伴关系一词也经常使用。20世纪60年代末，美国政府面临着一系列国内外挑战和困境。如何根据世界形势的变化，寻求一个新的全球力量平衡，同时维持美国在国

---

① LONGMAN Dictionary of Contemporary English, 2003, pp. 1199 – 1200.
② 《辞海》（上册），上海辞书出版社1979年版。
③ 陈永：《中美倡导的伙伴关系比较研究：演变过程与概念界定》，载于《国际政治研究》2016年第5期，第113~114页。

第一章 全球伙伴关系网络的基本理念

际事务中的主导地位,这些问题成为尼克松上台后面临的优先议程。1969年7月25日,在关岛军官俱乐部举行的记者会上,尼克松谈到了美国在"亚太的地位问题"。其中提到,他要向大多数美国人以及美国的盟国,特别是日本和欧洲各国表明,美军不仅要撤出越南,而且要以此为鉴,避免大规模陷入亚洲泥沼,特别是对美国利益并不十分重要的地区。尼克松同时指出:"我们不要忽视,这里同时存在着经济发展的巨大潜力。"日本、中国台湾、韩国、泰国、新加坡和马来西亚已经取得经济成就。"我们需要制定政策,以表明我们发挥了作用,而且是符合情况、得体的作用。"这包括"民族荣誉"及"地区信誉"。亚洲人"不需要外人摆布"。尼克松最后总结美国在亚洲的地位时说:"太平洋地区的非共产党国家正在实施的政治经济方略是非常有希望的。我们将帮助他们实施。我们将信守条约的承诺。就我们在亚洲的地位而言,我们要极力避免亚洲国家过分依赖我们,将我们拖入像越南战争这样的冲突。当然这样做起来并不容易,但我相信,只要适当规划,我们是能做到的。"后来媒体记者将其提出的"新亚洲政策"称为"尼克松主义"。

尼克松在1970年的"国情咨文"中提出了以"伙伴关系、实力和谈判"为三根支柱的"新和平战略"。在以后的一些政策声明中,尼克松交替使用"新战略"和"尼克松主义",把它们都当作整个对外政策的指导原则。关于三根支柱的关系,他在1971年对外政策报告中进一步阐明:"伙伴关系"是美国新的对外政策的核心,而"实力"和"谈判"是其"必要的附属物"。尼克松提出的"伙伴关系"是要加强与北约成员国、日本之间的合作,其目的是改善美日欧同盟关系,借助西欧和日本维护美国的超级大国地位。"尼克松主义"的中心论点是"美国将参与盟友的防务和发展,但它不能也不会制定全部方案、拟定全部计划、执行全部决定、承担世界自由国家的全部防务"。在当时的历史背景下,尼克松提到的"伙伴关系"有其特殊含义。美国并不是要与欧日建立真正平等的伙伴关系，而是试图在继续维持美国主导地位的前提下，减少在亚洲承担的义务。① 这是美国在战略收缩下强调盟友"责任分担"的体现，是第二次世界大战之后美国对外政策的一次重大调整。当然，"尼克松主义"中的伙伴关系乃至整个"冷战"期间美国外交政策文件中对伙伴关系一词的使用，更多还是同盟之间关系调整的体现，侧重于对同盟的管理，而且其背后的支撑还是美国的"实力"，为其全球争霸战略服务。这跟"冷战"后伙伴关系外交的含义有很大差异。

"冷战"结束之后，伙伴和伙伴关系在国际关系中使用的更为广泛。特别是20世纪90年代，中国提出了"面向21世纪的新型伙伴关系"的国家间关系新模式并与美国、俄罗斯、日本、法国等大国建立起了一系列跨世纪的伙伴关系，努力构筑了不结盟、互利共赢的大国关系框架，为中国外交奠定了坚实的基础。此后国内外学者对于伙伴关系外交的研究显著增多。20世纪90年代末就有不少学者试图对伙伴关系的外交理念进行概括和总结。例如，"伙伴关系是指在合作互利之共同目标下，以平等地位的精神持续交往"②。"伙伴关系国之间应该是：互不为敌，这是伙伴关系得以存在或建立的前提；双方具有共同利益，这是伙伴关系存在的基础；各自都有为寻求这种共同利益而进行合作的愿望，这是建立伙伴关系的动力；双方能够采取切实的措施发展相互关系，这是伙伴关系的表现形式。总之这种伙伴关系是一种互不以对方为敌、平等而相互尊重、互不干涉内政、相互寻求共同的政治经济利益、保持并推进双方关系发展的良好状态。"③ "伙

---

① 夏亚峰：《"尼克松主义"及美国对外政策的调整》，载于《中共党史研究》2009年第4期，第46~56页。
② 冯启人：《跨越"世纪之桥"的江柯会谈》，载于《海峡评论》1997年第84期，第23页。
③ 苏浩：《中国外交的伙伴关系框架》，载于《世界知识》2000年第5期，第11~12页。

伴关系"的特点可以总结为"平等""合作""互利""依存"。①也有不少学者将一系列伙伴关系外交上升到了战略的层面，认为中国应该奉行一项"伙伴战略"，即优先追求国家的经济发展，优先采用伙伴外交的手段，重视发展和主要力量中心的合作伙伴关系，以追求中国外交目标的最佳实现。②"伙伴战略的核心点就在于重对话、讲合作、结伙伴，重视全方位、多层次地与世界各国积极而广泛地发展良性互动的双边友好合作关系。中国目前在外交上奉行伙伴战略，实质上等于公开宣告自己既不会主动与别国进行对抗，也不会谋求霸权或者同别国结盟，而是要真心实意地与一切国家友好合作。"③在当时很多学者看来，无论是什么样的伙伴关系，实质上都具有以下共同特点：（1）是新型的国家关系而不是军事结盟；（2）以协商、对话的方式和平解决存在的分歧和争端；（3）不针对第三国；（4）促进各自同第三国发展正常的关系；（5）着眼未来，面向21世纪。④这种既非结盟又非敌对的合作伙伴关系，无疑是对"冷战"时期结盟、敌视、对抗的国家关系的否定，是一种新型的国家关系。⑤

通过这些研究及"冷战"结束初期的外交实践可以看到，从这一时期开始，中国政府和学界对伙伴关系的理解就比较一致，强调以"合作互利""平等相待""互不为敌""寻求共识"为核心的新型外交关系，而建立伙伴关系可以成为当时背景下的"现实理想主义"外交战略。这些研究为伙伴关系外交的实践提供了理论支撑，也为伙伴关系相关的研究奠定了基础。

---

① 宁骚：《选择伙伴战略，营造伙伴关系——跨入21世纪的中国外交》，载于《新视野》2000年第2期，第4~6页。
② 陈志敏：《伙伴战略：世纪之交中国的现实理想主义外交战略》，载于《太平洋学报》1999年第3期，第12~20页。
③ 金正昆：《伙伴战略：中国外交的理性抉择》，载于《教学与研究》2000年第7期，第43~48页。
④ 王树柏：《全球大调整》，新华出版社1998年版，第3~5页。
⑤ 《何谓"伙伴关系"》，载于《人民日报》1998年4月16日第6版。

21世纪以来,伴随着中国伙伴关系外交的成功开展,伙伴关系网络不断壮大,对中国伙伴关系外交的学理研究不断丰富,包括硕士、博士论文在内,有上百篇文章专门讨论中国的伙伴关系外交。不过总体来看,对中国同具体国家的伙伴关系的全面阐述和特点剖析成为国内学术研究的热点,而专门把伙伴关系作为外交战略分析框架的理论搭建还显不足。例如对中俄战略协作伙伴关系的发展、中美"合作伙伴关系"的定位、中欧全面战略伙伴关系面临的挑战等都有涉及,而针对伙伴关系的战略目标、战略手段、战略支撑以及与其他外交战略之间的差异分析深度剖析有限。

党的十八大以后,伴随着中国特色大国外交的全面推进,伙伴关系外交尤其是中国的伙伴关系外交再次成为外交理论研究的重点。例如,伙伴关系外交的性质可以被界定为一国为了实现对外战略的总体目标,基于特定的共同利益和可能的共识,与另一方正式建立的、具有较高政治平等性和政策灵活性的稳定的合作关系。[1] 伙伴关系还可以是国际行为体间基于共同利益,通过共同行动,为实现共同目标而建立的一种独立自主的国际合作关系。[2] 伙伴关系是指国家与国家(地区、组织)之间因为信任而在政治、经济、科技、文化等领域展开合作的一种国际合作关系;伙伴关系外交的目标是寻求发掘本国和其他国家间潜在的共同利益,弥合与其他国家的利益矛盾,进而将本国和其他国家的冲突性关系转化为友好的伙伴关系。中国建立伙伴关系是为营造有利的外部环境而倡导的一种"不对抗、不结盟、不针对第三方"的平等、和平和包容的新型国际合作范式。从中国学者的论述可以看出,伙伴关系可以被界定为一国为了实现对外战略的总

---

[1] 陈永:《中美倡导的伙伴关系比较研究:演变过程与概念界定》,载于《国际政治研究》2016年第5期,第109~128页。

[2] 门洪华、刘笑阳:《中国伙伴关系战略评估与展望》,载于《世界经济与政治》2015年第2期,第68~69页。

体目标，基于特定的共同利益和可能的共识，与另一方正式建立的、具有较高政治平等性和政策灵活性的稳定的合作关系。

通过检索英文文献可以发现，对伙伴和伙伴关系相关概念、内涵、分析框架的宏观讨论非常少，大多数文献涉及的是对两国伙伴关系发展状况的描述，或者针对某一个领域双方合作程度的分析。输入"伙伴关系外交"得出的结果只有很少几篇讨论中国伙伴外交的文章。在西方文献中，伙伴外交往往被视为结盟战略的一种，而相对应的在描述国家对外关系类型时，同盟（alliance）、联合阵线（coalition）、结盟（alignment）等一直占据主流，这和西方国家的政治传统、文化传承和实践特点密不可分。

同盟、联盟、伙伴等概念在组织行为学中早有深入研究。从组织行为学角度来看都可以认为是"人们为了共同目的建立起组织的途径"[①]。而将这些理念用于国际关系之中就构成了我们当今理解国家对外关系行为的重要路径，在悉尼大学的托马斯·维尔金斯（Thomas Wilkins）看来，国家对外关系最基本的选择就是结盟。尽管在国际关系研究和外交实践中，人们通常将同盟和结盟混为一谈，但是结盟行为是比同盟更为准确反映国家对外关系选择的范式。[②] 与同盟相比，结盟这个概念要更为"多面和多维度"，可以解释国家及其同盟面临的新的非军事的安全挑战。[③] 具体来看，可以对国家对外关系的几种主要模式进行简单区分。

第一，联盟或同盟关系（alliance）。在西方国际关系文献和外交实践中，联盟或同盟毋庸置疑是被提及次数最多、讨论最充分的。本书不再对两个概念进行详细区分，对"联盟"和"同

---

① Joan M. Roberts. *Alliance, Coalitions and Partnership: Building Collaborative Organizations*, New Society Publishers, 2004, P. 5.
② Thomas Wilkins. "Alignment", Not "Alliance" —The Shifting Paradigm of International Security Cooperation: Toward A Conceptual Taxonomy of Alignment, *Review of International Studies*, Vol. 38, Issue 1, January, 2012, pp. 53 – 56.
③ Michael D. Ward. *Research Gaps in Alliance Dynamics*, Denver: University of Denver, 1982, P. 8.

盟"交替使用。① 两国之间建立联盟关系的衡量指标和展现形式也比较清晰。根据《朗曼当代英语词典》的解释，联盟是指"两个或两个以上的国家、国家集团同意共同努力改变或获取某种成果的安排"②。史蒂芬·沃尔特（Stephen M. Walt）在《联盟的起源》中对联盟给出了经典定义。联盟就是指"两个或更多主权国家之间正式的或非正式的安全合作安排"③。后来沃尔特将其修改为联盟是两个或多个国家间的安全合作关系，通常采取书面的军事承诺的方式。格伦·斯奈德（Glenn Snyder）在《联盟政治》一书中的经典定义是，"联盟就是在特殊情况下针对非联盟的国家共同运用或者不运用武力的团体"④。联盟是国家对外关系的最基本模式，历史上关于联盟关系的例子不胜枚举。

与联盟关系密切相关的还有"准联盟"（quasi-alliance）关系。"准联盟"是一种非正式的安全合作关系，即"两个或两个以上国际实体在次级安全合作协定之上形成的针对外部敌人的安全合作关系"，准联盟战略就是"政治领导人运用次级安全管理机制与伙伴方开展针对外部敌人的安全协调与合作的战略理念、机制和行为"。⑤ 21世纪实行"准联盟"战略的国家越来越多，除结盟国家美国、日本和俄罗斯外，还有众多不结盟的新兴国家和其他政治实体。

第二，联合阵线（coalition）。联合阵线也可以简单翻译为

---

① 对于相关概念的辨析参见：孙德刚：《国际安全合作中联盟概念的理论辨析》，载于《国际论坛》2010年第5期，第52～58页。

② LONGMAN Dictionary of Contemporary English，2003，P. 38.

③ ［美］斯蒂芬·沃尔特：《联盟的起源》，周丕启译，上海人民出版社2018年版，第9页。

④ Glenn Snyder. Alliance Politics，Cornell University Press，2007，P. 4.

⑤ Victor Cha. Alignment Despite Antagonism：the United States – Korea – Japan Security Triangle，Stanford University Press，1999. 国内相关代表性研究可参见孙德刚：《论"准联盟"战略》，载于《世界经济与政治》2011年第2期；孙德刚：《准联盟外交探析》，载于《国际观察》2007年第2期；孙德刚：《联而不盟：国际安全合作中的准联盟理论》，载于《外交评论》2007年第6期；孙德刚：《结盟外交与国际安全竞争中的"三层博弈模式"》，载于《国际论坛》2008年第6期。

"联合",《朗曼当代英语词典》将其解释为"两个或更多的政党联合起来建立政府或共同参加选举"[1]。由此可见,联合阵线的概念更多出现在国内政治的讨论中。在国际政治中,联合阵线往往与联盟、同盟等概念混为一谈。安德鲁·皮埃尔（Andrew J. Pierre）将联合阵线界定为"一群理念相同的国家在特殊时期同意针对特别的问题联合行动但又不需要有建立长期关系的承诺"[2]。以此来看,联合阵线与联盟和同盟的差异性还是比较明显的。联合阵线往往是多边化、临时性的、非正式的,机制化程度较低,这是一种即时性的结盟、非正式的联盟,而非长久之计。例如在第一次海湾战争期间,美国就同时说服数十个国家参加反伊联盟,组成了以美国为首、39个国家参加的多国联军,这并不像北约和美国的亚太同盟一样持久。当然,在很多情况下联合阵线中也有同盟国的加入。

另外,与联盟侧重国际安全领域的议题相比,联合阵线涉及的议题领域往往更为广泛。联合阵线是各种国际关系行为体在某一议题领域进行的专门性合作,它基于共同或相近的立场,为了主导政策议程、实现共同目标,这种合作的范围既可能涉及军事安全领域,也可能涉及政治、经济和非传统安全领域。[3]"冷战"结束之后,联合阵线"在处理后冲突阶段政治和经济重建上的作用无法取代"[4]。

第三,安全共同体（security communities）。在西方安全合作研究中,还有很重要的一种结盟方式就是建立"安全共同体"。"安全共同体"理论在20世纪50年代由卡尔·多伊奇（Karl

---

[1] *LONGMAN Dictionary of Contemporary English*, 2003, P. 286.
[2] Andrew J. Pierre. *Coalitions: Building and Maintenance*, Washington: Institute for the Study of Diplomacy, Georgetown University, 2002, P. 2.
[3] 刘丰:《国际政治中的联合阵线》,载于《外交评论》2012年第5期,第59页。
[4] Andrew J. Pierre, *Coalitions: Building and Maintenance*, Washington: Institute for the Study of Diplomacy, Georgetown University, 2002, P. 1.

Deutsch)等学者在研究北大西洋地区时进行了理论阐释和实证研究。在他们看来："安全共同体是实现一体化的集团,而该集团内的成员确信彼此之间不进行物质上的争夺,而是用其他方式解决他们之间的争端。"① 他们强调有两个前提条件是安全共同体的形成必须具备的:一是主要价值观的一致性(包括宪政主义、民主等政治观念和自由经济观念等);二是共同的反应性(包括共同的同情和忠诚、共同的"我们感"、共同的信心和考虑、对自我形象和利益至少部分的认同、预测彼此行为并按照这种预测行动的能力等)。在"冷战"结束之后,"安全共同体"理论在建构主义学派研究中得到复兴。伊曼纽尔·奥特勒(Emanuel Adler)和迈克尔·巴纳特(Michael Barnett)等人重点研究了"多元安全共同体",将其定义为:"由其人民对和平变化保持可靠预期的主权国家构成的跨国区域"。根据共同体内的信任程度、治理体系制度化特征及程度,"多元安全共同体"又可分为"松散的"和"紧密的"两种类型。②

与联盟和同盟相比,"安全共同体"是一种更为松散的结盟方式。其成员国拥有共享的认同、价值观和意图,同时有多方面直接的联系和互动,展现出一种在面对面接触中产生的、通过某种程度的长期利益和利他主义表现出来的互惠性。"安全共同体"建立在成员国对和平变化可靠的预期基础之上,可以不存在高度发达的战略联系或正式联盟,但必须有禁止通过战争手段解决国家间争端的法律上的或正式的规范。因此,与传统的同盟关系相比,"安全共同体"的形成是由内及外而不是由外及内的。③

---

① Karl W. Deutsch and Sidney A. Burrell, et al.. *Political Community and the North Atlantic Areas: International Organization in the Light of Historical Experience*, Princeton: Princeton University Press, 1957, pp. 5 – 6.
② 郑先武:《"安全共同体"理论探微》,载于《现代国际关系》2004年第2期,第55~61页。
③ Thomas S. Wilkins, *Security in Asia Pacific: The Dynamics of Alignment*, Lynne Rienner Publishers, 2019, P. 83.

这一分析框架往往用来解释东南亚国家联盟（简称"东盟"），发展的轨迹。

第四，战略伙伴（strategic partnership）。在很多西方学者看来，伙伴及伙伴关系与同盟相比往往处于国家对外关系紧密程度的第二层级。从广义上来讲，伙伴关系描述了"一种外交工具，在国家一起追求共同利益的同时，允许对冲任何可能出现的情况"①。"冷战"结束之后，战略伙伴开始出现在不同国家的对外关系之中。中国是建立战略伙伴的代表。除了中国之外，同为发展中国家的印度，一直提倡外交上的"不结盟"，也在国际上建立了几十对战略伙伴关系。与此同时，战略伙伴关系也开始在美国等西方国家越来越受欢迎。

在美国学者西恩·凯恩（Sean Key）看来，战略伙伴关系最早出现在"冷战"即将结束时美国、苏联对于欧洲势力范围分配的安排上。苏联提出"战略伙伴关系"意味着与美国一起划分欧洲及盟友的势力范围。从国际关系理论角度来看，战略伙伴属于现实主义的理论范畴。从进攻性现实主义视角出发，美国通过战略伙伴关系来实现主导权，战略伙伴关系就是"强国用来在国际体系实现政治、经济和军事主导权最大化的工具"。"而对于与大国建立战略伙伴关系的国家来说，这就是一种'搭便车'战略，目的是实现政治、经济和军事利益。"而从防御性现实主义出发来看，"战略伙伴关系则是国家寻求外交平衡的做法"。如果从微观层面来看，战略伙伴关系也许只是外交官用来处理全球政治变化带来的缺陷的一种修辞手段。② 美国学者沈大伟（David Shambaugh）认为，真正的战略伙伴"应该具有非常相近

---

① Nadkarni. *Strategic Partnership in Asia: Balancing without Alliance*, Routledge, 2010, pp. 46–48.

② Sean Key. What is a Strategic Partnership? *Problems of Post-Communism*, Vol. 47, No. 3, May/June 2000, P. 15.

的世界观、战略利益、政治制度以及制度化的信息共享和军事关系"①。

维尔金斯以中俄战略伙伴关系入手,将战略伙伴关系界定为"国家或其他参与者之间的结构性协作,以共同利用经济机会,或相比孤立的状态而言更有效地应对安全挑战"②。战略伙伴关系是一种"跨国"现象,发生在国家之间、私营部门之间和国家与私营部门之间。除了允许汇集信息、技术和资源外,"战略合作伙伴关系"还使各个合作伙伴有了分担风险的可能性。普拉森·帕拉梅瓦朗(Prashanth Parameswaran)在维尔金斯定义的基础上将战略合作伙伴关系定义为国家间为了应对某些领域共同的挑战或者获取某些共同的利益而结成的一种松散的、结构化的合作形式。③ 他的界定比较简洁,不过更多的是用来描述美国的战略伙伴关系。可以看到,尽管学术界对于战略伙伴关系的内涵并没有达成共识,但是明显这与同盟和结盟有所差异。

总结起来,"战略伙伴关系"至少具有以下四个方面的特性。第一,拥有一定的制度化程度。战略伙伴关系之间往往建立起了结构性的合作框架,包括不同政府部门和机构之间的经常性交往。战略伙伴关系要高于一般的外交关系,不同的国家之间伙伴关系的机制化程度差异很大。这主要取决于"联合公报""共同宣言"等外交文件的规定。第二,由目标驱动而非由威胁驱动。战略伙伴关系一般拥有国际体系中的普遍目的(最基本的是安全目的),而非基于威慑或打击敌对的国家等特定任务。因此,"战略伙伴关系"主要基于共同利益,而不总是以更为根深蒂固的典型联盟形式由共同价值观作担保。因此,很多涉及恐怖主

---

① [美]沈大伟:《中美战略关系:从伙伴到竞争对手》,载于《世界经济与政治》2001年第2期,第52页。

② Thomas Wilkins. Russo – Chinese Strategic Partnership: A New Form of Security Cooperation? *Contemporary Security Studies*, Vol. 29, Issue 2, 2008, P. 361.

③ Prashanth Parameswaran. Explaining US Strategic Partnership in the Asia – Pacific Region, *Contemporary Southeast Asia*, Vol. 36, No. 2, 2014, P. 265.

义、分裂主义和宗教原教旨主义等共同安全问题,伙伴关系并没有将敌对国家确定为"威胁"。战略伙伴关系的国家往往聚焦于双方共同的目标,而尽量回避争议的问题。从这个意义上讲,"战略伙伴关系"符合"非对称平衡"制度的概念,即同时附带潜在的"软制衡"能力;国家在伙伴关系的框架下合作领域往往非常广阔,通常主要是非军事议题的,如推动人员交流、商业合作,经济、文化和科学合作,卫生保障合作等,不一定必须包括安全合作;①当然,由于"战略伙伴关系"是来自商业领域的术语,经济合作在各方的实际合作中占了很大比重,同时经济合作也是建立传统安全问题领域伙伴关系的关键驱动因素之一。这反映了当代国际舞台上经济和军事力量的重要性。②第三,具有很高的灵活性。"战略伙伴关系"实际上往往是非正式的,需要较低的承诺成本,而不是在特定的联盟条约中明确做出正式确认,将参与者与严格的行动方案联系起来。这使合作伙伴能够保持更大限度的自主权和灵活性,可以随时加入或退出,从而减少传统联盟中被牵连的可能性。但这当然并未排除特定问题的双边声明和其他建立信任的措施。第四,通常反映了国家的行为特性。战略伙伴之间往往是"为了合作而合作"。国家认为利用这种方式可以在一定程度上消除国际环境带来的不确定性。战略伙伴关系的建立体现了一国希望与其他国家的合作程度以及合作的框架和议题。从建构主义来看,这是一种学习和互相塑造的过程。通过不断的交往和互信的深化,可以为未来的合作创造条件。因此,国家发展伙伴关系往往把这一关系的建立和维护作为目标,而不是谋求短期、看得见的基于规则

---

① Chidley. Towards a Framework of Alignment in International Relations, *South African Journal of Political Studies*, Vol. 41, No. 1, 2014, P. 154.
② Thomas Wilkins. "Alignment", Not "Alliance"—The Shifting Paradigm of International Security Cooperation: Toward A Conceptual Taxonomy of Alignment, *Review of International Studies*, Vol. 38, Issue 1, January, 2012, pp. 67 - 68.

的收益。①

可以看出，对于伙伴关系的认知，中外并非完全一致。中国学者关注的重点是伙伴关系的和平性、平等性以及非针对性，其基本的出发点是强化伙伴间的共同利益，实现共同发展；而西方学者更多将其作为国家间的非制度性安排，以此降低交易成本，改善国家之间交流与合作的效率，强化双边的协调。由于长期以来中国外交的不结盟特点，伙伴关系外交已经成为中国与其他国家交往的核心模式，而西方国家更崇尚结盟外交，普遍将盟友作为外交的支柱，而且在很多时候将同盟和伙伴混为一谈。这显然不可避免地降低了伙伴关系外交在整个西方国际关系理论和外交实践上的突出特色。

综合起来看，伙伴关系应该具有这样的基本含义：一种互不敌对、互不威胁的协商合作关系，这并不意味着伙伴双方没有分歧或矛盾，而主要是强调双方在主观意愿上避免矛盾，在现实处理上通过协商和对话积极化解矛盾；建立在平等信任和相互尊重基础上的国家间关系，不存在依附关系与主从关系，这就要求伙伴双方相互尊重彼此的文化、社会制度、国家发展道路，既不把自己的社会制度和价值观强加于对方，也不干涉对方的内部事务，特别是在考虑己方利益的同时要照顾到对方的利益；不针对第三方，这是伙伴关系区别于以往国家间关系的核心内容，伙伴关系与结盟或联盟关系有本质区别，前者是对合作安全的实践，属制度合作安全类型，而后者则是实力政治模型，是一种对抗型或冲突型的战略所建立起来的国家间关系。伙伴关系是一种既相互竞争又相互合作、相互制约又相互借重、不排除摩擦但重视协调合作的新型国家间关系，其目的是形成一种比较稳定的、可预

---

① Georg Strüver. China's Partnership Diplomacy: International Alignment Based on Interests and Ideology, *The Chinese Journal of International Politics*, Vol. 10, No. 1, 2017, pp. 36–38.

测的关系结构。国家间关系,尤其是大国关系的"伙伴关系化"是当今国际关系的一个重大发展,是国际关系的一种积极调整和战略定位。

二、伙伴关系与同盟关系的比较

从历史经验来看,霸权国往往通过强大的外交网络维护和支持其在全球的主导地位,而日益崛起的新兴大国也都希望能够建立起自己的外交网络或多边机制,这是体现国家影响力的重要途径。然而不同类型和不同程度的网络化带有不同的含义和效果。在规划本国与其他国家的外交关系时,可供选择的常规的外交战略主要有孤立战略、中立战略、维持战略、结盟战略、称霸战略以及伙伴战略等几种。根据现实情况的不同,它们在实施中各有利弊。伙伴关系和同盟关系是两种最主要的外交战略选择,也经常被拿来比较。伙伴关系的宗旨是:伙伴之间不互相敌对和互相对抗,而是互相协调与合作;伙伴之间平等互利,相互尊重,求同存异;不针对、不损害第三国,不具排他性。伙伴关系与同盟关系、争霸关系、不结盟关系等迥然不同,它不以对抗或使用武力来面对和解决分歧,要以对话促进了解,以存异求大同,以合作求安全,符合世界政治的发展潮流。

伙伴关系与同盟关系的差异主要体现在以下四个方面。

第一,同盟关系是应对共同的第三方威胁,而伙伴关系不建立在外部共同威胁的基础上。现实主义国际关系理论代表人物汉斯·摩根索(Hans J. Morgenthau)认为联盟的功能就是平衡权力,且共同利益是联盟存在的基础。一个典型的联盟一定是针对某一特定国家或特定国家集团的。他强调联盟产生的基础,即共同的利益,只有具体的、有限的利益才可能长期存在,为联盟的持久存在提供基础。一旦共同利益消失,联盟便不复存在,即联盟是短命的，这是一条规律。① 现实主义国际关系理论的另一位代表人物史蒂芬·沃尔特在《联盟的起源》指出面对外部威胁时国家一般有两种选择，一种是制衡，一种是追随。追随政策就是与强者结盟。斯蒂芬·沃尔特的分析模型解释了国家在面对外部威胁时的行为选择模式，也提出了联盟建立的动力是面对共同的外部威胁。②

在"冷战"时期，同盟外交的兴起是因为苏美两个超级大国紧张对峙产生溢出效应，其他国家无法选择第三条路，只能在两个大国之间选择一方进行自卫与生存。在两极格局中两个超级大国互不相容都试图削弱对手，因此力量对比成为两国博弈的主要因素。苏联联合社会主义国家与广大社会主义国家结盟，维持自己在社会主义阵营中的地位，同时也试图通过结盟对美国进行威慑。美国联合欧洲国家组成北约应对苏联的扩张，并且建立了比较完善的同盟网络，在亚太地区与菲律宾、澳大利亚、韩国、日本等都建立盟友关系。美国兰德公司发布的报告认为建立战术性联盟的前提是拥有挑战本国重要利益的直接威胁或者对手。③ 奥巴马政府2010年发布的《国家安全战略报告》强调要继续为盟友提供安全保护，并且表示结盟的目的就是应对新旧威胁。④ 可见，尽管21世纪世界政治经济形势已经发生了重大的变化，但是同盟外交对于西方国家的意义并未改变。然而，随着国际经济贸易的深度发展，以及国家之间产业的集合与全球范围的威胁加剧，任何一个国家都无法独善其身。面临共同的威胁时一个国

---

① ［美］汉斯·摩根索：《国家间政治》，徐昕等译，北京大学出版社2007年版，第220~223页。
② ［美］斯蒂芬·沃尔特：《联盟的起源》，周丕启译，上海人民出版社2018年版，第17页。
③ Jeremy Ghez. Alliances in the 21st Century – Implications for the US – European partnership, RAND Corporation, 2011.
④ The National Security Strategy of the United States of America, https: //www.whitehouse.gov/wpcontent/uploads/2017/12/NSS – Final – 12 – 18 – 2017 – 0905.pdf.

家无法单独承担领导角色，需要多国合作才能完善全球治理。结盟强调的排他性与军事对抗性不适合时代的发展，伙伴关系则为国家间合作提供了一种新的合作方式。伙伴之间一般具有对"体系原则"的高度认同，对国际政治的运作方式、发展趋势等观念相同或相似，这是国家之间协作的共同目标。[1] 因此，多极化、多边主义、反对贸易保护主义等原则正是凝结全球伙伴之间的重要纽带。

第二，同盟关系强调国家间军事合作，而伙伴关系主要侧重经济与非军事合作。与沃尔特类似，美国学者霍尔斯蒂（Ole Holsti）等人也提出"同盟就是两个或多个国家在安全领域进行合作的正式协议和安排"[2]。另一位美国学者对同盟的定义得到了广泛认可，他提出同盟就是"两个或多个主权国家之间所作出的关于相互间进行军事援助的承诺"[3]。可见，安全合作、军事协议是同盟外交的主要纽带。

"冷战"期间，美国建立北约要求在欧洲建立军事基地加强军事合作以应对苏联以及华沙条约组织的威胁，美日军事联盟中日本需要为美军提供海空基地，建立军事合作机制。"冷战"结束之后，尽管美国的同盟体系发生了转型，包括北约的合作范围也不断扩大，但是军事安全合作依然是这些同盟关系的核心。而伙伴关系主要涉及经济、文化、教育、科技等众多低政治议题的合作。例如，美国与东盟建立的伙伴关系声明双方加强政治与安全合作，包括支持东盟地区论坛的作用；将东南亚友好地区合作条约作为处理东南亚国家间关系的基本准则；除对打击跨国犯罪进行合作外，还包括经济合作、社会发展合作。中国与巴西的战略合作伙伴关系主要侧重航空领域、农业领域、铁路、能源矿

---

[1] Thomas S. Wilkins. *Security in Asia Pacific：The Dynamics of Alignment*, Lynne Rienner Publishers, 2019, P. 126.

[2][3] Ole Holsti, Terrence Hopmann and John Sullivan. *Unity and Disintegration in International Alliances*, New York：John Wiley&Sons, 1973, P. 4.

产、清洁能源等领域而非军事领域。"冷战"结束之后伙伴关系的兴起与全球化的发展，与各国之间合作的综合性和多样化密不可分。而同盟外交显然同和平与发展大的时代背景及现实世界政治的走势格格不入。

第三，同盟关系需要订立具有约束力的盟约，伙伴关系往往是国家领导人互访后发表共同声明或联合宣言，没有正式盟约，与结盟相比约束力较弱。一国可以选择不再继续伙伴关系，也可以选择中断双方的联络机制。新自由制度主义强调制度的重要性，认为有效的国际制度是国际稳定的重要原因，联盟需要通过明确的制度、条约和复杂的机构来管理。在国际无政府状态下，制度对联盟的行为、联盟的继续存在能够产生持久的制约和影响。制度的权威性越高、制约性越强、关联性越广泛，盟国合作的水平就越高。高度制度化的联盟对外在形势变化的适应性要强得多。① 美国的同盟体系就是通过一系列条约实现的。例如美日同盟关系的基石就是1951年两国签署的《日美安保条约》。1953年美国、韩国两国签订了《美韩共同防御条约》，这是美韩同盟的基础和核心，它也为朝鲜战争后美韩两国的合作奠定了基本的框架。澳大利亚作为美国在亚太地区的另一重要盟友，在"二战"期间开始依靠美国进行防卫。1951年7月12日《澳新美同盟条约》签订，次年4月29日正式生效且无限期有效，澳大利亚、新西兰和美国三边同盟成立，澳大利亚最终转向美国，实现了美国对其国家防务安全的长期稳定保障。而美国在东南亚地区的两个同盟国泰国和菲律宾则依靠不同的同盟条约与美国结盟。美国、泰国在1954年《马尼拉条约》和1962年《腊斯克—他纳联合声明》的框架下结成同盟，双边同盟从多边结盟开始。而1951年《美菲共同防御条约》的签订奠定了美菲同盟的基础。

---

① 梁军：《不对称的特殊伙伴——联盟视野下的战后英美关系研究》，中国社会科学出版社2011年版，第22页。

在这些条约和声明的约束下,同盟国常常设立相关同盟管理机构,互派军事人员,并定期举行会议,在重大问题上进行协调。同盟关系在机制建设方面比较突出。

然而,这种紧密的关系也有不少限制。在《联盟政治的安全困境》一文中,斯奈德对盟国互动过程中产生的"安全困境"进行了深入研究。他借用了在分析核武器对国际政治的影响时使用的"抛弃"(abandonment)和"牵连"(entrapment)的概念,指出同盟国的被"牵连"意味着一国被迫卷入一场与其盟国利益密切相关的战争,这种利益并非联盟内共享或仅是部分共享的。① 被"抛弃",就是"背叛",但它有多种表现形式:盟国可能与原来的敌国结盟;也可能只是脱离同盟,废止联盟条约;也可能是放弃兑现承诺;或放弃提供支持。② 同盟管理正是国家在这两者之间的权衡,是决定同盟发展程度的重要指标。而伙伴关系尽管机制化程度有限,在军事安全合作上也没有那么深入,但是,伙伴之间却保持了一定的灵活度,退出伙伴关系与建立伙伴关系的成本相对联盟比较低。伙伴之间与同盟相比缺少了双方必须执行的约束力,也基本上不需要面对"抛弃"和"牵连"的困境。

第四,同盟关系具有排他性,伙伴关系强调包容。通常,与一个国家建立同盟关系就无法与其对手建立同盟关系,而同盟国之间还可以建立起多边同盟的架构。在亚太地区,美国的同盟体系被称为"轮辐体系",美国居于轮辐的中心,而同盟国位于辐条的末端。这一体系的特点是美国与盟友之间的双边合作,缺乏彼此之间的横向联系。对于这一体系的解释美国学者往往套用"威胁—反应"的范式,也就是同盟体系是建立在共同威胁基

---

① Glenn H. Snyder. The Security Dilemma in Alliance Politics, *World Politics*, Vol. 36, No. 4 (Jul., 1984), P. 467.

② Glenn H. Snyder. The Security Dilemma in Alliance Politics, *World Politics*, Vol. 36, No. 4 (Jul., 1984), P. 466.

础之上的理性反应。美国外交关系委员会高级研究员罗伯特·布莱克威尔（Robert Blackwill）认为，美国保持双边同盟体系是为了"对冲"中国崛起以及俄罗斯复兴对美国亚太霸权地区的冲击。① 如果进一步解构，中国军事力量不断增长带来的"威胁"导致了美日同盟关系的扩展以及美国与东南亚盟友战略关系的强化。而朝鲜核武器和弹道导弹威胁显然是美国为日本、韩国提供核威慑的主要原因。② 当然，美国其他的同盟关系的形成也与日本、韩国类似。

伙伴关系保持了国家的战略自主性和独立性，也增强了外交战略的包容性。即便是敌对国家也可以同时与第三国建立伙伴关系。同时，近年来伙伴关系发展的趋势也是网络化和多边化。世界范围内已经建立起上百对各种类型的伙伴关系，大大促进了国与国之间政治、经济、文化、社会等方方面面的交往，增强了国际社会的共同意识，也推进了全球化和区域一体化进程的深入发展。中国提倡并积极构建的全球伙伴关系网络代表了伙伴关系外交发展新的阶段。

三、"冷战"结束后美国伙伴关系外交的实践发展与特点

伙伴关系并不是中国的首创。在"冷战"期间，很多国家就意识到通过结盟谋求安全非常危险而且低效。与此相应，伙伴关系有灵活性和非约束性的特点，可以让本国在不会面临失去主权和自主风险的前提下得到经济、安全方面的回报。③ 从20世纪

---

① Robert D. Blackwill. An Action Agenda to Strengthen America's Alliances in the Asia‑Pacific Region, in R. Blackwill and P. Dibb (eds) *America's Asian Alliances*, Cambridge, MA: The MIT Press, 2000, pp. 34–111.

② Tom Christensen. China, the U.S.‑Japan Alliance, and the Security Dilemma in East Asia, *International Security*, Vol. 23, No. 4 (Spring 1999), pp. 49–80. Bruce Bennett. Military implications of North Korea's Nuclear Weapons, *KNDU Review* 10 (2), 2005, pp. 75–98.

③ John Ciorciari. *The Limits of Alignment: Southeast Asia and the Great Powers since 1975*. Washington, DC: Georgetown University Press, 2010, P. 9.

90年代开始,世界各国尤其是主要大国开始注重伙伴关系外交,国际社会逐渐建立起种类繁多的伙伴关系。"国际关系伙伴化趋势如同一条主线,贯穿了整个90年代亚太地区国际关系,特别是大国关系的调整演变过程"[1]。伙伴关系外交是国家总体外交战略的重要组成部分,是实现外交目标的手段之一。与其他外交战略相比,伙伴关系外交在实践中首先有助于表明一国的外交立场及原则。一国在外交上奉行伙伴战略,实质上等于公开表明不主动与他国对抗,不诉诸武力解决与他国分歧,不寻求孤立、结盟或争霸,而是寻求与他国进行合作,也就是说表明了一国通过寻求与别国建立伙伴关系来促进双边和多边关系的稳定与发展。在解体之前,苏联决策者就试图倡议建立伙伴关系,作为同盟和地区机制的替代方案推动安全和经济合作。苏联解体后,俄罗斯急需迅速打开对外关系的大门,重新争取外交上的主动权,伙伴关系外交就成了其外交转型的重要举措。俄罗斯是伙伴关系的积极倡导者和实践者。除了1993年与美国建立战略伙伴关系之外,1996年,俄罗斯总统叶利钦访华,中俄两国宣布建立平等信任、面向21世纪的战略协作伙伴关系。在中俄建立战略协作伙伴关系之后,俄罗斯、印度于1997年3月将双边关系升级为"战略伙伴关系"。1999年3月哈萨克斯坦、吉尔吉斯斯坦、乌兹别克斯坦三国宣布建立"中亚多边伙伴关系",这也是伙伴关系突破双边的一个例证。

当然,20世纪90年代伙伴关系外交最活跃的当属中国。"北京最大程度地成功建立了战略伙伴关系,这是其有限的外交工具箱中的重要手段,为崛起创造了良好的环境。"[2] 而印度作为"不结盟"理念的长期倡导者,也显著加强了对外的安全合

---

[1] 刘江永:《国际关系伙伴化及其面临的挑战》,载于《现代国际关系》1999年第4期,第1页。
[2] Feng Zhongping and Huang Jing. China's Strategic Partnership Diplomacy: Engaging with a Changing World, *ESPO Working Paper*, No. 8, June 2014, P. 7.

作，建立起超过 20 个伙伴关系。印度有很多战略伙伴却没有盟友。① 而一直作为同盟关系外交实践的积极倡导者，美国对伙伴关系的重视程度显著，并将其作为新同盟战略的重要组成部分。当然，美国提倡的伙伴关系外交的外延比较宽泛，甚至把盟国之间建立起来的安全联系也称为伙伴关系，这与中国外交话语里的伙伴关系外交和伙伴关系网络有很大的差异，下文的论述是从美国外交中广义的伙伴关系角度进行的。

曾任美国能源部副部长的伊丽莎白·舍伍德—兰道尔（Elizabeth Sherwood - Randall）曾经这样描述"冷战"后美国的新同盟战略："新的同盟战略是多面的、多层的和多年的。""最少包括四个支柱：（1）建立在以后的双多边同盟机制、关系和能力上；（2）推动与关键的国家和地区建立有可能成为持久同盟的更牢不可破的双多边关系；（3）加强对那些有可能成为伙伴关系并在未来有能力支撑同盟关系的国家在和平时期的安全合作的投入；（4）全面利用合作性的国际机制来辅助同盟关系。"② "冷战"期间美国的同盟关系主要是进行集体防卫，通过讨论共同的军事手段防御来自外部的威胁。这是保障共同安全和实现美国霸权的关键途径。而"冷战"结束之后美国必须培育的伙伴关系发挥的作用远远不止于此。

美国于 1993 年 10 月在德国特拉弗明德召开的北约国防部长会议上提出了"和平伙伴计划"（Partners for Peace），旨在与北约成员国、前苏联加盟共和国以及其他欧洲国家之间建立双边合作与互信的友好关系，为非北约成员国家提供与北约建立个体关系的机会与渠道。该计划在 1994 年 1 月比利时布鲁塞尔的北约峰会上正式通过。北约于 1994 年与俄罗斯签署了"和平伙伴计

---

① Ankit Panda. Why Does India Have so Many "Strategic Partner" and No Allies, *The Diplomat*, November 13, 2013.

② Elizabeth Sherwood - Randall. *Alliances and American National Security*, Carlisle: Strategic Studies Institute, 2006, viii.

划"。中亚四国也分别先后加入北约的"和平伙伴计划"。之后,北约伙伴关系还注重同联合国、欧洲安全与合作组织等加强合作,在地中海、中东地区发展伙伴关系,着重提高在巴尔干地区和阿富汗等地的行动能力。从2011年开始,该计划向北约在全球的伙伴国开放,有意与非洲联盟、海湾合作组织、上海合作组织等建立正式联系,期望与不同国家及国际组织的关系实现"价值最大化"。迄今北约已经同包括中东和独联体在内的21个国家签署了"和平伙伴计划"。这种新型伙伴关系的实用意义更加突出,而价值观、文化背景等因素退居次席。2016~2017年曾担任美国驻瑞典大使的阿齐塔·拉吉(Azita Raji)将这一计划称为"北约建立70年以来最有创意的外交倡议之一",对于欧洲的和平发挥了至关重要的作用。①

美俄之间也经历了从"对手"到"伙伴"的巨大转变。1993年,俄罗斯总统叶利钦与美国总统克林顿发表《温哥华宣言》,宣布从"冷战对手"变成"战略伙伴"。1994年1月,克林顿对俄罗斯进行首次国事访问,美俄双方发表《莫斯科宣言》,宣布两国进入"成熟的战略伙伴关系新阶段",不将核武器瞄准对方。1994年9月,俄美两国总统又签署"经济进步伙伴关系"的联合声明,重申他们恪守1992年6月签署的《美俄伙伴和友好关系宪章》的目的和原则。除了跟俄罗斯之外,美国还同深受苏联影响的多个东欧国家建立伙伴关系。1998年1月,美国与波罗的海三国爱沙尼亚、拉脱维亚、立陶宛签署了《伙伴关系宪章》,并成立了伙伴关系委员会。以美国为首的7个发达国家与俄罗斯、东欧等转轨国家间的"经济伙伴关系"、欧盟同地中海南岸国家的"经贸伙伴关系"、亚欧25国的"新型伙伴

---

① Azita Raji. The Partnership for Peace: A Quiet NATO Success Story, *War On The Rocks*, April 8, 2019. https://warontherocks.com/2019/04/the-partnership-for-peace-a-quiet-nato-success-story/.

关系"等都在成员国的经济发展上发挥了积极的作用。

通过这一阶段的实践可以看到,克林顿政府用伙伴关系来解释与"冷战结构"的差异。克林顿政府时期的《美国国家安全战略报告》强调"美国开启了打造新的框架、伙伴关系和机制的时代,并改造现有的架构,来增强美国的安全和繁荣"[1]。"新的伙伴关系"建立的前提是通过合作式和相互支持的结构和倡议,延续美国的全球领导地位,对"后冷战时期"美国面临的从狭隘的军事安全议题到经济、环境、社会挑战的应对,以及对民主、人权、法治等蒸蒸日上的价值观念的推广。[2] 美国这时对伙伴关系的推崇除了延续和增强美国霸权的需要之外,也希望能够整合资源应对国际社会面临的共同挑战。

在21世纪初,战略伙伴的概念和实践开始不断扩散,成为全球和地区的时尚。[3] 亚洲国家纷纷快速建立起多样化的战略伙伴关系,欧洲国家也开始效仿,而美国也更加重视。2001年美国兰德公司发表战略报告明确建议:"美国应深化并扩大其双边安全联盟,以便建立一种全面的伙伴关系。这种多边化安排最终可能包括美国、日本、韩国、澳大利亚,也许还有新加坡、菲律宾和泰国以及东南亚其他国家。"[4] 在小布什时期,反恐成为美国国家安全战略的核心议题。为实现美国国家安全战略目标,美国政府十分重视盟友和伙伴在美国国家安全战略中的地位和作用。为了实现这一目的,美国从两个方面入手。一是通过吸纳盟国参加"战区导弹防御系统"的研制与部署,从技术的层面上

---

[1] White House. *The National Security Strategy of the United States of America*, 1997.

[2] J. A. Edwards and J. M. Valenzano III. Bill Clinton's "New Partnership" Anecdote, Toward a post–Cold War Foreign Policy Rhetoric, *Journal of Language and Politics*, Vol. 6, No. 3, 2007, P. 36.

[3] H. D. P. Envall and Ian Hall. Asian Strategic Partnership: New Practices and Regional Security Governance, *Asian Politics and Policy*, Vol. 8, No. 1, 2016, P. 90.

[4] Chapter Three. U. S. Strategy for a Changing Asia, in *The United States and Asia: Toward a New U. S. Strategy and Force Posture*, RAND, 2001.

将这些盟国连接成网络；二是直接将它的盟国拉在一起，就地区安全问题进行多边协商，争取使之机制化，从而形成事实上的多边同盟安排。小布什的国家安全战略强调"通过组织尽可能广泛的联盟来实施其战略"的重要性，并承认"如果没有加拿大和欧洲盟友与朋友的持续合作，美国几乎难以在世界上取得持续不断的成果"。他尤其强调美国的亚洲盟友在反恐战争中充当了"地区和平和稳定的支柱"，同时宣布要与"曾经的敌手"和其他"地区和全球力量"建立新的持久的战略伙伴关系，以消灭恐怖主义。① 总的来说，由于小布什在对外政策中奉行新保守主义，过分强调自身的国家利益，对于伙伴关系有一定程度的忽视。为此，时任国务卿鲍威尔专门撰文强调伙伴战略的重要性。②

奥巴马政府扩大了伙伴关系的适用对象，并提升了"准盟国"及伙伴国家的战略地位，时任国务卿希拉里·克林顿称之为"多元伙伴的世界"（Multi-Partner World）。③ 美国同"两印——印度和印度尼西亚"的关系得到了升级。2015年10月份，在印度尼西亚总统佐科访美期间双方从"全面伙伴"提升至"战略伙伴"关系；而印度、美国战略伙伴关系也开始逐渐提升到了新的层次，同时印度也是所谓的"亚洲民主安全菱形"构想的重要组成部分；最后就是美国同亚太地区意识形态不同以及采取过制裁国家的安全关系迅速改善，这里面最突出的是越南。最近几年，随着美越关系跳出敌对后的迅速升温，已经有越来越多美国和越南学者开始讨论美越同盟关系的可能性。④ 尽管短期内这种

---

① The White House. *National Security Strategy* 2002, September 2002, pp. 26–27.
② Colin Powell. A Strategy of Partnership, *Foreign Affairs*, January/February 2004, pp. 22–34.
③ Hillary Clinton. Leading Through Civilian Power: Redefining American Diplomacy and Development, *Foreign Affairs*, November/December, 2010.
④ Teddy Pham. A U.S–Vietnam Alliance? Not so fast, *The Diplomat*, August 4, 2014; Tuong Lai. Vietnam's Overdue Alliance with America, *The New York Times*, July 11, 2014; Helen Clark. Get Ready, China: Is a U.S.–Vietnam Alliance Possible? *The National Interest*, June 6, 2015.

可能性并不大，但是出于"对冲"中国的需要，越南已经在美国编织的亚太伙伴网络和未来的安全架构中占据越来越重的分量。有学者将奥巴马的亚太战略描绘为"雁行安全模式"，在这种模式中，领头雁是美国，第二梯队是美日、美韩同盟，第三梯队是美国与澳大利亚、泰国和菲律宾等盟国的关系，第四梯队是美国与越南、印度尼西亚和印度的关系。① 虽然对这种所谓"雁行安全模式"排列中具体国家的战略定位有待商榷，但从中可以明显看出的是美国对于同盟、准同盟和战略伙伴体系的重塑几近完成，这将彻底改变亚太安全架构的原有形态。

2017年特朗普成为美国总统以后尽管在很多政策上与奥巴马相左，但是在壮大战略伙伴上与前任是完全一致的。特朗普政府2017年12月份公布的首份《国家安全战略》报告在"印太"章节指出"泰国、菲律宾仍然是美国重要的盟国，而越南、新加坡则是越来越密切的安全和经济伙伴"②。之后确实可以看到美国同亚太地区印度尼西亚、越南等伙伴关系的不断深化。而在2019年6月1日美国国防部发布的《印太战略报告》中，直接把"伙伴关系深化"作为了关键词之一。报告中有大段篇幅论述伙伴关系在印太战略中的重要性。"盟友和伙伴网络是实现和平、威慑和可互操作的作战能力中的关键一环。美国国防部正在加强现存的伙伴关系，同时扩大和深化与新伙伴的关系。为此，美国将寻求加强与日本、韩国、澳大利亚、菲律宾和泰国的安全关系，这对于印太地区的和平与安全是必不可少的；美国正在采取措施扩大与新加坡、新西兰和蒙古的伙伴关系，并寻求与印度建立防务关系；此外，美国还将加强与斯里兰卡、马尔代夫、孟加拉国、尼泊尔、越南、印度尼西亚、马来西亚、文莱、老挝和

---

① 钟飞腾、张洁：《雁行安全模式与中国周边外交的战略选择》，载于《世界经济与政治》2011年第8期，第47~64页。

② White House, *National Security Strategy*, December 18, 2017, P. 46, https：//www.whitehouse.gov/wp-content/uploads/2017/12/NSS-Final-12-18-2017-0905.pdf.

柬埔寨的安全关系。目前美国加强了参与印太事务的力度，以提高自身安全合作伙伴的地位。"①

近年来，美国亚太安全合作体系的构成和运作方式都发生了重要转变。一方面从奥巴马时期开始，亚太双边同盟体系呈现出越来越明显的网络化发展态势，也就是盟国之间安全合作机制化，横向联系大幅增加，美国与盟国、盟国与盟国之间开展小多边合作，使得单线联系的"轮辐体系"变得纵横交错、交织成网。② 这种趋势在特朗普政府执政以后日趋显性。混合式同盟体系构成的"节点防卫"成为美国领导的区域防卫体系的核心特征，同盟国"几何图形"式的防卫合作聚集起来应对不同的挑战。③ 美国亚太同盟国之间出现了三边化、多边化和混合式的迹象。另一方面，伙伴国的数量不断扩大，而且合作级别不断升高，合作领域不断增加。伙伴体系与同盟体系共同支撑起了美国主导亚太地区秩序的基本架构，也推动了地区安全格局的转型。

通过21世纪初美国历任政府对伙伴关系的态度可以看到，尽管同盟战略在美国外交中的核心地位没有下降，但是伙伴战略的重要性开始不断上升。美国采取伙伴关系战略确有其自身的逻辑和需求。

首先，与"冷战"结束之后美国对全球公共产品的供给态度变化有关。服务于继续提供全球公共产品的目标仍是美国寻求更多伙伴的重要动机，即便这种关系不是正式的政治联盟。④ 随

---

① U. S. Department of Defense. *Indo–Pacific Strategy Report*：*Preparedness*，*Partnerships and Promoting a Networked Region*，June 1，2019.
② 孙茹：《美国亚太同盟体系的网络化及其前景》，载于《国际问题研究》2012 年第 4 期，第 39 页。
③ Luis Simón, Alexander Lanoszka and Hugo Meijer. Nodal Defence：The Changing Structure of U. S. Alliance Systems in Europe and East Asia, *Journal of Strategic Studies*, July 2019, pp. 1–29.
④ U. S. Department of Defense. *Sustaining U. S. Global Leadership*：*Priorities for 21st Century Defense*，January 2012，http：//nssarchive. us/wp–content/uploads/2018/01/defense_strategic_guidance. pdf.

着美国对公共产品的贡献花费逐渐上升，接受同盟和伙伴更多的贡献是非常诱人的选择。这些公共产品的贡献者不一定都是美国的同盟，伙伴国也尤为重要，前提是这些国家的政治目标与美国在根本上一致，提供的公共产品符合美国的利益。因此，与友好国家发展伙伴关系，共同强化自由的国际秩序成为超越集体防卫建立伙伴关系的原因之一。①

奥巴马时期对伙伴关系的强化不仅同逐渐增加的跨国威胁有关，更重要的是体现了美国在经历了伊拉克战争、阿富汗战争和金融危机之后实力的相对下降。"在一个艰苦的时期，奥巴马政府将伙伴机制视为更加高效和有效的平衡有限资源的潜在方式。"② 而在特朗普政府时期，战略目标和战略手段之间的不匹配更加明显。"美国优先"的政策理念使美国与盟友之间的裂痕不断加大。美国与欧洲关系渐行渐远、日本与韩国矛盾不断激化、美国与菲律宾关系的起伏不定，美国同盟管理的能力在不断下降，支撑美国全球领导地位的同盟体系面临重大挑战。美国"战略与预算评估中心"（CSBA）近期发布的一份研究报告指出，美国国防预算根本没有用在国家战略的优先领域，难以实现《国家安全战略报告》和《国防战略报告》设定的目标。③ 无独有偶，在澳大利亚悉尼大学美国研究中心发布的研究报告《转移危机：美国战略、军事花费与印太地区集体防卫》中，也强调"未来十年美国的国防预算不可能达到《国防战略报告》的要求，美国已经失去了在印太地区的军事优势，需要建立起集体防

---

① Ashley Tellis. Seeking Alliance and Partnerships: The long Road to Confederation in U. S. Grand Strategy, *Strategic Asia* 2014 – 2015, The National Bureau of Asian Research, 2014, P. 24.

② M. Flournoy and J. Davidson. Obama's New Global Posture: The Logic of U. S. Foreign Deployment, *Foreign Affairs*, July/August, 2012.

③ Travis Sharp. *Did Dollars Follow Strategy? Analysis of the 2020 Defense Budget Request*, CSBA, August 2019, https://csbaonline.org/uploads/documents/FY_2020_Budget_WEB.pdf.

第一章 全球伙伴关系网络的基本理念

卫体系,尤其是发挥盟友的联合行动能力"①。这些研究都体现出美国自身实力的相对下降,以及落实同盟承诺的不确定性。伙伴关系的扩展和深化正是美国对这一趋势的对冲策略之一,当然这也就意味着这些同盟和伙伴要做好承担更大责任和负担的准备。

其次,与美国的实用主义外交政策有关。美国的伙伴战略与传统上伙伴关系的本质有所差异。伙伴关系得以维持的核心是平等相待,基础是共同利益,原则是灵活性,根本保障是各种对话机制,还有很重要的一点是不针对第三国。而"冷战"结束后美国战略伙伴的壮大却与其自身霸权战略的调整密不可分。美国伙伴关系战略的理念核心仍是集体防卫,通过保障重要伙伴关系的安全保持地区力量平衡,不会损害其利益。同时,这一战略还会涉及美国外交行动合法性的问题。美国需要依靠伙伴形成"志愿者联盟",既有能力需要也关系到合法性,特别是美国在没有得到联合国授权的情况下采取军事行动,这超出了集体防卫的范畴。② 由此体现了其外交政策实用主义的一面。

再次,与其地区平衡的策略转变相连。一直以来,"离岸平衡"是美国确保其在大国竞争中处于不败之地,并巩固其在国际体系中主导地位的重要战略,这在西半球霸权后的对外政策中不断得到体现。美国在亚太地区确保自身主导权的同时,保持地区平衡是其主要战略目标之一。这一地区很多国家出于国内政治、历史传统、经济利益等因素,并不愿意与美国结成紧密的同盟关系,而更愿意在大国之间采取平衡或者对冲战略。对于这些国家来说,建立伙伴关系可以消除他们的担忧,同时增加外交回旋的余地。与此同时,美国还可以以此限制其他大国获取地区主导

---

① Ashley Townshend, Brendan Thomas-Noone and Matilda Steward. *Averting Crisis: American Strategy, Military Spending and Collective Defence in the Indo-Pacific*, the United States Studies Center, University of Sydney, August 2019.

② Ashley Tellis. Seeking Alliance and Partnerships: The Long Road to Confederation in U.S. Grand Strategy, *Strategic Asia* 2014–2015, The National Bureau of Asian Research, 2014, P. 24.

权。我们经常讲的亚太地区很多国家在"安全上依靠美国,经济上依靠中国"正是这一地区伙伴关系的鲜明特色。

然而,随着近年来中国的迅速崛起、在地区的影响力不断提升,美国的伙伴战略明显更有针对性。"通过同盟关系、伙伴关系和其他政策工具同实力稍弱的国家建立起地区合作架构,来支撑美国在世界各地的存在和影响。"① 近年来美国与越南全面伙伴关系的建立、美国与印度尼西亚伙伴关系的提升以及美国与蒙古战略伙伴关系的建立,都被视为向中国施压的举措。比如美国与越南建立伙伴关系,越南经济保持增长势头且拥有一定地区话语权,越南与美国共同防范中国的崛起,越美在南海问题上相互利用,联手制衡中国的趋势有所强化。② 美国"印太战略"的核心逻辑就是"对冲"与"楔子"的结合体。"对冲"战略是指接触与制衡并重,在安全与经济两个领域同时发力;而"楔子"战略是指离间中国与印度、日本、澳大利亚等"印太"国家的关系。③ 这与伙伴关系的精神背道而驰,也让很多国家面临选择的困境。尽管美国政府官员多次强调"印太战略"是全面的、跨部门的大战略,目的是同盟友和伙伴国一起维护地区的"规则",然而不少东南亚国家还是担心这仅仅是一个狭隘的、以安全为中心的遏制中国的战略。包括美国盟国在内的大部分东南亚国家都不愿意加入这样一个"包围圈"之中。因此,它们对于特朗普政府的"印太战略"更多地采取选择性的实用主义态度,保持了高度的警惕和防备。④ 可以说,未来美国继续推行以第三

---

① Daniel S. Hamilton. The American Way of Partnership, *ESPO Working Paper*, No. 6, June 2014, P. 10.
② 杨耀源、杨超:《21世纪以来越南对美"伙伴关系"政策评析:内涵、起源、特征及影响》,载于《当代亚太》2016年第5期,第135~152页。
③ 王鹏:《"对冲"与"楔子":美国"印太"战略的内生逻辑——新古典现实主义的视角》,载于《当代亚太》2018年第3期,第4~52页。
④ Prashanth Parameswaran. *ASEAN's Role in U. S. Indo – Pacific Strategy*, Wilson Center Asia Program, September 2018.

国为竞争对手的伙伴战略将会面临越来越大的挑战。

通过对美国伙伴关系外交的发展回顾可以看到,其伙伴关系是为确保全球领导地位服务的,是同盟战略的有力补充,这就导致了其伙伴关系网络是一种差序格局,美国处于网络的中心,居于主导地位,因此伙伴关系的升级和降级一般都是在美国对其自身利益的判定基础之上做出的;尽管美国与其他国家伙伴关系的功能领域已经有了一定扩展,从安全到经济、文化、社会、环境等方方面面,但是安全领域一直是伙伴合作的重心。防止潜在的大国塑造自己的地区秩序,动摇美国的主导地位是美国对外强化安全合作和建立伙伴关系的主要考量。因此,从建立原则来看,大部分与美国建立伙伴关系的国家并不能在其中与美国享有平等的地位。政治平等性只是美国主导伙伴关系的表面特征,其等级性和非对称性在实践过程中体现的比较明显。

一般来讲伙伴关系外交的实践有利于实现外交多元化,缓解各国之间由于历史及现实原因存在的分歧,推动国家间的合作。伙伴战略就是主张"求同存异"谋求合作的战略,主张国家间进行对话与沟通、妥善处理分歧、发掘共同利益,这有利于不同意识形态、不同发展阶段的国家开展合作,促进一国外交的多元化,顺应世界多极化和文化多样化的趋势。然而,美国对伙伴的选择却带有明显的针对性、实用性和意识形态色彩。在美国官方文件中对伙伴关系的描述大多都带有以下字眼:"志趣相投的国家"、共同捍卫"自由民主制度"、维护"基于规则的秩序"等。因此在与中国、俄罗斯等国建立伙伴关系时,美国带有很强的削弱、影响和归化伙伴的意图,这又回归到了美国对外政策的传统逻辑。

在对中国外交的反思和讨论过程中,曾经有过几次对于是否应该放弃不结盟政策的讨论,有一些学者公开提出中国应该考虑结盟，或者至少建立"准联盟"关系。① 党的十八大以来的外交实践表明，中国"不结盟"的政策没有变。在几乎所有官方对于新中国成立70年以来的外交回顾中，都将伙伴关系的建立作为主要的成就之一。这也表明中国外交已经确定了从结盟到"不结盟"、从伙伴关系外交到全球伙伴关系网络的构建。这一发展轨迹不会逆转。

总的来说，"冷战"结束以来越来越多的国家开始倾向于建立伙伴关系，实行伙伴关系外交。而结盟战略越来越不受大国青睐，同盟价值下降。究其原因可以归结为三个方面："以同盟维护生存的军事价值下降；以同盟推广意识形态的价值下降；维持同盟的经济成本被视为包袱。大国不重视同盟将会导致小国倾向于采取对冲战略，有助于强化国家的主权观念，增强了国际秩序的不确定性，而国际体系的安全自保性质将更加彰显。"② 在当前的历史条件下，追求灵活性更高的伙伴关系对于大国来说可以减少战略承诺和经济成本，避免被同盟国"牵连"，也有利于外交的多元化；而对中小国家来说，伙伴战略更有助于保持战略自主性和主动性，最大程度地规避大国竞争的风险。这与对冲战略的逻辑是一致的，可以保障不得罪任何一个大国的情况下，保留讨价还价的战略砝码。在未来较长一段时期内，伙伴战略的价值和意义还将继续增加。

在众多大国中，中国是唯一一个将伙伴关系战略作为根本的外交战略选择，而且不断推进和升级的国家。从20世纪80年代

---

① 关于不结盟问题的相关讨论参见：李广义、石左：《"不结盟"政策需要重新审视吗?》，载于《国际展望》1999年第11期；凌胜利：《中国为什么不结盟》，载于《外交评论》2013年第3期；阎学通：《权力中心转移与国际体系转变》，载于《当代亚太》2012年第4期；孙德刚：《论新时期中国的准联盟外交》，载于《世界经济与政治》2012年第3期；徐进：《当代中国拒斥同盟心理的由来》，载于《国际经济评论》2015年第5期。Feng Zhang. China's New Thinking on Alliance, *Survival*, Vol. 54, No. 5, 2012, pp. 129–148.

② 阎学通：《反思为何结盟战略不受大国青睐》，载于《国际政治科学》2019年第3期，编者寄语，第Ⅲ~Ⅵ页。

开始，中国就开始明确实施"不结盟"的外交政策，并不断构建和扩展伙伴关系。从"冷战"后的新型伙伴关系到党的十八大以后积极构建的全球伙伴关系网络，中国从理念到实践都证明了伙伴关系外交的现实意义和生命力。70年来，中国与世界上许多国家和国际组织建立起来了不同形式、不同层次的伙伴关系，增进了各国之间的理念契合、利益融合和政策结合，有力捍卫了世界和平与发展，为构建新型国际关系，构建人类命运共同体奠定了基础。

第二节 中国伙伴关系外交的理念渊源

长期以来，中国一直奉行伙伴关系外交，并在平等互利、合作共赢的基础之上与世界上大部分国家都建立起来了不同层次的伙伴关系。习近平主席提出，中国要把建立伙伴关系确定为国家间交往的努力方向，愿本着对话而不对抗、结伴而不结盟的思路，与各国建立平等、开放、合作的伙伴关系。中国积极推动构建新型伙伴关系，具有深厚的历史文化渊源，也是顺应世界发展潮流的创新之举。

一、中国伙伴关系外交的时代背景

真正意义上的伙伴关系外交是"后冷战时期"的产物，与时代背景的变化密不可分。20世纪90年代，国际形势发生急剧而深刻的变化，两极格局终结，各种力量重新分化组合，世界进入了新旧格局转换的过渡时期。世界多极化和经济全球化趋势在曲折中发展，科技进步日新月异，综合国力竞争日趋激烈。从总体上讲，国际形势走向缓和，在相当长的时间内避免世界大战是可能的，大国间的关系进入了一个以综合国力为基础的时期，和平与发展成为公认的时代主题。但"冷战思维"依然存在，霸权主义和强权政治仍然是威胁世界和平与稳定的主要根源。伴随着"冷战"结束之后国际格局的稳定,经济全球化的趋势加速发展,全球市场快速融为一体。资本、商品、技术、人才等生产要素已经跨越国界线,在全球范围内流动,规模不断扩大,速度不断加快,实现了世界资源的优化配置。经济全球化使世界成为各国紧密相连的"地球村",国与国之间的经济关系日趋密切,世界经济连成一体。经济全球化在加深各国利益融合、促进国际之间的紧密合作和广泛联络的同时,也带来了许多全球性问题。面对层出不穷的全球性问题和挑战,再强大的国家仅靠自己的力量也不可能独善其身,只能靠大家结成伙伴合作解决。"冷战"结束之后世界多极化、经济全球化、文化多样化、社会信息化、国际安全更加复杂多样强化了国家之间的平等意识,加强了国际社会的相互依赖,这为伙伴关系的建立和发展奠定了国际基础。

进入21世纪,国际形势进入了新一轮的复杂调整期。新兴市场国家和发展中国家经济实力、国际影响力显著增强,"一超多强"的格局加速朝着力量趋于均衡的方向发展,世界多极化趋势更加明朗,国际体系正在形成一超、二元、多强格局。根据"联合国贸发会议"的统计数据,从1990年到2015年,发达国家占全球GDP的比重从78.7%降至56.8%,而新兴市场国家占全球GDP的比重则由19.0%上升至39.2%。国务院发展研究中心在其2018年12月发表的《未来国际经济格局变化和中国战略选择》课题报告中预测,到2035年发展中国家的GDP将超过发达经济体,在全球经济和投资中的比重接近60%,全球经济增长的重心将从欧美转移到亚洲,并外溢到其他发展中国家和地区。[①] 2019年3月,"世界经济论坛"发布了渣打银行与国际货

---

① 国务院发展研究中心课题组:《未来国际经济格局变化和中国战略选择》,载于《经济日报》2018年12月20日。

币基金组织通过购买力平价（PPP）来对 2019 年经济增长进行的分类分析。2019 年，亚洲整体将占全球 GDP 增长（PPP）的 63%，其中大部分增长源于中国。另外，像印度、印度尼西亚等国家将为"亚洲其余地区"做出贡献，而日本对全球经济增长的贡献仅有 1%。就发达经济体而言，美国一马当先，将为全球增长做出贡献（11%）；欧洲及其下属地区总贡献为 8%，加拿大贡献则为 1%。[1] 新兴市场国家和发展中国家的集体崛起正在从地理和文化上颠覆"西方中心论"，改变了 1648 年近代国际关系体系形成以来，西方居于主导、东方趋于从属的态势，世界更加平衡和多元。

伴随全球化的不断发展，国家之间的相互依存日益加深，全球性挑战不断增多，客观上要求不断提升全球治理能力和水平。在国际经济金融治理领域，第二次世界大战后建立起来的国际货币基金组织、世界银行发挥着重要作用。冷战结束以来，国际金融危机的频繁爆发，表明原有的制度安排难以适应全球化快速发展的需要，亟须进行改革。2010 年国际货币基金组织进行了份额改革，以中国为代表的发展中国家份额有所提升，然而由于担心改革后新兴市场获得更大话语权，美国国会对改革法案一直不予通过，直到 2015 年改革才得以落实。在国际安全领域，"9·11"事件以后，恐怖主义成为国际安全的严峻挑战。以美国为首的西方国家，采用以暴制暴的方式，借口人道主义干预，拓展自己的利益，世界面临越反越恐的局面。美国发动的阿富汗和伊拉克战争，使其自身最终深陷其中，利比亚、叙利亚局势至今仍动荡脆弱。从强调"保护的责任"到"不负责任的保护"，使中东局势积重难返，中东地区成为新的世界"火药桶"。在大国关系上，

---

[1] Jeff Desjardins. These are the Economies Adding the Most to Global Growth in 2019, World Economic Forum, March 21, 2019, https://www.weforum.org/agenda/2019/03/the-economies-adding-the-most-to-global-growth-in-2019/.

"冷战"后，美国和西方坚持"冷战思维"设定假想敌，把俄罗斯和中国视作地缘政治对手，通过北约东扩、制造"颜色革命"，发动"贸易战"使大国博弈升温。世界的"无序"需要进一步完善全球治理，发展伙伴关系。

面对全球经济持续低迷，地区动荡不断加剧，保护主义和孤立主义等"逆全球化"思潮抬头，国际社会越来越需要建立紧密的伙伴关系，共同应对挑战，渡过难关。特别是面对恐怖主义、气候变化、核安全、粮食安全等非传统安全威胁，国际安全合作方式必须发生改变。以往国际安全合作一般只关注国与国之间的传统安全问题，国家间通常以结盟等方式确保安全，以威慑、遏制等手段来制约对手。这种方式显然无法应对超国家、超地区的非传统安全威胁。非传统安全威胁使各国在安全问题上的共同利益增多，因此，国际安全合作必须淡化排他性色彩，强化共同安全，通过加强国家间对话与协作，建立防范和解决传统与非传统安全威胁的伙伴关系网络。

另外，国际社会越来越把目光投向以中国为代表的新兴国家，期待中国能够为世界的稳定与发展发挥更大作用，甚至有人期待中国能在国际体系、全球治理等方面扮演某种领导角色。中国作为世界第二大经济体和联合国安理会常任理事国，愿意积极承担自己应尽的国际责任。其中，中国经济的崛起最为瞩目，从1979年至2018年，中国GDP年均实际增长高达9.4%，是同期世界上最快的增长速度。而在世界经济发展的其他历史时期，也未见在如此长的时间里以如此快的速度增长的先例。中国经济总量占世界经济的份额从1978年的1.8%（全球第10位）上升到2018年的15.9%（第2位）。1978年，中国GDP仅有美国的6.3%、日本的14.8%，到2018年相当于美国的66.4%、日本的273.6%。根据世界银行数据，中国人均GDP从改革开放以来实现了持续高速发展。从1978年典型的低收入国家到1993年跨入中等偏下收入国家行列，进而在2009年跨入中等偏上收入国

第一章 全球伙伴关系网络的基本理念

家行列。到 2018 年中国人均 GDP 达到近万美元,距离高收入国家的门槛已经近在咫尺。① "冷战"结束以来中国对世界经济增长的贡献十分显著且稳步提高。自 2008 年世界金融危机到 2018 年,中国经济增长对世界经济的贡献率高达 31.7%。在 21 世纪以来世界经济异常变化的年份中,正是由于中国经济的稳定作用,全球波动性得以显著降低。

在安全上,中国积极支持以联合国为核心的世界政治安全体系。目前,中国在联合国常规预算经费中的分摊比例为 12.01%,在联合国维和预算经费中的分摊比例为 15.22%,均为第二大出资国。② 中国积极参加国际维和行动,自 1990 年以来,中国军队已先后参加 24 项联合国维和行动,累计派出维和军事人员 4 万余人次,是联合国安理会 5 个常任理事国中派遣维和军人最多的国家。目前,中国军队共有 2 500 余名官兵在联合国 7 个任务区和联合国总部执行任务。参与维和行动近 30 年来,中国维和官兵排除地雷及各类未爆炸物 12 500 余枚;运送各类物资器材 135 万吨,运输总里程 1 380 余万公里;接诊病患 21.6 万人次;完成长短途巡逻和武装护卫任务 600 余次,为促进和平解决争端、维护地区安全稳定、加快有关国家经济和社会发展作出了积极贡献。联合国秘书长军事顾问罗伊特中将高度评价了中国国家和军队为联合国维和事业作出的重要贡献,认为"中国在联合国维和事业中发挥着关键作用,这充分体现出中国对世界的责任感"③。通过我们自己的努力,中国正在成为国际形势的稳定锚、世界增长的发动机、和平发展的正能量、全球治理的新动力。正如习近平主席所指出的,中国正在日益走近世界舞台的中央。

---

① 蔡昉:《从发展成就看中国经验的世界意义》,载于《北京日报》2019 年 10 月 14 日第 14 版。
② 《履行国际义务 彰显中国担当》,新华网,2018 年 12 月 26 日,http://www.xinhuanet.com/world/2018-12/26/c_1123909474.htm。
③ 《中国在联合国维和事业中发挥关键作用》,载于《解放军报》2019 年 6 月 28 日。

构建全球伙伴关系网络：历史发展与现实路径

在这一背景下，很多西方国家宣扬"中国希望领导世界""中美未来可以共同领导世界""中国正在修改原有的国际规则""破坏国际体系"，妄图煽动新一轮的"中国威胁论""中国责任论"。客观来看，世界在变，中国在变，而中国与世界的关系也在发生着深刻的变化，在这一"百年未有之大变局"之中，中国选择伙伴关系外交，构建全球伙伴关系网络正当其时。中国的快速崛起对很多国家带来了冲击，尤其是周边国家。通过建立伙伴关系，中国可以同其他国家建立起稳定和谐的双边关系，通过经济合作、人文交流等方式增长政治和战略互信。当代中国外交的力量主要源自两个方面：一是自身日益增强的国家经济和军事实力；二是拥有的战略合作伙伴国群体。由于共同的利益关切，中国与不同的国家结成了不同层次的伙伴关系。[1] 奥巴马时期担任过白宫国家安全委员会亚洲事务高级主任的麦艾文（Evan Medeiros）认为，中国所建立的伙伴关系是综合性的，包括双边政治、文化、经济和安全等多方面的关系；中国与其他伙伴都同意长期致力于双方关系的持续发展，即便偶尔出现紧张情况，也不会脱离友好发展的轨道。[2]

从历史发展进程到现实战略选择可以看到，中国从未想过要领导世界。在各国相互连接更为紧密的全球化时代，世界真正需要的不是单枪匹马的英雄，而是同舟共济的合作伙伴。习近平主席提出，要在坚持不结盟的前提下广交朋友，形成遍布全球的伙伴关系网络。构建伙伴关系是中国外交的一个特色，旨在走出一条结伴而不结盟的新路。当前，世界各国相互依存空前加深，求和平、谋发展、促合作、图共赢成为不可阻挡的时代潮流。大国制衡、零和博弈等旧思维已难以为继，各国需要探寻国与国交往

---

[1] 高飞：《中国外交的转型与创新》，载于《新疆师范大学学报》（哲学社会科学版）2017 年第 6 期，第 21 页。
[2] Evan Medeiros. China's International Behavior: Activism, Opportunism, and Diversification, Rand Corporation, 2009, P. 82.

的新路径，这是我们构建伙伴关系的时代背景。中国积极推动构建新型伙伴关系是顺应世界发展潮流的创新之举。①

二、中国伙伴关系外交的价值取向

平等、和平、包容是中国伙伴关系外交的基本价值取向。在2014年国际形势与中国外交研讨会开幕式上，王毅外长指出："我们构建的伙伴关系有三个基本特征：第一是平等性，国家不分大小贫富，都要相互尊重主权、独立和领土完整，相互尊重各自选择的发展道路与价值观念。第二是和平性，伙伴关系与军事同盟最大的区别是不设假想敌，不针对第三方，排除了军事因素对国家间关系的干扰，致力于以合作而非对抗的方式，以共赢而非零和的理念处理国与国关系。第三是包容性，即超越社会制度与意识形态的异同，最大限度地谋求共同利益与共同追求。同时，我们在国际事务中仍将坚持独立自主的外交方针，根据事情本身的是非曲直决定自己的立场，作出自己的判断。"这三个特征鲜明准确地概括了中国伙伴关系外交的基本遵循和价值基础。

平等是中国伙伴关系外交的基本原则。自1840年鸦片战争以来，中国饱经列强欺侮，几代中国人为求世界平等一员地位苦苦奋斗，终于在中国共产党领导下，中国人民推翻了有着种种不平等条约的"旧社会"，建立了新中国。新中国成立之后，中央政府有步骤、有计划地废除了一切不平等条约，肃清了帝国主义在华特权，恢复和巩固了中国的独立与主权，为同世界各国建立和发展新的平等互利合作关系开辟了道路。当时尽管新中国奉行对苏联"一边倒"的外交方针，但是始终坚持遵循平等互利的原则。1953年12月31日，周恩来总理在同印度政府代表团就关于两国在中国西藏地区的关系问题举行谈判时，首次完整提出了

---

① 王毅：《共建伙伴关系，共谋和平发展》，载于《学习时报》2017年3月29日第1版。

互相尊重领土主权（在亚非会议上改为"互相尊重主权和领土完整"）、互不侵犯、互不干涉内政、平等互惠（在中印、中缅联合声明中改为"平等互利"）、和平共处的和平共处五项原则，得到印方赞同，并写入1954年4月29日签订的《关于中国西藏地方和印度之间的通商和交通协定》。该协定在序言中把和平共处五项原则定为指导两国关系的原则。和平共处五项原则作为一个整体首次成为国际关系的指导原则。1954年6月周恩来总理访问印度和缅甸，6月28日中印两国总理、6月29日中缅两国总理发表的联合声明都确认和平共处五项原则是指导两国关系的原则并共同倡议将和平共处五项原则作为指导一般国际关系的原则。平等互利是和平共处五项原则之一。和平共处五项原则超越社会制度和意识形态发展国家间关系，已为世界上绝大多数国家所接受，如今仍是处理国与国之间关系的基本准则。

"冷战"结束之后中国主张"国际关系民主化""文明多样化"都是以平等为基础的。"国家不分大小、强弱、贫富一律平等，尊重各国人民自主选择发展道路的权利，不干涉别国内部事务，不把自己的意志强加于人""不同文明应该在平等的基础上开展对话和交流，彼此借鉴，取长补短，在发展和丰富自己的同时推动人类文明走向新的繁荣"。中国在20世纪90年代末还提出了以"互信、互利、平等、协作"为核心的新安全观。

在党的十八大之后提出的众多新的外交理念中，平等始终是核心词汇。中国积极倡导"共商、共建、共享"的全球治理观，主张全球治理要体现国际关系的民主化，促进各国在国际合作中的权利平等、机会平等、规则平等；中国提出的新型国际关系也强调"计利当计天下利"，主张各国在求同存异的基础上相互尊重、平等相待，不断凝聚和扩大共同利益，实现不同社会制度、不同发展道路、不同文化传统国家和平共处、和谐共生。中国尊重各国人民自主选择发展道路的权利，习近平主席指出："不管国际格局如何变化，我们都要始终坚持平等民主、兼容并蓄，尊重各国自主选择社会制度和发展道路的权利，尊重文明多样性，做到国家不分大小、强弱、贫富都是国际社会的平等成员，一国的事情由本国人民做主，国际上的事情由各国商量着办。"世界各国有大有小、有强有弱、有贫有富，但都是国际社会的平等一员。中国倡导各国平等，尊重各国人民自主选择社会制度和发展道路的权利，从根本上摒弃国际关系中以大欺小、以强凌弱、以富压贫的强权行径，为各国平等参与国际事务、推动国际关系民主化、法治化注入了新的动力。

我们在同许多国家建立的伙伴关系中都加入了平等一词。2011年6月中俄共同发表《关于〈中俄睦邻友好合作条约〉签署10周年的联合声明》，宣布致力于发展平等信任、相互支持、共同繁荣、世代友好的全面战略协作伙伴关系；我们提出要建立更加平等均衡的新型全球发展伙伴关系，同舟共济、权责共担，增进人类共同利益；在打造命运共同体过程中，我们强调政治上要"建立平等相待、互商互谅的伙伴关系"。与差序性的以美国为中心的同盟体系和伙伴关系相比，平等显然是中国伙伴关系外交的特色，也是其道义感召力和吸引力所在。

和平是中国伙伴关系外交的基本追求。美国建立的伙伴关系体系尽管不像正式的军事同盟那样有共同的假想敌，但仍有很强的针对性，抱守零和思维，为美国的霸权利益服务。中国倡导的伙伴关系不设假想敌，不针对第三方，致力于以共赢而非零和的理念处理国与国的交往，注重寻求各国共同利益的汇合点，为国际社会加强对话合作、避免冲突对抗提供了正能量。

中国一直是一个热爱和平的国家，和平的基因根植在中国人民的血脉当中。近代以来，历经了苦难的中国人民更珍视和平。新中国成立70年来，中国始终坚持独立自主的和平外交政策，不干涉别国内政，反对任何形式的霸权主义和强权政治。"国强必霸"的逻辑虽然来自历史，但并不符合时代发展大势。进入21世纪以来，中国政府提出始终不渝地坚持走和平发展道路，这是中国政府和人民根据时代发展潮流和自身根本利益做出的战略抉择。其主要内涵是：既通过维护世界和平发展自己，又通过自身发展维护世界和平；在强调依靠自身力量和改革创新实现发展的同时，坚持对外开放，学习借鉴别国长处；坚持把中国人民的利益同世界人民的共同利益结合起来，永远不争霸、不称霸，始终做维护世界和地区和平稳定的坚定力量。这条道路最鲜明的特征是科学发展、自主发展、开放发展、和平发展、合作发展、共同发展。同时，中国将坚持奉行防御性的国防政策，坚定捍卫国家利益。只有中国的主权、安全、发展利益得到有效维护和保障，和平发展道路才能越走越宽广。走和平发展道路这一命题的提出，实现了新形势下我国对内政策与对外政策的高度统一。

当今世界，和平和发展已成为主流。继续奉行独立自主的和平外交政策，走和平发展道路，是中国根据时代发展潮流和国家根本利益作出的战略抉择。党的十九大报告再次强调："中国奉行防御性的国防政策。中国发展不对任何国家构成威胁。中国无论发展到什么程度，永远不称霸，永远不搞扩张。"这在中国伙伴关系外交中体现得非常突出。

例如在中欧全面战略伙伴关系中，和平伙伴关系就是四根支柱之一。2014年3月在访问布鲁塞尔时，习近平主席明确提出打造中欧和平、增长、改革、文明"四大伙伴关系"。中国和欧盟要做和平伙伴，带头走和平发展道路。中欧对构建多极世界格局具有重要战略共识。双方要尊重彼此自主选择的社会制度，照顾彼此核心利益，支持彼此走和平发展道路。双方要加强在国际和地区事务中的沟通与协调，共同推动政治解决地区热点问题，共同参与有关国际规制建设。这正是中国坚持走和平发展道路的体现。中国始终不渝走和平发展道路、奉行互利共赢的开放战略，希望其他国家也走和平发展道路。和平伙伴正是中国和平发展的重要支撑，也是维护世界和平的必由之路。

包容是中国伙伴关系外交的基本宗旨。美国的伙伴关系网络尽管也在不断扩大，但是其建立的更像是一个等级制的"朋友圈"，以意识形态和价值观画线，对"朋友圈"外的国家进行打压，并试图改造一些建立起伙伴关系的国家。而中国伙伴关系外交倡导开放包容。海纳百川，有容乃大。中国倡导的伙伴关系顺应相互依存的世界大势，契合各国友好相处的普遍愿望，致力于在交流互鉴中取长补短，在求同存异中共同前进，避免了小集团政治带来的各种封闭与排斥。中国外交强调"志同道合是伙伴，求同存异也是伙伴"。不同社会制度、不同意识形态的国家，也完全可以建立基于相同利益和追求的伙伴关系，构建起共同而非排他的"朋友圈"。在美国著名的中国战略问题专家金骏远（Avery Goldstein）看来，中国政府提出的伙伴关系主要"关注建立稳定的不针对第三国的外交关系"[1]。

"包容性"较早出现在"联合国千年发展目标"中，是一个经济学的概念。中国曾在多个国际场合提出"包容性增长"问题，主要指出中国的增长要惠及所有国家和地区。之后我国又在解决很多热点问题时提出包容的理念。例如"中国主张在平等公平基础上竞争，反对经贸政治化，国际社会应以开放包容的态度面对中国"；"中国希望同美国和其他亚太国家一道，努力共同构筑一个开放包容、互利共赢的亚太地区"；2011年在海南举行的博鳌论坛，以"包容精神、和而不同、共谋发展"为宗旨，表明中国越来越强调实现地区的包容。有很多学者以包容描述中国崛起和与世界合作的主要特点。"包容性崛起"就是"和平崛起解决的是让西方包容中国崛起，包容性崛起解决的是中国如何包容西方，减少崛起阻力"。"从利益、安全与价值的包容性入手，实现中国与世界的包容和谐。"[2] 中国应该开展"包容性外

---

[1] Avery Goldstein. *Rising to the Challenge*: *China's Grand Strategy and International Security*, Stanford University Press, 2005, P. 134.
[2] 王义桅:《超越和平崛起：中国实施包容性崛起战略的必要性与可能性》，载于《世界经济与政治》2011年第8期，第140~154页。

交",寻求中国与国际体系的"包容性的合作关系"。①

近年来,中国提出"一带一路"倡议、推动建立"亚洲基础设施投资银行"都是外交包容性的体现。中国成功举办了两届"一带一路"国际合作高峰论坛,编织起以亚欧大陆为中心,辐射全球各大陆,连接世界各大洋的互利合作网络,构建起发展战略对接、各自优势互补、彼此互联互通、包容开放发展的国际合作平台,为世界经济发展提供新动能。到 2019 年 7 月,中国推动成立的亚洲基础设施投资银行(以下简称"亚投行")成员国扩充至 100 个,兼顾了发达经济体和新兴经济体,亚投行模式及其内部治理模式等得到国际社会的广泛认可,也充分说明亚投行的包容性,以及对全球性包容发展机制的贡献。亚投行的建立和发展以及其运作方式正是中国"巧实力"战略的体现。② 可以看到,正是在全球伙伴关系网络建设过程中秉持了开放包容的宗旨,我们的"朋友圈"才能越来越大,才能交到越来越多的真朋友。

三、中国伙伴关系外交的文化渊源

尽管伙伴关系外交是现代外交战略的一种形式,但是其有着深厚的历史文化渊源。德国学者就认为"中国传统文化尤其是儒家思想对当代外交影响很大,有助于中国与其他大国建立不同层次的战略伙伴关系"③。中华文化主张"合则强,孤则弱",推崇"一个好汉三个帮""众人拾柴火焰高"的互助精神,这是我们构建伙伴关系的文化根基。伙伴关系的"平等""和平""包容"三个价值取向也都从传统文化中汲取了养分。

---

① 苏长和:《中国与国际体系:寻求包容性的合作关系》,载于《外交评论》2011 年第 1 期,第 9~18 页。
② Emine Akcadag Alagoz. Creation of the Asian Infrastructure Investment Bank as A Part of China's Smart Power Strategy, *Pacific Review*, Nov. 2018, pp. 1 – 21.
③ Wilfried Bolewski and Candy M. Rietig. The Cultural Impact on China's New Diplomacy, *The Whitehead Journal of Diplomacy and International Relations*, Vol. 8, No. 3, 2008, pp. 85 – 86.

第一章　全球伙伴关系网络的基本理念

"关系"是中华文化中的独特理念,为中国伙伴关系外交的动力提供了很好的解释。近年来中国国际关系理论创新的最大成果就是把"关系性"引入国际关系理论中,创立起世界政治的关系理论。如果理性孕育了西方主流国际关系理论的"形上元",那么关系性则可能正是其在儒家文化共同体内部的对应物。关系性是形成于儒家社会实践和历史中的背景知识的特征之一。[①] 关系理论依赖三个重要假设,首先国际关系世界是一个相互关联的世界,行为体之间、行为体与情境或者与其全部关系圈都是相互关联的。其次,行为体是且只能是"关系中的行为体"。这意味着社会行为体的身份和角色是由社会关系塑造的。没有绝对的、独立的自我身份存在,因为自我身份是在与他人以及整个关系整体之间的关系中构建和重构的。最后,"过程"是关系理论的一个关键概念,是从流动关系的角度来定义的。合作是一个过程,是维持、管理和协调行为体之间关系的共同改变和共同进化的过程。从关系的角度来看,维持合作进程往往比取得立竿见影的结果更为重要。

由"关系性"演变而来的关系治理是一种不同于西方权力治理、制度治理的新的方式。关系治理是一个协商社会政治安排的过程,在这个过程中,社会共同体的复杂关系得以管理,并因之产生秩序,使共同体成员能够相互信任,采取互惠和合作的行为方式,在对社会规范和伦理道德具有共同理解的基础上,实现共同进化。[②] 关系治理的重点是对行为者之间的关系的管理,而不是行为者本身,因为它假定社会世界是关系世界,据此,一个良好的和可持续的秩序取决于具有不同利益的不同行为体间关系的和谐。治理就是治理关系。此外,关系治理强调进程,把治理

---

① Yaqing Qin. A Relational Theory of World Politics, *International Studies Review*, Vol. 18, No. 1, 2016, P. 40.
② Yaqing Qin. Rule, Rules, and Relations: Towards a Synthetic Approach to Governance, *The Chinese Journal of International Politics*, Vol. 4, No. 2, 2011, P. 133.

作为通过沟通交流做出安排的过程。作为一项进程的治理充满着不确定性和变化，这使行为体之间持续性的沟通变得必要，并且表明了协商、协调和调整在治理过程中的重要性。①

传统上对于中国伙伴关系外交动力的解释一般存在于意识形态和国家利益两个维度。② 而关系治理却从中国传统文化中的关系视角对中国为什么同这么多国家建立伙伴关系进行了独特的分析。从关系治理的角度来看，中国希望借此发展并处理好同许多国家的关系，从而营造一个更加有利的国际环境。中国近年来提出了一系列计划和倡议，这离不开其他国家的支持。中国不仅需要深化和原有伙伴国的关系，还需要与非伙伴国建立伙伴关系。保持稳定的国际环境符合中国的战略利益。对中国来说，建立更友好的总体气氛和更有利的整体环境，关系很重要，伙伴也很必要。战略伙伴外交强调了同这些国家关系的重要性，也表示了更加密切的关系，建立和处理好这些伙伴关系对营造环境、发展友谊甚至建立"面子"都非常有益。③ 这有力地弥补了意识形态、国家利益视角的局限，将传统文化引入中国的伙伴关系理念和行为之中。

"和合"思想是中华文化的精髓，也是伙伴关系外交的文化基础。"和合"思想源于《易经》，其中提到的"保和太合"强调阴阳万物之间的融通与结合。从春秋时期，各诸侯国之间就通过"会盟"等方式形成同盟，抵御敌对国家的侵略。这是早期的一种合作方式，也是"合"思想的体现。而"和"更强调追求和谐，"和为贵""尚和合"主要描述各种不同性质的事物相

---

① Yaqing Qin. A Relational Theory of World Politics, *International Studies Review*, Vol. 18, No. 1, 2016, P. 40.

② Georg Strüver. China's Partnership Diplomacy: International Alignment Based on Interests and Ideology, *The Chinese Journal of International Politics*, 2017, Vol. 10, No. 1, pp. 31–65.

③ 秦亚青:《中国文化对其外交决策的影响》, 载于《国际问题研究》2011 年第 5 期, 第 30~31 页。

互对立与冲突，继而融合趋同的辩证过程。"和合"的待人情怀与"中庸"的处世之道在中国文化里面得到了完美的结合。"和合"辩证法强调即使面对相互对立的事物，也要尽力调和两者之间的矛盾，努力使之向好的方向发展，最终达成和谐状态。其在中国历史上处理同其他民族的关系，构建文化认同，形成"中华民族多元一体"格局中和合思想都发挥了重要作用。中国传统文化中"和合中庸、礼让为国"的传统特点，形成了中国特色的"阴阳互动""和而不同""兼容共存"的外交伦理原则，形成了"协和万邦"的外交目标和文化自觉。这些均表现出"和合主义"国际关系理论规范所具有的历史文化内涵。①

长期以来，中国形成的"和合"文化是指：一是人与自然的和谐，天人合一，只有"天地调和"，才能"日有长久"。二是人与人的和谐。人首先应该"致中和"，做事不偏不倚，公平处理，对不同的人要区别对待。三是强调治理国家的和谐，追求天下大同。一个国家"和则能久"。四是强调国与国的和谐，憧憬协和万邦。只有外部环境和平时，国家才能将主要精力放在社会经济发展上，人民才能安居乐业。五是内心和谐。中国人一直强调修心，内心和谐是一种最高境界。在这种思想的影响下，中国文化一直保持高度的包容性和融合性，并把这种文化精神融入中国外交的指导思想，成为中国历来奉行和平外交政策的一个思想本源。"和而不同"也一直是中国外交处理问题、解决矛盾的重要原则。② 这一原则正是伙伴关系外交的精髓所在。

当然，"和"与"合"是相互支撑、协调统一的。"合"的思想，其本意是强调两物之间应相互融合，而古代的政治家和学者提出"合"的概念是为了警醒世人要加强彼此之间合作的精

---

① 余潇枫：《"和合主义"：中国外交的伦理价值取向》，载于《国际政治研究》2007年第3期，第23页。
② 孙吉胜：《传统文化与十八大以来中国外交话语体系构建》，载于《外交评论》2017年第4期，第9~10页。

神。从伙伴关系外交的实践来看，我国大力开展与各个国家和地区的合作，合作也同样涉及了政治、经济、文化、科技等领域，在国家间倡导合作共赢的理念，等等。究其根本，也是对于我国传统的"合"文化理念的传承。

中国伙伴关系外交中的包容性与传统文化中的中庸辩证法一脉相承。中庸辩证法假设虽然对偶双方存有差异，但是却是彼此包容的，差异本身甚至促进了这种包容。正像中国哲学中的阴阳关系，可以和谐共存。中庸辩证法认为，尽管任何两个互动中的文化和文明有所不同，甚至从属性上看是相反的，但双方应该是相互包容的，一方包含另一方的元素。① 中国提倡的全球伙伴关系网络也正有此意，国家无论大小、强弱、意识形态等差异有多大，都可以共同加入伙伴关系网络，即便是敌对和竞争的国家，也可以通过这一网络"和谐共存""化敌为友""共同进化"。而西方国家对同盟体系和伙伴关系的理解，更好地印证了西方哲学和文化中根深蒂固的"二元论"，将冲突的本质镶嵌在了相关网络的建构中。

四、中国伙伴关系外交的国际借鉴

伙伴关系作为一种外交战略的手段与20世纪80年代开始国际社会安全观的变化息息相关。中国安全观的形成借鉴了综合安全、合作安全、人的安全等国际社会主流的安全观，也在实践中形成了自身的新安全观。这些都对中国伙伴关系外交产生了一定影响，在伙伴外交实践中有鲜明的体现。② 其中，合作安全观在伙伴关系外交中体现得比较明显。

在国际关系的现实主义流派看来，国家为求得安全以保障生存所采取的手段多种多样，包括结盟战略、均势战略、霸权战

---

① Yaqing Qin. A Relational Theory of World Politics, *International Studies Review*, Vol. 18, No. 1, 2016, P. 42.
② 孙德刚：《论21世纪中国对中东国家的伙伴外交》，载于《世界经济与政治》2019年第7期，第125页。

略、威慑战略、强制战略等。这些实力政治型战略在维护国家短期可视利益方面发挥了重要作用，但是这些战略其对抗性色彩浓厚，往往使国际政治成为"零和"游戏，带来严重的安全困境。从20世纪70年代开始，由于美国和苏联关系的缓和、美国霸权的相对衰落以及各国之间相互依存关系的加强，以新自由制度主义为代表的国际合作理论开始逐渐兴起，国家之间能否合作？在何种情况下合作？如何合作？这些问题成了国际关系理论研究的焦点。在新自由制度主义者看来，国际制度具有促进国际合作的功能，而互惠是国际合作的基本战略观念。20世纪七八十年代的学术争鸣促进了学界对于国际合作的定义、条件和过程以及具体的形式都有了更为清晰的认识。

"冷战"结束后，随着国际体系以及大国关系发生的重大变化，国际合作的重要性进一步上升。在此情况下，合作安全进入了学术研究的视野。加拿大前外长克拉克1990年在联合国大会上明确提出了"合作安全"这一概念，他倡议北太平洋的七个国家（美国、中国、苏联、韩国、日本、加拿大、朝鲜）进行合作安全对话，其思想核心是"倾向于协商而不是对抗，倾向于保证而不是威慑，倾向于透明而不是保密，倾向于预防而不是更正，倾向于相互依存而不是独来独往"[①]。之后学者们对合作安全进行了广泛的讨论。比较有代表性的观点认为合作安全"就是具有共同利益的国家联合起来通过认同的机制减少紧张和疑虑，解决或缓和争端，建立互信，增强经济发展前景，保持地区稳定"[②]。合作安全是一种新的安全取向，强调国家之间的共同利益，目标是建立互信，主张包容，通过合作寻求安

[①] [美]克雷格·斯奈德等：《当代安全与战略》，徐纬地等译，吉林人民出版社2001年版，第142页。

[②] Michael Moodie. Cooperative Security: Implications for National Security and International Relations, *Cooperative Monitoring Center Occasional Paper*, Vol. 14, Sandia National Laboratories, 2000.

全。同时，合作安全的范畴也比传统安全观要更广，超越了传统军事安全的范畴，把经济、环境、社会的议题都包含在内。

伙伴关系战略正是合作安全的具体展现。共同利益的塑造、长期互信的建立、包容性的态度以及合作的习惯，这些都是伙伴关系不可或缺的组成部分。从本质上来讲，伙伴关系强调以合作为国家之间主要的战略互动模式，不以其他国家的不安全作为自身安全的前提。如果国家能够基于合作关系进行行动，那么它们实施的就是一种合作安全战略，这种战略的实施，其本质不是以他者的不安全为代价，而是通过与他者的合作来提高自己的安全系数，达到双赢的效果。这种合作安全战略在体制上是以集体行动的形式来实现安全的目标。这种合作安全既可以体现为一般的相互信任和基本制度安排，也可上升为安全共同体的高级形式。①

最近几年以保罗·埃文斯（Paul Evans）和阿米塔夫·阿查亚（Amitav Acharya）为代表的西方学者又提出"合作安全2.0"的概念用来描述亚洲未来的安全结构和安全秩序。这一概念认为国家合作不是出于利他主义，而是因为合作符合自身的利益，同时不合作带来的成本非常高。国家之间的冲突可以避免不是由于成员国具有共同价值观和集体的认同，而是因为避免冲突是带来物质增长和国家发展的前提。制度对于吸引各国参与并在冲突解决中展现自我约束非常重要。但是这些制度通过相互约束和相互适应发挥作用，而不是像欧洲模式那样通过一体化建立超国家的机制。这一概念的核心是提出的亚洲的"多元共生"的安全秩序（consociational security order）概念。此概念主要提供了一个分析亚洲地区的安全秩序的框架。"多元共生"的安全秩序依赖四个条件，分别是经济相互依赖、基于防御性现实主义而达成的均衡、共享领导权的多边机制和精英（国家）的自我约束。这种安全秩序并不能避免战争，但它使得21世纪的亚洲不可能发

---

① 李少军：《国际战略报告》，中国社会科学出版社2005年版，第202~203页。

第一章 全球伙伴关系网络的基本理念

生像20世纪初期在欧洲发生的彻底破坏现存秩序的战争和冲突。[①] 这一新的理念坚持了合作安全的基本内涵,为解决亚洲地区的安全问题提供了新的分析视角。

中国伙伴关系外交在党的十八大之后的大发展与新的安全观的形成同向同步。十八大以后的外交文件中多次出现平等、互信、互利等理念,尽管具有中国特色,但与合作安全的内涵是相通的。在2014年上海召开的"亚洲相互协作与信任措施会议第四次峰会"上,习近平主席在主旨演讲中指出"亚洲各国应该积极倡导共同、综合、合作、可持续的亚洲安全观,创新安全理念,搭建地区安全和合作新架构,努力走出一条共建、共享、共赢的亚洲安全之路"。其中"合作安全,就是要通过对话合作,促进各国和本地区安全。积极培育合作应对安全挑战的意识,不断扩大合作领域、创新合作方式,以合作谋和平、以合作促安全"。亚洲安全观是探索中国特色大国外交的重要实践。合作安全更是突出了安全手段的和平性和安全维护的共同性。习近平主席指出,"力量不在胳膊上,而在团结上"。历史和现实反复证明,武力不能缔造和平,强权不能确保安全。中国自古就有"以和为贵"的思想,认为国家之间、民族之间、人与人之间要以团结互助、友好相处为最高境界。中国主张通过合作求安全,就是要以平等合作而不是武力对抗来解决问题。合作安全,就是要通过坦诚深入的对话沟通,增进战略互信,减少相互猜疑,求同化异,和睦相处。要以和平方式解决争端,反对动辄使用武力或以武力相威胁,反对为一己私利挑起事端、激化矛盾,反对以邻为壑、损人利己。这正是伙伴关系价值取向的体现。伙伴关系战略是合作安全的重要实践,也是解决亚洲安全问题的主要出路。

尽管合作安全是西方话语体系的产物,但是它与中国的传统

[①] Paul Evans. Searching for Cooperative Security 2.0, *China Quarterly of International Strategic Studies*, Vol. 1, No. 4, 2015, pp. 537–551.

理念高度吻合，如今也成为中国提出的亚洲安全观的重要组成部分。正如王毅外长所说，中国提倡的伙伴关系与传统国际关系理论不同的鲜明特征之一就是寻求和平合作。在全球化时代，任何一个国家的力量都是有限的，各国只有携手合作，才能有效应对日益增多的区域性风险和全球性挑战。中国倡导的伙伴关系不设假想敌，不针对第三方，致力于以共赢而非"零和"的理念处理国与国的交往，注重寻求各国共同利益的汇合点，为国际社会加强对话合作、避免冲突对抗提供正能量。

第三节　全球伙伴关系网络的构成类别

从20世纪90年代至今，中国始终致力于构建全球伙伴关系网络，同世界上100多个国家和区域组织建立了不同形式的伙伴关系，拓展深化了全方位、宽领域、多层次的对外交往格局，形成了覆盖全球的"朋友圈"。这些伙伴关系在全球、地区和双边层面上均取得积极成效，既为中国的发展创造了有利的国际环境，也在一定程度上为地区乃至全球的和平稳定贡献了"中国力量"。

一、中国伙伴关系的不同分类

伙伴关系网络的构建根据双多边关系的发展程度、合作的具体领域以及国与国交往的特色分为不同的类型，而且与同一国家建立起来的伙伴关系在不同时期也会发生变化。这正体现了中国伙伴关系外交的灵活性和包容性。对于中国伙伴关系的类别，有多种不同的分类方法，例如按照伙伴关系在地缘战略上的重要性来划分，将伙伴关系框架下推动中国与特定地区组织建立联系以拓展中国可利用的国际合作资源的称为结点国家；在伙伴关系框架下不允许在本国领土上从事任何有损于对方主权、领土完整等活动则突出了伙伴国对中国维护核心利益的认可与支持，这类

第一章　全球伙伴关系网络的基本理念

伙伴国称为支点国家。这两类国家可以有效缓解中国的崛起困境，有不少实现了伙伴关系的升级。除了这两种之外还有很多非支点或结点国家，它们难以缓解中国的崛起困境，一般伙伴关系维持原状。① 也有学者在此基础之上将中国在中东地区的伙伴关系层次分为支点国家、结点国家、重点国家和据点国家四类。② 当然，在中国伙伴关系外交实践中还没有出现关系"降级"的情况，通常两国关系不好的时候，官方会对"伙伴"等词闭口不提。

美国兰德公司2018年10月16日发布了题为《"一带一路"的开端：中国与发展中世界》的研究报告，提出了"关键伙伴国"的概念。报告认为，中国将自身安全环境分为以本土为中心的四层安全圈。其中，最内侧的第一层覆盖中国大陆及台湾地区；第二层覆盖与中国陆地和海上边境线接邻的陆地和水域，包括东南亚、中亚和南亚部分地区；第三层覆盖整个亚太地区，包括东南亚、中亚、南亚部分地区及大洋洲所有地区；第四层覆盖亚洲以外的其他所有地区，包括中东、非洲、拉丁美洲和加勒比海地区。在上述地区，中国将一些国家确定为关键伙伴国，与之建立长期全面战略伙伴关系。报告认为"俄罗斯和巴基斯坦是横跨第二层和第三层安全圈的关键伙伴国；伊朗、南非和委内瑞拉是位于第四层安全圈的关键伙伴国"③。

还有按照伙伴关系效用进行的简单划分，例如将中俄战略协作伙伴关系放在第一层级，因为这一关系不管是从时间、广度、深度等各个方面都是与其他伙伴关系不一样的；把中国—欧盟和中国—东盟伙伴关系放在第二层级，而把剩余的其他伙伴关系放

---

① 孙学峰、丁鲁：《伙伴国类型与中国伙伴关系升级》，载于《世界经济与政治》2017年第2期，第54~76页。
② 孙德刚：《论21世纪中国对中东国家的伙伴外交》，载于《世界经济与政治》2019年第7期，第106~130页。
③ Andrew Scobell, Bonny Lin, Howard J. Shatz etc.. *At the Dawn of Belt and Road: China in the Developing World*, Rand Corporation, December 5, 2018.

在第三层级。同时，把中国一些特殊的对话伙伴归为第四类，例如中美战略经济对话、中日高层经济对话和战略对话等。① 如果按照伙伴关系的发展趋势来划分，可以分为战略伙伴关系、伙伴关系和潜在伙伴关系三类。② 以这种分类标准有80%左右中国的伙伴都可以划归到第一个种类。第一个种类还可以分为六个层次，依次是：全面战略协作伙伴关系、全面战略合作伙伴关系、战略合作伙伴关系、全面战略伙伴关系、战略伙伴关系和战略合作关系。单单从字面上很难区分这些战略伙伴关系的差异，需要从具体的政府文件中进行归纳。第二和第三类伙伴关系中没有了"战略"这一字眼，与第一类相比紧密程度和重要性大大下降。这些国家在国际舞台上往往影响有限，很难向中国提供实际的帮助。中国与这些国家建立伙伴关系是"负责任大国"的体现，在未来也有升级的可能性。

比较常见的分类方法是将中国的伙伴关系分为"全局性伙伴关系""战略性的伙伴关系"和"一般性的伙伴关系"三类。"全局性伙伴关系"也就是"全面战略协作伙伴关系"，属于伙伴关系的最高层，只有中俄关系达到了这一高度，"全面战略协作伙伴关系"侧重于合作的全面性与战略的延展性，既要求全面合作，也致力于在地区和全球问题上协调立场。第二类是"战略性的伙伴关系"，其中又包括众多不同类型的伙伴关系，如"全天候战略伙伴关系""全面战略伙伴关系""互惠战略伙伴关系""战略合作关系"等。这一类伙伴关系强调双边关系的战略性，对象国大多在相关地区具有重要的战略地位，反映出这些伙伴关系在地区和跨地区层面上的全局作用。第三类是一般性的伙伴关

---

① Feng Zhongping and Huang Jing. China's Strategic Partnership Diplomacy：Engaging with a Changing World，*ESPO Working Paper*，No. 8，June 2014，pp. 9 – 10.
② Sheng Song Yue. Towards a Global Partnership Network：Implications, Evolution and Prospects of China's Partnership Diplomacy, *The Copenhagen Journal of Asian Studies*, Vol. 36, No. 2, 2018, pp. 9 – 14.

系，如"全方位友好合作伙伴关系""全面友好合作伙伴关系""友好合作伙伴关系""重要合作伙伴关系""友好伙伴关系"等，这些主要强调两国之间的合作性，关系战略程度有限，但地区跨度很大，在相应地区可以起到合作示范作用。① 有国外学者也将伙伴关系分为全面战略伙伴、战略伙伴和一般伙伴三类，但该全面战略伙伴包括的范围要远远超出中俄两国，在中国伙伴关系网络中全面战略伙伴数量最多。② 也有分类认为战略性的伙伴关系要放在第一个层次，接下来是全面合作伙伴关系和一般层次的伙伴关系。无论如何进行分类，中国的伙伴关系外交的建立都须具备一定的条件，包括：互不为敌是伙伴关系得以形成和存在的基本前提；双方具有共同利益并且双方对这种共同利益都有足够的重视是伙伴关系存在的基础；双方为促进这种共同利益实现而进行合作的愿望是建立伙伴关系的动力；双方能够采取切实的措施发展相互关系、照顾双方利益是伙伴关系的必然要求。对伙伴关系语义做出不同层次和性质的分析，说明这些伙伴关系在实际功能上主次有别而非两厢并列，意味着中国与不同国家间关系的远近亲疏或是重要性差异。以下本章将根据在中国外交布局中的重要性、发展程度、性质差异、功能定位等，将中国的全球伙伴关系网络分为四类：一是特殊战略伙伴关系；二是一般战略伙伴关系；三是合作伙伴关系；四是准伙伴关系。

二、特殊战略伙伴关系

战略伙伴关系是中国全球伙伴关系网络中最核心的组成部分。战略伙伴之间关系的成熟度和互信程度较高，合作的领域广、程

---

① 门洪华、刘笑阳：《中国伙伴关系战略评估与展望》，载于《世界经济与政治》2015年第2期，第83~85页。
② Georg Strüver. China's Partnership Diplomacy: International Alignment Based on Interests and Ideology, *The Chinese Journal of International Politics*, 2017, Vol. 10, No. 1, P. 44.

度深，同时具有一定的地区乃至全球的影响力，其战略意义体现的比较突出。它要求双方把双边关系置于国际格局的发展和着眼于整个世界的战略框架之内，要求双方不拘泥于一时一事的具体问题，而是从长远的观点出发来认识和处理彼此的关系。战略伙伴关系的突出内容，除了一般伙伴关系所应有的政治互信、合作互利等因素外，很重要的一点是双方必须在战略层面达成默契并视对方为可靠的合作伙伴，同时战略伙伴关系也凸显了双边关系的影响是有战略意义的，即两国关系已经超出双边范畴而对区域乃至全球政治都会产生影响，并且双方都对这种影响持积极的认识。正如前文所述，在其他大国的外交实践中，战略伙伴关系的重要性也在显著上升，其合作的紧密程度仅次于同盟关系。

具体来看，中国的战略伙伴关系类型还有很多。最紧密、最稳定的当属中国和俄罗斯之间的全面战略协作伙伴关系。中俄关系从"冷战"结束之后进入了快速发展时期。1992年12月，叶利钦访华与中国领导人举行元首会晤，双方宣布"相互视为友好国家"。1994年，时任中国国家主席江泽民访问俄罗斯，双方宣布建立"睦邻友好、互利合作的建设性合作伙伴关系"。1996年，两国确定发展"平等信任、面向21世纪的战略协作伙伴关系"。2001年，双方签署《中俄睦邻友好合作条约》并提出"长期全面地发展两国睦邻、友好、合作和平等信任的战略协作伙伴关系"。2014年两国元首发表联合声明，强调"中俄关系已提升至全面战略协作伙伴关系新阶段"。2019年6月习近平主席访问俄罗斯期间，两国宣布将双边关系提升为"中俄新时代全面战略协作伙伴关系"。

中俄全面战略协作伙伴关系作为中国全球伙伴关系网络中最紧密的一环，既有其特殊性也有其普遍性。从特殊性来看，中俄两个大国可以说是全方位、多领域的伙伴关系，包括在军事技术上的协作互助。近年来，两国政治互信不断增强，在国际和地区事务中保持密切沟通。两国关系处于历史最好时期，合作超出了双边范畴，带有全球性的影响。两国高层交往频繁，形成了元首

第一章 全球伙伴关系网络的基本理念

年度互访的惯例,建立了总理定期会晤、议会合作委员会以及能源、投资、人文、经贸、地方、执法安全、战略安全等完备的各级别交往与合作机制。双方政治互信不断深化,在涉及国家主权、安全、领土完整、发展等核心利益问题上相互坚定支持。积极开展两国发展战略对接和"一带一路"建设同欧亚经济联盟对接,务实合作取得新的重要成果。两国人文交流蓬勃发展,世代友好的理念深入人心,两国人民之间的了解与友谊不断加深。中俄在国际和地区事务中保持密切战略协作,有力维护了地区及世界的和平稳定。中俄关系在中国的伙伴关系中仅此一例,乃至引发了国际上对中俄是否会结盟的猜想和讨论。① 外交部副部长乐玉成对于中俄战略协作伙伴关系的特殊性做出了非常精辟的概述:在中国的对外关系中,共建立了几十对战略伙伴关系,但唯有中俄之间确立了最可靠、最有效的"战略协作伙伴关系",其特殊性在于双方有高水平的政治互信,合作具有全局性、战略性、系统性和自发性的显著特征。中俄战略协作伙伴关系的核心要义是相互给予对方坚定有力的支持,支持对方维护本国核心利益的努力,支持对方走符合本国国情的发展道路,支持对方发展振兴,支持对方把自己的事情办好。战略协作使双方可以"背靠背"互为依托,腾出手来共同应对其他方面的风险和挑战。战略协作伙伴关系不仅给中俄合作提供了强劲动力和广阔空间,更使中俄成为维护世界和平稳定和国际公平正义的中流砥柱。②

---

① Lyle J. Goldstein. A China – Russia Alliance? *The National Interest*, April 25, 2017. Alexandr Nemets. Russia and China: The Mechanics of an Anti – American Alliance, *The Journal of International Security Affairs*, Vol. 11, 2006, pp: 83 – 88; Elizabeth Wishnick. Russia and China: Brothers Again? *Asian Survey*, Vol. 41, No. 5, 2001, P. 798. Liselotte Odgaard. Beijing's Quest for Stability in its Neighborhood: China's Relations with Russia in Central Asia, *Asian Security*, Vol. 13, No. 1, pp: 41 – 58; Elizabeth Wishnick. In Search of the "Other" in Asia: Russia – China Relations Revisited, *The Pacific Review*, Vol 30, No. 1, 2017, pp. 114 – 132.

② 乐玉成:《继往开来,携手共创中俄关系新时代——写在中俄建交70周年之际》,载于《求是》2019年第18期,第50~55页。

从其普遍性来看，中俄关系并没有跳出伙伴关系的框架，而且未来也没有变成同盟关系的可能。对此，外交部前副部长傅莹做了很好的解释。首先，中俄关系的根本特质是平等和相互尊重。平等与相互尊重催生了中俄间高度的政治互信，使两国无论是在哪个层面对话时，都感到无拘束、无压力，单纯而直接，彼此都不会去指责和教训对方，都能坦诚相见，互谅互让。其次，中俄关系的重要原则是坚持合作共赢。中俄从维护各自国家安全和地区乃至世界和平的角度经营两国军事和安全合作，并没有军事同盟的性质；同时，中俄从长期和战略的角度来经营两国合作关系，尽管也存在利益上的分歧和矛盾，但双方对此有认识，也有较好的控制。中俄关系是21世纪颇具典型意义的一组大国关系，双方既有共识，也有分歧。在当今世界出现深刻变化之际，各国都在探索如何才能在大国之间、邻国之间、东西方之间、南北之间，以及不同政治体制、不同文化传统的国家之间，建立恰当与和谐的关系，中俄关系提供了一种选择模式，就是构建伙伴而不结盟、平等和相互尊重的合作关系。① 未来中俄全面战略协作伙伴关系还有进一步升级的可能性，但是其伙伴关系的本质不会发生变化。

另外一对特殊的战略伙伴关系是中国和巴基斯坦之间的全天候战略合作伙伴关系。在中国的所有伙伴关系中，只有中巴建立的是全天候战略合作伙伴关系。巴基斯坦是最早承认新中国的国家之一。1951年5月21日，中巴两国正式建立外交关系。建交以来，两国在和平共处五项原则的基础上发展睦邻友好和互利合作关系，进展顺利。1996年12月，时任国家主席江泽民对巴基斯坦进行国事访问。双方决定建立面向21世纪的中巴全面合作伙伴关系。进入21世纪以来，中巴全面合作伙伴关系进一步深入发展。2005年4月，时任总理温家宝访巴，双方签署《中巴

---

① 傅莹：《中俄关系：是盟友还是伙伴？》，载于《现代国际关系》2016年第4期，第1~10页。

第一章　全球伙伴关系网络的基本理念

睦邻友好合作条约》,宣布建立更加紧密的战略合作伙伴关系。2013年5月22~23日,李克强总理应邀对巴基斯坦进行正式访问,中巴双方发表《中华人民共和国和巴基斯坦伊斯兰共和国关于深化两国全面战略合作的联合声明》。7月,巴基斯坦总理谢里夫来华进行正式访问,双方发表《关于新时期深化中巴战略合作伙伴关系的共同展望》。之后中巴关系再次升级,2015年4月,习近平主席应邀对巴基斯坦进行正式访问。中巴双方发表《中华人民共和国和巴基斯坦伊斯兰共和国建立全天候战略合作伙伴关系的联合声明》,双方正式建立起全天候战略合作伙伴关系。

关于中巴"全天候"的提法,早在20世纪八九十年代就有领导人谈到。2010年以后,"全天候战略合作伙伴"的提法在国家领导人和外交部负责人那里常有提及。2013年3月16日,巴基斯坦时任总统扎尔达里祝贺习近平当选中国国家主席时表示,巴基斯坦和中国是"全天候朋友",习近平表示,中巴是"全天候战略合作伙伴"。同年7月5日,国务院总理李克强在人民大会堂同巴基斯坦总理谢里夫举行会谈时也表示,中巴是"全天候战略合作伙伴"。简单来说,"全天候"意味着:不管什么时候、不论风云如何变幻,两国都是密切而友好的。中国和巴基斯坦在任何条件和状况之下都要保持战略上的一致,这将是国与国之间最高级别的关系。① 中国人还为巴基斯坦创造了一个独一无二的称呼,叫作"巴铁",就是铁杆朋友的意思,这生动地体现了两国关系的独特友好、牢不可破,也体现了两国之间深厚的民意基础。

中国前驻巴基斯坦大使孙卫东对中巴关系的特殊性进行了很好的解释。首先是坚持道义。中巴都把和平共处五项原则作为处理国家间关系的基本准则,在国际事务中都主张公平正义,维护发展中国家的共同利益,敢于仗义执言。巴基斯坦在涉及台湾、

---

① 《中巴关系提升:全天候战略合作伙伴关系》,载于《南方都市报》2015年4月21日。

西藏、新疆等一系列问题上始终给予中国鼎力支持,中国也始终坚定支持巴基斯坦捍卫独立、主权、领土完整和民族尊严,真诚无私地帮助巴基斯坦实现经济发展和社会稳定。其次是君子之交。中巴在交往中一直相互尊重,以诚相待,心心相印。两国在合作中始终保持密切沟通和协调,遇事总是更多地从对方的处境和利益着想,充分考虑对方感受。中巴双方讲原则、重情义,结下了真挚友谊。最后是患难与共。20世纪在新中国突破外部封锁、恢复在联合国合法席位、实现中美关系正常化等关键时刻,巴基斯坦向中国提供了坚定支持;2008年中国四川汶川发生特大地震灾害后,巴基斯坦第一时间向中国提供全部战略储备帐篷,真正做到了倾囊相助。同样,2010年巴基斯坦遭遇特大洪灾时,中国是第一个向巴方伸出援手的国家;2015年也门局势紧张,中国海军舰船协助176名巴基斯坦侨民从也门安全撤离,巴海军也协助8名中国留学生撤离,再次展现了两国有难同当的兄弟情谊。[1]

正是因为有了上述种种原因,中巴战略伙伴关系才有了特殊性。中巴两国首先在战略上高度一致,高层互访频繁,交往密切,战略协调不断加强。两国紧密结合各自发展战略,建立"中巴命运共同体",努力将其打造成为中国同周边国家构建命运共同体的典范。中巴经济走廊就是两国务实合作的战略框架。其次,两国合作非常全面。尽管社会制度不同、文化背景不同,但是中巴两国在政治、经贸、外交、军事等方方面面都进行了富有成效的合作。最后,两国的合作超出了双边的范畴,对于亚洲政治、经济、安全、区域合作、地区格局等都有举足轻重的意义。"中巴关系的快速发展带来了亚洲地区地缘政治的变动。"[2] 清华

---

[1] 《中巴关系"铁"在哪儿——访中国驻巴基斯坦大使孙卫东》,新华网,2015年4月18日,http://cpc.people.com.cn/n/2015/0418/c64387-26866389.html。

[2] Andrew Small, *The China - Pakistan Axis: Asia's New Geopolitics*, Oxford University Press, 2015, P. 3.

大学的阎学通教授曾经建议中国外交可考虑从不结盟向"全天候战略伙伴"转变，建立尽可能多的全天候战略伙伴，提高友好关系的质量。他认为中国和巴基斯坦的全天候战略伙伴是我国最好的友好关系，如果能以中巴关系为模式，建立更多这样的友好关系，这在某种程度上就是"先举"，就是与美国争夺友好关系。①

在中国全球伙伴关系网络中，中俄、中巴关系是比较特殊的，这两对伙伴关系已经达到了最紧密的程度。当然，这两种特殊战略伙伴关系的内涵和特点有很大差别，这跟历史上两国同中国关系的发展、外交关系的定位以及地缘关系等都密不可分。两国在中国整个外交战略布局中的地位和作用也不尽相同，但都是全球伙伴关系网络的关键支撑。在相当长的时间内，其他伙伴关系升级到这两种特殊战略伙伴关系的可能性不大。

三、一般战略伙伴关系

与特殊战略伙伴关系相比，中国的一般战略伙伴关系占到了全球伙伴关系网络的主体。除了比一般伙伴关系有更深的政治互信、更广的合作互利等因素外，战略伙伴关系需要双方必须在战略层面达成默契并视对方为可靠的合作伙伴，同时战略伙伴关系也凸显了双边关系的影响是有战略意义的，即两国关系已经超出双边范畴而对区域乃至全球政治都会产生影响，并且双方都对这种影响持积极的认识。还有很重要的一点，战略伙伴必须对中国的核心利益表示支持，例如在台湾、新疆等涉及国家主权和领土完整，政治制度、经济发展等国家重大安全问题上，战略伙伴与中国的立场基本一致，同时，中国对于相关国家的核心利益和重大关切也有共识。

---

① 阎学通：《或可考虑改变"不结盟"战略》，载于《领导文萃》2011年第21期，第31页。

具体来看，一般战略伙伴关系还可以分为全面战略合作伙伴关系、全方位战略伙伴关系、战略合作伙伴关系、建设性战略伙伴关系等。不同的称谓表明伙伴关系的侧重略有不同。全面战略合作伙伴关系是一般战略伙伴关系中层级较高的一种伙伴关系。"全面"两字体现了两国关系发展的广度和深度。战略合作伙伴关系更多侧重在某一些领域的发展，而全面战略伙伴关系建立后，体现出双方在政治、经济、人文、国际和地区事务等方面都有一致性和全方位的合作。中国与越南、柬埔寨、老挝、泰国等东南亚很多国家建立了全面战略合作伙伴关系，体现了周边外交在中国外交布局中的重要性。以中国和越南关系为例，由于两国存在历史上的冲突及现实的海洋争端，很多西方观察家并不看好中越关系的发展前景。然而，中越之间建立的全面战略合作伙伴关系一直在稳定发展。1999年初，时任中共中央总书记江泽民和来访的越南共产党（以下简称"越共"）总书记黎可漂提出了"长期稳定、面向未来、睦邻友好、全面合作"的16字方针。2005年，两国领导人互访时提出永远做睦邻友好的好邻居、相互信赖的好朋友、志同道合的好同志、真诚合作的好伙伴的"四好精神"。2008年5月，两国确定建立中越全面战略合作伙伴关系，自此形成了中越两国关系的三个支柱框架。中越之间的全面战略合作伙伴关系绝不仅仅表现为安全关系，更不能仅仅是安全关系。中越之间的政治安全关系体现了两国战略的高度契合性和国家利益及意识形态的一致性。① 中越两国在全球战略合作伙伴关系的框架下，各个领域都取得了不断的深化。高层互访频繁，外交安全合作机制不断完善，经贸关系发展迅速，教育、人文等方面的交流也非常热络，特别是中国共产党与越南共产党两党之间的关系极其紧密。2015年11月，习近平主席在同越共中

---

① 周士新：《演进中的中越关系：转型与前瞻》，载于《东南亚纵横》2016年第6期，第83页。

央总书记阮富仲举行会谈时强调:中越两国是具有战略意义的命运共同体。在2019年4月会见越南总理阮春福时,习近平主席再次强调了中越两国命运共同体的战略意义,双方将推动越中全面战略合作伙伴关系持续健康稳定发展。可以看出,近十年来中越关系始终在全面战略合作伙伴关系的框架下不断取得发展,尽管两国在南海等问题上有一定的分歧,但是仍然可以实现很好的管控,并开启在其他方面的战略对接,深化广泛领域的互利合作。

全方位战略伙伴关系与全面战略合作关系类似,也是一般战略伙伴关系中的较高层次。在整个全球伙伴关系网络中,只有德国与中国建立了全方位战略伙伴关系,也体现出这对关系在中国和发达国家关系中的特殊性。"全方位"是形容伙伴关系的一个新名词,从2014年才开始正式出现在中国的对外文件里。这指的是比"全面"还要全面的关系与合作领域。"全方位"指的是多维的、立体的,除了政治、经济、文化、社会等方面,中德之间还有外交、人民交流等领域的伙伴关系。① 中德政府磋商机制于2011年启动,是中国与西方大国之间唯一的总理级磋商机制,已成为中德务实合作的"总调度台"和"超级发动机"。通过这一机制,中德两国政府就双方共同关心的问题及两国发展战略对表,有助于统筹规划、协调推进两国全方位合作。

中德两国是世界上重要的制造业大国和出口大国,高度紧密的经贸关系是双边关系的"稳定锚"和"压舱石"。根据德方统计,2018年中德贸易总额达1 993亿欧元,中国已连续三年成为德国最重要的贸易伙伴。② 德国也是中国在欧洲最大的对外直接投资对象国,占中国在欧投资的31%,而德国多年来一直是欧

---

① 陈晓晨:《细说中国对外伙伴关系:战略协作作为最高层次》,载于《第一财经日报》2014年11月24日。
② 《德国官方数据显示中国连续第三年成为德国最大贸易伙伴》,新华网,2019年2月19日,http://www.xinhuanet.com/2019-02/19/c_1124133867.htm。

洲在华最大投资国和技术引进国。借助政府间磋商这一重要平台，中德两国政府在贸易、投资、第三方市场及"工业4.0"等务实合作上进行沟通，进一步推动和夯实双边经贸合作。

中德合作还在中欧关系中发挥着重要的示范和引领作用。德国作为欧洲"两驾马车"之一和中国在欧洲最紧密的贸易伙伴，在中欧关系中的地位举足轻重。中国坚定支持欧洲一体化，中欧在共同维护多边主义、促进贸易和投资自由化便利化、维护世界及地区和平稳定等方面具有共同关切。政府磋商机制有助于双方增信释疑，妥善解决中德及中欧之间的竞争摩擦和相关分歧，增强中欧合作的坚实基础。

中德都是多边贸易体制的受益者和维护者，在当前保护主义和"经济霸权主义"威胁自由贸易秩序的背景下，双方政府磋商是进一步巩固既有共识、向世界释放开放信号的关键机遇。在2018年7月举行的中德第五轮磋商中，两国领导人对外释放出反对一切形式的保护主义、维护多边主义、开展国际合作的积极信号，奏响了新时期和新形势下中德携手合作、维护多边主义和现行国际规则及秩序、共塑美好未来的时代之音，为中德全方位战略伙伴关系深入发展注入了新的动力，也为中欧关系的发展起到了示范作用。

除了德国之外，其他的欧洲国家如英国、法国、西班牙、希腊、意大利、波兰等国包括欧盟都与中国建立起来了全面战略伙伴关系，这也体现出欧洲国家与中国关系发展的紧密程度。在众多欧洲国家中，爱尔兰与中国建立的是互惠战略伙伴关系，这突出了经济合作在两国关系中的引领作用。值得一提的还有哈萨克斯坦。2019年9月11日，习近平主席在人民大会堂同哈萨克斯坦总统托卡耶夫举行会谈。两国元首一致决定，双方将本着同舟共济、合作共赢的精神，发展中哈永久全面战略伙伴关系。"永久全面战略伙伴关系"是一个全新的表述，可以说是中国与周边国家发展的较高程度的一种战略合作伙伴关系。这彰显了中哈领导人将两国世代友好永久传承下去的坚定决心,并表明两国关系并不会因一时一势而变化。

还有一些国家与中国建立的是战略合作伙伴关系,如印度、韩国、阿富汗、土耳其、斯里兰卡、文莱等国,大部分属于中国"大周边"的国家。与上面一级相比,本级少了"全面"二字,主要是指战略合作的领域不那么宽广。比如,阿富汗虽然与中国接壤,但自身仍然在战乱泥潭中难以自拔,安全形势堪忧,两国的伙伴关系主要是安全、战略领域的合作,经贸投资合作较少。而有些国家如印度,与中国还存在边界问题,因而战略合作的领域难以"全面"。而斯里兰卡虽然与中国关系友好,但是自身国力不强,难以与中国展开全面的战略合作。这些都使得冠名前没有"全面"二字。当然这里面各个国家的情况不尽相同,虽然都称之为战略合作伙伴,但是与中国合作的程度也千差万别。

除了上述几种类型之外,还有一大批国家与中国建立的就是单纯的战略伙伴关系,虽然没有加上全面、全方位等限定词,但是这些国家对中国外交来说同样有重要的战略意义,而且未来有很大升级的可能性。目前,与中国确立战略伙伴关系的国家主要有秘鲁、阿联酋、安哥拉、乌兹别克斯坦、塔吉克斯坦、土库曼斯坦、蒙古、尼日利亚、加拿大、塞尔维亚、智利、乌克兰等,同时中国同东南亚国家联盟、太平洋岛国论坛等多边组织也建立起了战略伙伴关系,与非洲联盟(简称"非盟")建立了新型战略伙伴关系。

四、合作伙伴关系

与战略伙伴关系相比,合作伙伴关系显然从合作的深度和广度上稍有欠缺。"合作"强调两国之间政策相互协调、相互配合、相互支持,其中不加"战略"修饰语的合作暗示这些国家对中国来说并非政治、安全或特殊战略资源的关键国家,伙伴关系的合作重心侧重于经济领域。

构建全球伙伴关系网络：历史发展与现实路径

全面合作伙伴关系是合作伙伴关系中较高层次、较高水平的伙伴关系。在多领域、全方位合作基础上，强调双边合作的广泛性，特别是多领域的经济合作，并着眼于未来的发展潜力。值得注意的是，虽然建立全面合作伙伴关系框架的两国更多的专注于双边合作范畴，但是就现实状况而言，随着双边合作的持续深化，全面合作伙伴关系通常也具有一定的区域影响力。目前，中国已经和东帝汶、肯尼亚、赤道几内亚、克罗地亚、荷兰、埃塞俄比亚、坦桑尼亚、尼泊尔等国以及拉美和加勒比国家共同体（简称"拉共体"）建立了全面合作伙伴关系。近年来也有一些国家从全面合作伙伴关系提升为战略合作伙伴关系，如孟加拉国。2005年4月，时任国务院总理温家宝对孟加拉国进行正式访问，双方一致同意，建立两国长期友好、平等互利的全面合作伙伴关系；2010年3月，孟加拉国总理哈西娜访华，两国政府发表联合声明，宣布建立和发展更加紧密的全面合作伙伴关系；2016年习近平主席访问孟加拉国，两国领导人共同将中孟关系提升为战略合作伙伴关系，开启了中孟关系发展的历史新篇章。中孟伙伴关系的不断升级体现出中国对孟加拉国，包括整个南亚的重视程度的变化。

与全面合作伙伴关系相对应，全方位友好合作伙伴关系也强调两国合作维度的多元。例如中国和比利时2014年建立起了全方位友好合作伙伴关系，这与比利时作为"欧盟心脏"的独特地位和中方希望其发挥中欧关系"促进器"的作用有关。另一个国家是新加坡，2015年中新两国建立起"与时俱进的全方位友好合作伙伴关系"，这体现出双方关系的发展潜力和灵活性。

此外，中国与中东欧地区的罗马尼亚、保加利亚建立了全面友好合作伙伴关系，与南亚的马尔代夫建立了面向未来的全面友好合作伙伴关系，与斐济、阿尔巴尼亚、特立尼达和多巴哥、安提瓜和巴布达建立的是各地区的重要的合作伙伴关系，与牙买加建立起了友好伙伴关系。这体现出中国外交布局进一步细化和网络化的发展趋势。

与全面合作伙伴关系相比，后面几种伙伴关系并非高水平的伙伴关系，意味着双方互视为友好国家，并且在一些领域可以不断深化合作。这种合作关系无论是在广度还是在深度上都有较大的提升空间。普通伙伴关系的建立，很大程度上是受对方国情的限制，中国与其的关系一时难有较大突破。尽管如此，这并不意味着中国对这些国家不重视。事实上，中国与这些国家的关系树立了大国与小国合作伙伴关系的典范，是中国伙伴关系理念的鲜明体现，是构建全球伙伴关系网络不可或缺的节点，也可以为未来中国和这些国家的关系持续发展和调整升级打下基础。随着互利共赢合作的不断扩大，中国与这些国家的关系完全有可能提升到全面合作伙伴关系的层次。

五、准伙伴关系

中国的全球伙伴关系网络里还有一些重要的国家虽然官方没有用伙伴关系的称谓，但是中国仍然秉持伙伴关系的精神开展外交活动，我们可以将其称为"准伙伴关系"。"准伙伴关系"是一种更加松散的伙伴外交，两国往往没有发表正式的联合声明或共同文件来清晰界定两国的伙伴关系属性，但是有相互不视为"敌人"也没有共同的敌人的共识。准伙伴关系的变动比较频繁，是一种弱关系，也有升级为更高层次伙伴关系的可能性。首先是中美关系。中美两国作为世界上举足轻重的大国，两国关系是当今世界上最重要的双边关系，对于世界格局和国际秩序的走向具有重大的影响。然而，在定位中美关系时可谓"一波三折"。1997~1998年，中美首脑互访，两国致力于建立建设性战略伙伴关系。美国前助理国务卿罗斯在评价中美"建设性战略伙伴关系"时曾说到，这一伙伴关系框架"并非是军事结盟，而是重大国际问题上的对话伙伴"。这就是说，中美的伙伴关系既不同于美国与欧盟、美国与日本的这类同盟关系，也不同于"冷战"时期美国与苏联建立的利益均衡的国家关系。1997年11

月，江泽民主席向党外人士通报访美情况时也指出，建立中美面向21世纪的建设性战略伙伴关系，主旨是不搞对抗，相互友好，加强合作。这种关系包含三层意思：第一，两国应该是伙伴，而不是对手；第二，这种伙伴关系是建立在战略全局上的，而不是局部的，是长期的，而不是权宜之计；第三，这种战略伙伴关系是建设性的，而不是排他性的，更不是为了谋求霸权。①

然而2001年小布什上台之后，却将中国定位为"战略竞争对手"，随后中美关系陷入低谷，"建设性战略伙伴关系"也逐渐从两国的官方表述中消失。2002年后，对中美关系的表述有所变化，先后为："建设性合作关系""致力于共同努力建设相互尊重、互利共赢的合作伙伴关系""新型大国关系"。而学术界对中美关系的描述更是五花八门，比较有代表性的例如由经济学家伯格斯坦（C. Fred Bergsten）提出的"两国集团"（G2）的概念，然而很多美国学者认为这其实是给予中国与美国平起平坐的地位，根本行不通。② 清华大学的阎学通教授将中美关系定义为"假朋友"，并认为这种假朋友关系的基本特征是动荡不定、时好时坏。③ 伴随着特朗普上台之后将中国再次定位为"战略竞争对手"，从政治、经济、军事、科技等方面对华进行打压，不少学者认为美国对华政策已经发生"质变"，难以出现逆转。④ 伴随着中美关系的恶化，不少人担心两国将走向"新冷战"。

虽然现在很难用"伙伴关系"来定义中美关系，但是中国

---

① 翁明：《何谓"建设性战略伙伴关系"？》，载于《世界知识》1997年第23期，第5页。

② Richard Bush. The United States and China: A G-2 in the Making, Brookings Institute, October 11, 2011, https://www.brookings.edu/articles/the-united-states-and-china-a-g-2-in-the-making/James Jay Carafano, Why a U.S-China G2 won't Work, *The National Interest*, January 6, 2014, https://www.heritage.org/defense/commentary/why-us-china-g2-wont-work.

③ Yan Xuetong. The Instability of China-US Relations, *The Chinese Journal of International Politics*, Vol. 3, No. 3, 2010.

④ 王缉思：《如何判断美国对华政策的转变》，载于《环球时报》2019年6月13日。

对待美国的方式依然是伙伴关系外交的逻辑。首先,中国并没有把美国视为"敌人"。正如中国高级官员反复强调的,中美建交40年后的今天,尽管两国各自的情况和国际形势都发生了变化,但双方仍应不忘初心、保持定力,不被一时一事所惑,不为一局一域所扰,共同推进以协调、合作、稳定为基调的中美关系。正如王缉思教授所说,"中美关系中最大的积极因素,是中国对美政策的稳定"。其次,中国在处理对美关系上始终强调平等和相互尊重。中美"新型大国关系"的本质就是"不冲突、不对抗、相互尊重、合作共赢"。而在中美贸易摩擦问题上,中方始终强调有诚意同美方继续磋商,但磋商应该是平等的,体现相互尊重,解决彼此合理关切。也就是说,双方磋商地位要平等,磋商成果要互利,不能一方强压另一方谈,或者谈判结果仅让单方得利。同时,双方应尊重彼此核心利益和重大关切,不挑战"底线",不逾越"红线"。再次,中国始终强调中美关系的包容性,不谋求霸权。这点在我们对待"两国集团"(G2)问题的态度上就体现得非常明确。时任总理温家宝在会见奥巴马时强调,中国高度重视中美关系。一个稳定、合作、向上的中美关系不仅有利于两国,也有利于世界。我们不赞成有关"两国集团"(G2)的提法,主要原因是:第一,中国是一个人口众多的发展中国家,要建成一个现代化国家还有很长的路要走,对此我们始终保持清醒;第二,中国奉行独立自主的和平外交政策,不与任何国家或国家集团结盟;第三,中国主张世界上的事情应该由各国共同决定,不能由一两个国家说了算。同时我们认为,中美合作可以发挥独特作用,推动建立国际政治、经济新秩序,促进世界和平、稳定和繁荣。王毅国务委员兼外长 2018 年在美国对外关系委员会的演讲也说的很明确,"中国一定会走出一条与传统大国不同的发展道路。这条有中国特色的道路决定了中国决不会重蹈国强必霸的覆辙,也决定了中国既不会成为美国,也不会挑战美国,更不会取代美国"①。这次讲话传递出了中国希望继续同美国做伙伴，同时也希望美国选择同中国做伙伴而不是敌人的愿望。如今，中美关系已经远远超出了双边关系的范畴。中美关系的未来定位将对中国全球伙伴关系网络的整个架构产生深远影响。

另一对比较特殊的伙伴关系是中国与日本的"战略互惠关系"。中日两国在1998年曾经提出建立"致力于和平与发展的友好合作伙伴关系"。此后，两国关系在曲折中发展，外交方面经历了较多冲击，伙伴关系也提的比较少了。2008年中日两国领导人共同签订题为《中日关于全面推进战略互惠关系的联合声明》的中日之间第4份重要政治文件，正式确定了中日战略互惠关系的框架。作为中国重要的邻国，中日两国没能建立起正式的战略伙伴关系，原因是多方面的。战略互惠关系的建立也为中日关系的进一步发展奠定了基础。与全面的战略伙伴关系相比，互惠关系比较强调经济方面的合作，中日两国已经举行了13次经济伙伴关系的磋商。2019年8月中日时隔7年重启战略对话，这是两国政治互信不断增强的表现，有利于双方拓展合作，共同应对地区和全球性问题。未来中日能否建立起来正式的伙伴或者战略伙伴关系离不开双方对历史问题的妥善解决和政治互信的不断增强。

当然，鉴于中国伙伴关系的本质是一种"无敌国"外交，任何国家都可以同中国发展伙伴关系，这才使得70年来中国的朋友遍天下，建立起来了全方位外交关系格局。在种类繁多的伙伴关系前面，我们越来越多的使用"新型"一词来表达与不同类型国家关系的发展，来体现这种普遍伙伴关系背后的中国理念。如果把伙伴关系外交视为一种战略的话，这也体现出我们越

---

① 《机遇还是挑战，伙伴还是对手？——王毅国务委员兼外长在美国对外关系委员会的演讲》，外交部网站，2018年9月29日，https：//www.fmprc.gov.cn/web/wjbzhd/t1600725.shtml。

来越强调整体性与层次性相结合，对外交资源的合理调配和精准投放都非常重要。从不同类型的伙伴关系的发展和变化轨迹可以勾勒出新中国成立70年来外交关系波澜壮阔的发展历程，也展示了中国外交蓬勃的生命力和越来越突出的世界意义。

第四节　本章小结

伙伴关系外交是一种具有普遍意义的外交战略，符合和平与发展的时代主题，也顺应了国际体系和国际格局发展的大趋势。从战略意义上来讲，伙伴关系可以促进国家与某一国家间的关系平稳有序的发展，保证双边关系的升级和可持续发展。国家间发展和建立伙伴关系，旨在以对话和合作取代对抗和冲突，以相互建立长效的合作机制来取代相互隔绝与猜忌。一国实施伙伴战略有利于发掘与另一国的共同利益并保证利益的实现，妥善解决在发展国家间关系时遇到的矛盾，进而促进国家间关系的整体、持续发展。对于大国来讲，伙伴关系外交既是大国战略实施过程中不可或缺的一环，也是占领道义制高点、实现"心灵"政治目标的重要途径。

中国选择伙伴关系作为核心的外交理念有着深厚的历史渊源，体现了新中国成立70年来外交经验的总结和实践发展的需求。这是中国外交继承性和延续性的鲜明体现。全球伙伴关系网络的逐步建立推动了中国外部环境的历史性改善，为坚持和平发展、促进民族复兴奠定了基础。尽管有很多国家在对外战略中都建立了伙伴关系，也不断增加伙伴数量，但是毋庸置疑中国的伙伴关系外交是最有特色也是最为成功的。展望未来，外交关系的"伙伴化"将进一步扩展和深化，中国全球伙伴关系网络的构建将为世界和平和发展做出更大的贡献。

第二章

中国构建全球伙伴关系网络的缘起与发展

中国作为伙伴关系外交最积极的倡导者,在 2012 年党的十八大之后正式提出了构建全球伙伴关系网络的倡议。然而,中国伙伴关系外交实践的开始则要追溯到"冷战"结束前后,构成了中国外交大调整的重要组成部分。伙伴关系外交在官方层面越来越多的提出,并成为中国外交的鲜明底色,离不开中国在改革开放之后对前 30 年外交经验和教训的总结,离不开 20 世纪 80 年代国际国内形势的剧烈变化,也离不开我们在推进伙伴关系外交过程中取得的巨大收益。纵观伙伴关系外交的发展历程,根据中国伙伴关系的数量变化、质量发展与范围拓展情况以及伙伴关系合作的广度与深度,可以将"冷战"结束以来中国的伙伴关系外交分为缘起初创阶段(1993~2002 年)、拓展深化阶段(2003~2012 年)和完善提升阶段(2013 年至今)三个阶段。本章将着重分析前两个阶段,这为构建全球伙伴关系网络奠定了坚实的基础。

第一节 伙伴关系外交提出的国内外背景

新中国成立 70 年以来,中国外交理念和外交战略经历了一

第二章　中国构建全球伙伴关系网络的缘起与发展

系列的变化和调整，逐渐形成了具有中国特色的外交理论体系。从"结盟"到"不结盟"的转变可以说是历次调整中极为重要的一次。正是 20 世纪 80 年代不结盟政策的正式提出和确立，才使中国在国际上逐渐打开了局面，并在"冷战"结束之后开启了建立伙伴关系的外交实践。

一、从结盟到不结盟的转变

新中国成立初期，彻底粉碎帝国主义、殖民主义的枷锁，一扫过去屈辱的历史，以崭新的面貌登上国家舞台是新中国外交的中心任务。这一时期国际形势的突出特点是以苏联为首的社会主义阵营同以美国为首的帝国主义阵营的对峙。毛泽东、周恩来等老一代革命家以非凡的气魄和胆略，实行"一边倒""另起炉灶""打扫干净屋子再请客"的三大方针，对帝国主义的干涉进行了坚决的斗争，反对帝国主义的封锁和禁运，同时与苏联等社会主义国家和其他友好国家建立外交关系。此外，新中国成立后，中国还加强了海关监督，确立了独立自主办教会的原则。

"一边倒"带有结盟的性质，其基本特点是与苏联结成同盟，联苏抗美，在东西方对垒的两大阵营中，中国只属于以苏联为首的社会主义阵营。历史证明，这是中国共产党依据对当时国际国内形势的估计和判断、为维护刚成立的新中国的国家利益和意识形态等而审慎制定的正确的对外方针。

从新中国成立到 20 世纪 50 年代末，中国外交开始展现出人民共和国所特有的外交风格，为推动"二战"后新的国际秩序的建立做出了自己的贡献。这一阶段中国外交的特点突出表现在确立了"独立自主"的外交原则。1949 年 9 月 30 日中国人民政治协商会议通过的《共同纲领》规定："中华人民共和国外交政策的原则，为保障本国独立、自由和领土的完整，拥护国际的持久和平和各国人民间的友好关系，反对帝国主义的侵略政策和战争政策。"这是新中国最早的"独立自主"的原则。1954 年通过的中华人民共和国宪法继承了《共同纲领》中的外交基本原则和政策。

当时，尽管新中国奉行对苏联"一边倒"的外交方针，但仍然坚持独立自主的立场。中国与苏联签订的《中苏友好同盟互助条约》第五条中明确规定："遵照平等、互利、互相尊重国家主权与领土完整及不干涉对方内政的原则。"毛泽东、周恩来等新中国主要领导人在不同场合都曾明确指出，对苏联不能有依赖之心，对苏联的经验不能盲从照搬，要用自己的脑袋思考、用自己的腿走路。中国当时对苏联大国主义的做法就进行了不同程度的批评和抵制。新中国成立之初，中央人民政府还曾采取了一系列保证国家主权独立的行政措施，如加强海关管理，颁布外轮进出中国口岸管理办法，停止同新中国无外交关系又无互惠协议的各国报纸、刊物、通讯社、广播电台的记者在中国的活动，规定外侨户籍管理相关办法和外侨旅行、申请入境办法，等等。

随着在地区事务中作用的增强，中国开始在世界多边舞台上崭露头角。1954年，为了争取朝鲜问题的政治解决、早日恢复印度支那和平，中国出席了于1954年4月26日~7月21日召开的日内瓦会议，为《日内瓦协定》和《印支停战协定》的签署做出了重要贡献。1955年，中国积极支持和参加万隆会议，"求同存异、和平共处"的政策主张引起了亚非国家的广泛共鸣，加深了中国同广大亚非国家的相互了解和信任，迎来了我国建交的高潮。

从20世纪50年代末期到60年代末期，国际形势发生了很大变化。尽管以美苏为首的两大阵营之间的"冷战"仍在继续，但是两大阵营都不同程度地出现了如何调整内部关系的问题，双方开始探索新的斗争形式。在经历了新中国成立初期"一边倒"的"蜜月期"之后，中苏之间的矛盾在50年代末期开始暴露出来。两党两国在国家利益和意识形态上存在分歧，内外政策也相互冲突，中苏两国关系严重恶化。1969年3月，两国在珍宝岛

第二章　中国构建全球伙伴关系网络的缘起与发展

发生了武装冲突，双边关系面临全面冲突的威胁。美国继续坚持敌视中国的政策，保持在台湾地区和台湾海峡的军事存在，1954年9月8日，美国拼凑《东南亚集体防卫条约》，从政治、军事上围堵中国。同时，扶植吴庭艳傀儡政府，发动并扩大侵越战争，从东面、南面威胁中国。

中苏关系破裂、社会主义阵营瓦解，以及国际形势的巨大变化，要求中国从战略上做出调整。毛泽东认为"新的世界大战的威胁依然存在""当前世界主要倾向是革命"，世界革命的形势大好。依据这样的判断，1960年底、1961年初毛泽东明确提出了反帝、反修的"两条战线"和"两条统一战线"的思想，在反美反苏"两个拳头打人"的同时，大力支援亚洲、非洲和拉丁美洲国家的革命斗争，支持世界革命和民族解放斗争。这一阶段尽管面临国内外的重重压力，中国陷入了相对孤立的地位，但是，中国外交也在克服各种艰难险阻中，逐步发展成为美苏两大集团之外的一支重要力量。毛泽东同志在20世纪60年代提出"两个中间地带"的论断，要求依靠第一中间地带即亚洲、非洲和拉丁美洲的广大经济落后国家，争取第二中间地带即以欧洲为代表的发达资本主义国家，反对美、苏的霸权主义，大力支持亚非拉人民反帝、反殖、争取和维护民族独立的正义斗争，并同它们加强政治和经济合作，努力发展同周边国家的睦邻友好关系，同一些邻国有效解决了历史遗留问题。

20世纪70年代对中国外交的发展来说是一个承上启下的重要阶段。一方面，中国逐渐摆脱了在国际上的孤立地位，同世界上许多国家特别是西方国家建立了外交关系，以崭新的面貌出现于国际舞台；另一方面，中国调整对美政策，在对外关系中坚持联美抗苏的"一条线"战略，逐步改善了自身的安全环境。不论是最初的"一边倒"还是后来的"联美抗苏"，新中国成立头30年的外交都有同盟的意味。在现实国际关系中，弱国选择与强国结盟就需要承认并接受结盟中事实上的不平等关系，显然新中国成立前后的毛泽东等中国领导人并不情愿如此，只有当综合国力有了较大的提高，增强了在世界舞台上的自信心后，中国才可能提出真正的不结盟外交战略，从而使自己超脱于"冷战"之外。①

这一时期中国外交理论的重要发展就是"三个世界"的划分。1970年，毛泽东首次明确表示中国属于第三世界。1974年2月，毛泽东会见赞比亚总统卡翁达时再次强调："我看美国、苏联是第一世界。中间派，日本、欧洲、澳大利亚、加拿大，是第二世界。咱们是第三世界"；"亚洲除了日本，都是第三世界，整个非洲都是第三世界，拉丁美洲也是第三世界"，从而明确提出划分"三个世界"的战略思想，以及反对霸权主义、中国永远不称霸。1974年4月，邓小平在联合国第六届特别会议上第一次向世界全面阐述了毛泽东同志划分"三个世界"的战略思想，并宣布："中国现在不是，将来也不做超级大国"，"永远站在被压迫人民和被压迫民族一边"。"三个世界"理论的提出对中国外交产生了深远影响。它是中国领导人对剧烈变动的国际格局进行深入观察和思考的结果，标志着中国外交努力超越意识形态的局限，重新回到以国家安全和国家利益为最高原则的务实轨道，为中国赢得了安定的国际环境，为实现全党工作重点的转移创造了有利条件。从"两个阵营"和"一个中间地带"到"一条线"战略和"三个世界"的划分，前两个划分以国际阶级斗争为指导，而后一个划分多少以国家的综合实力或发展水平为基础。这种内在的变化或许预示着中国将从以往的斗争哲学转向发展哲学。②

在整个新中国成立前30年的革命外交时期，中国外交在强

---

① 李葆珍：《结盟—不结盟—伙伴关系：当代中国大国关系模式的嬗变》，载于《郑州大学学报》（哲学社会科学版）2009年第2期，第40页。
② 章百家：《新中国外交视野和观念是怎样走向世界的》，载于《世界知识》2019年第19期，第28页。

调独立自主的同时，也坚持国际统一战线的政策，并以此划分"敌、我、友"。一直到中共十一大报告，我们还强调要"联合一切受帝国主义和社会帝国主义侵略、颠覆、干涉、控制和欺负的国家，结成最广泛的统一战线，反对苏美两个超级大国的霸权主义"。"要利用一切机会，哪怕是极小的机会，来获得大量的同盟者，尽管这些同盟者是暂时的、动摇的、不稳定的、靠不住的、有条件的。"[①]

1978年12月，党的十一届三中全会召开，开启了中国改革开放和经济建设新的伟大历史进程。以邓小平同志为核心的党的第二代中央领导集体顺应时代潮流，抓住历史机遇，对中国外交政策作出了重大战略性调整，相继提出了许多新思想、新观点和新政策。这适应了中国改革开放和现代化建设需要，正确反映了国际形势发展趋势和新时期中国的国际战略和外交理论，成为新时期中国对外工作的指南，指引中国外交进入了新的历史阶段。中国外交战略的模式从结盟转变为独立自主和不结盟，在处理对外关系时以国家利益为出发点，超越社会制度和意识形态，按照和平共处五项原则同所有国家建立和发展友好关系，推动建立和平稳定、公正合理的国际政治经济新秩序。

1982年到1986年是中国外交政策调整的一个重要阶段，中国政府和中国领导人根据改革开放的需要，重新诠释了独立自主的和平外交政策，确立了不结盟的方针。1982年党的十二大正式提出坚持独立自主的和平外交政策。邓小平在党的十二大致开幕词时指出："中国的事情要按照中国的情况来办，要依靠中国人自己的力量来办。独立自主，自力更生，无论过去、现在和将来，都是我们的立足点。中国人民珍惜同其他国家人民的友谊和合作，更加珍惜自己经过长期奋斗而得来的独立自主权利。任何

---

① 《十一大上的政治报告》，中国政府网，http：//www.gov.cn/test/2008-06/20/content_1022206.htm。

外国不要指望中国做他们的附庸，不要指望中国会吞下损害我国利益的苦果。我们坚定不移地实行对外开放政策，在平等互利的基础上积极扩大对外交流。"① 1984 年 5 月，在会见巴西总统菲格雷多时，邓小平更明确地说："中国的对外政策是独立自主的，是真正的不结盟。中国同任何国家没有结盟的关系，完全采取独立自主的政策。中国不打美国牌，也不打苏联牌，中国也不允许别人打中国牌。"② 中国在 1986 年的《政府工作报告》中首次明确提出："中国绝不依附任何一个超级大国，也决不同它们任何一方结盟或建立战略关系。"可以说，从这个时期开始不结盟已经上升到了国家政策的层面。不结盟政策的提出主要是基于当时美苏争霸的形势，中国不愿意成为任一超级大国的附庸。中国对国际形势的基本判断是和平与发展，为了争取一个长期和平的国际环境，不与超级大国或大国结盟既是中国作为维护世界和平力量的体现，也是谋求和平环境以发展经济的需要。

正是因为实行了真正不结盟的外交政策，中美、中苏关系才有了新的发展。同时中国与很多西方国家之间在政治、文化、教育等方面的交流也逐步加强。20 世纪 80 年代末 90 年代初，东欧剧变，苏联解体，两极格局告终，国际上各种力量重新分化组合，世界格局进入新旧交替的历史大变动时期。1989 年 6 月之后，西方国家妄图通过制裁对中国"以压促变"，中国的社会主义制度、改革开放和现代化建设事业以及国家的主权和安全都面临前所未有的挑战。面对这种严峻局面，邓小平同志纵观全局，审时度势，对错综复杂的国际形势做出了精辟的分析和准确判断，对中国外交何去何从提出了一系列高屋建瓴的指导性思想和方针策略。

1989 年 9 月 4 日，邓小平在与中央几位负责人谈话时指出：

---

① 《邓小平文选》第三卷，人民出版社 1993 年版，第 3 页。
② 《邓小平文选》第三卷，人民出版社 1993 年版，第 57 页。

第二章 中国构建全球伙伴关系网络的缘起与发展

"对于国际形势,概括起来就是三句话:第一句,冷静观察;第二句,稳住阵脚;第三句:沉着应付。不要急,也急不得。要冷静、冷静、再冷静,埋头实干,做好一件事,我们自己的事。"①他要求全党在复杂多变的国际形势下,处变不惊,善谋对策,从容应对。

1995年,时任国务院副总理兼外交部部长的钱其琛在回顾这一段历史时,用高度凝练的20个字概括了邓小平在这一历史关头为国家制定的外交战略方针:"冷静观察、沉着应付、稳住阵脚、韬光养晦、有所作为。"而这一系列外交战略方针的核心就是"韬光养晦、有所作为"。韬光养晦是要从我国的基本国情和国际力量对比的现实出发,既要有雄心壮志,又要善于藏拙,埋头苦干,避免过分张扬,避免把目标引向自己,避免引火上身。要坚持以经济建设为中心,抓住机遇发展自己,尽快把经济搞上去,提高综合国力和国际竞争力。邓小平指出:在国际上"不随便批评别人、指责别人,过头的话不要讲,过头的事不要做"②。

可以说,在十分困难的情况下,中国迅速打破了西方的无礼制裁,坚持"韬光养晦、有所作为",妥善处理危机事件,有力维护了中国的国家利益,推动了国际关系走向民主化,中国外交取得了一个又一个胜利。在这一过程中,独立自主不结盟的外交政策发挥了巨大的作用。不结盟应该是在和平与发展的新形势下,为了推进我国独立自主的外交政策而进行的一种无敌对关系构建,是广泛与大国和发展中国家建立友好关系的一项重要原则、路线,不与任何国家结盟,也不搞军事集团之类的变相结盟。对不结盟政策的审视不能脱离我国一贯坚持的独立自主的和平外交政策。③ 正是在独立自主的和平外交政策基础之上,中国

---

① 《邓小平文选》第三卷,人民出版社1993年版,第321页。
② 《邓小平文选》第三卷,人民出版社1993年版,第320页。
③ 凌胜利:《中国为什么不结盟?》,载于《外交评论》2013年第3期,第25页。

政府在发展与世界各国的关系时广泛建立伙伴关系，形成了富有中国特色大国外交烙印的伙伴关系网络。这些伙伴关系在全球、地区和双边层面上均取得积极成效，既为中国的发展创造了有利的国际环境，也在一定程度上为地区乃至全球的和平稳定贡献了"中国力量"。

二、和平与发展时代主题的确立与"冷战"结束后国际形势的变化

中国外交的发展以及伙伴关系外交的确立与国际环境的变化密不可分，同时也是我们对国家形势认识的变化和主动采取战略调整的体现。1984年5月29日，邓小平在会见巴西总统菲格雷多时指出，"现在世界上问题很多，有两个比较突出。一是和平问题。现在有核武器，一旦发生战争，核武器就会给人类带来巨大的损失。要争取和平就必须反对霸权主义，反对强权政治。二是南北问题。这个问题在目前十分突出。发达国家越来越富，相对的是发展中国家越来越穷。南北问题不解决，就会对世界经济的发展带来障碍"。这是邓小平最早提出当代世界主要问题是和平和发展问题的论断。1985年3月4日，他在会见日本访华团时进一步阐述了这个问题，"现在世界上真正大的问题，带全球性的战略问题，一个是和平问题，一个是经济问题或者说发展问题。和平问题是东西问题，发展问题是南北问题。概括起来，就是东西南北四个字。南北问题是核心问题"[①]。

1987年10月，党的十三大报告把邓小平反复论述的这一思想明确概括为"和平与发展是当代世界的主题"，并且把它列入十一届三中全会以来对马列主义、毛泽东思想的发展的一系列论点之一。这个论断以简洁明了的语言，指明了我们所处的时代特征，从而为中国调整国家发展战略与对外政策提供了正确理论指

[①] 《邓小平文选》第三卷，人民出版社1993年版，第106页。

第二章 中国构建全球伙伴关系网络的缘起与发展

导和科学依据。自此，我国牢牢把握和平与发展的时代主题，对外交政策作出了一系列大的调整，明确了外交工作的目标和任务是要为我国改革开放和社会主义现代化建设争取一个较长时期的国际和平环境；改变了"一条线"战略，更加鲜明地奉行独立自主的外交路线和政策；调整了过去曾以社会制度和意识形态划线的做法，主张从国家战略利益出发处理国与国之间的关系；坚定不移地实行对外开放政策，积极发展同世界各国平等互利的经济合作，吸收和借鉴人类社会创造的一切文明成果，加速我国的现代化建设，促进各国共同发展。中国外交开创了崭新的局面。

"冷战"结束之后，国际关系出现了深刻调整。国际力量对比发生重大变化，经济全球化深入发展，文化多样性持续推进，社会信息化加速发展，传统安全与非传统安全问题交织。新的国际环境要求各国摒弃"冷战"思维，建立起新的对外关系框架。

第二次世界大战后，世界形成了美苏争霸的两极格局，这个格局随着苏联的解体而被打破，出现了美国一超独霸，中国、欧盟、俄罗斯、日本、印度等多强并起的局面。从力量对比上来看，"冷战"结束初期，美国成为唯一超级大国，认为西方价值观可以一统天下，积极塑造由其主导的世界新秩序。俄罗斯在"冷战"结束初期一度准备"全盘西化"，结果不但没有得到其所期望的西方援助和支持，反而被欧盟、北约双东扩压缩了自身战略空间。欧盟在成功实现东扩之后，同时运用贸易、援助等手段加大对发展中国家的影响，试图凭借自身软实力向外输出欧洲模式和价值观。

一大批新兴市场国家和发展中国家群体性崛起。美国前国务卿基辛格说，世界正经历500年未有之变局，指的就是"冷战"结束以来，特别是进入21世纪以来，广大发展中国家和新兴市场国家加速崛起。这轮新兴力量崛起的速度快、规模大，而且范围遍及亚非拉各地，有"亚洲虎""非洲狮"与"美洲豹"齐头并进等一些很形象的比喻。与此同时，新兴市场国家和发展中国家在国际事务中的话语权得到提升。印度尼西亚、土耳其、尼日利亚、哈萨克斯坦、波兰等中等强国实力和影响上升，在国际地区事务上发挥着越来越重要的作用。区域和次区域组织的影响上升。为应对世界格局转型和经济全球化的挑战，各国联合自强意识增强。总的来看，国际力量对比在"冷战"结束之后逐步发生改变，"东升西降"的大趋势不会改变，世界多极化的步伐正在加快。

经济全球化在"冷战"结束之后也实现了迅猛发展。科技革命大大促进了世界生产力的发展，尤其是以信息技术为代表的新科技革命爆炸式发展，不仅加快了信息传递的速度，也大大降低了信息传送的成本，打破了种种地域乃至国家的限制，把整个世界空前地联系在一起，把远隔万里的人们联系在一起。经济全球化使世界成为各国紧密相连的"地球村"。信息、网络和数字化的发展，推动了世界性的金融机构网络的形成，各主要金融市场在时间上相互接续、价格上相互联动，千万亿美元的交易可在瞬间实现。信息传播全球化和金融资本在全球的迅速流动使国际贸易领域掀起了一场新革命，电子商务就是这场新革命的优秀成果。只要点击鼠标就可获取万里之外的信息，从而打破了时间和空间对经济活动的限制，各国间的经济关系日趋密切，世界经济连成一体。

20世纪90年代以来，信息技术不断创新，信息产业持续发展，互联网日益普及，信息化成为全球经济社会发展的显著特征，并逐步向一场全方位的社会变革演进。光纤传输技术的突破，带来全球"信息高速公路"的出现，社会信息化向更高层次发展。社会信息化推动了人类社会运行模式的演变。互联网形成了一个虚拟世界，深刻影响现实社会的运行模式，社会建设、管理的思路、方法不得不有所调整。与此同时，虚拟世界也为现实社会提供了更丰富的建设和管理手段。

社会信息化与经济全球化相互促进，推动着全球产业分工深化和经济结构调整，重塑全球经济竞争格局。信息流引领技术流、资金流、人才流，信息资源日益成为重要生产要素和社会财富，信息掌握的多寡成为国家软实力和竞争力的重要标志。

在安全上，非传统安全问题带来的挑战不断提升，越来越受到国际社会的重视。恐怖主义成为全球公敌。国际社会在反恐领域不断加大投入，共识日益增多，合作日趋深入，取得了不少积极进展。但是，恐怖主义滋生的土壤并未铲除，国际社会面临的恐怖威胁远未消除，国际反恐形势仍然十分严峻。

气候变化问题趋于严峻。近年来，受气候变化影响，全球极端天气频发，给有关国家经济和人民的生命财产造成巨大损失。气候变化导致海平面持续上升，一些小岛屿国家的生存和发展面临直接威胁。全球气温升高助长传染性疾病的传播扩散，导致严重跨国公共卫生安全事件。气候变化还可以通过影响粮食、水资源等战略资源的供应与再分配，引发社会动荡甚至国际冲突。

世界粮食安全问题突出。世界粮食安全面临越来越多的非传统挑战和日趋复杂的形势，极端天气、用粮食生产生物燃料、国际游资炒作、国家囤积性采购，都是导致粮食短缺和国际粮价上涨的重要因素。

能源安全已成为影响各国可持续发展及世界和平稳定的战略性问题。能源安全包括能源的供给安全、能源的价格安全、能源的运输安全和能源消费的环境安全等。当前，受诸多因素的影响，全球能源安全的脆弱性十分明显。加快能源研究的步伐，加强全球能源治理，已成为摆在人类面前的重要课题。

伴随着信息化的发展，网络安全问题已成为各国普遍面临的综合性安全挑战。网络安全涉及网络信息安全和网络设施安全等。随着网络技术和物联网的发展，国家经济社会生活对网络的依赖日益加深，网络安全直接关系到国计民生和国家稳定。

传统安全与非传统安全问题不仅紧密交织而且在一定条件下相互转化。面对复杂多变的国际安全形势，增强综合安全意识、打造综合安全保障体系的紧迫性更加突出。传统与非传统安全交织对国际安全合作方式产生重大影响。以往,国际安全合作一般只关注国与国之间的传统安全问题,国家间通常以结盟等方式确保安全,以威慑、遏制等手段来制约对手。这种方式无法应对超国家、超地区的非传统安全威胁。非传统安全威胁使各国在安全问题上的共同利益增多,因此,国际安全合作必须淡化排他性色彩,强化共同安全与合作安全,建立伙伴关系,完善传统与非传统安全威胁交织的国际安全体系。

第二节 缘起与初创:中国对伙伴关系外交的探索(1993~2002年)

中国伙伴关系外交是从逐步打破西方对华制裁开始的。1991年5月,江泽民访问苏联期间,在莫斯科对苏联公众发表题为《走向二十一世纪的中国》的讲话,强调"我国进行社会主义现代化建设,需要一个长期稳定的国际和平环境",因此,"中国奉行独立自主的和平外交政策","不同任何大国结盟或建立战略关系",具体到外交实践上,"中国愿意在和平共处五项原则基础上发展同世界各国的友好合作关系"。① 1992年中共十四大对中国在"冷战"后的外交政策做了系统阐述,"主张在互相尊重主权和领土完整、互不侵犯、互不干涉内政、平等互利、和平共处等原则的基础上,建立和平、稳定、公正、合理的国际新秩序",重申"在国际交往中,我们绝不把自己的社会制度和意识形态强加于人,同样,也绝不允许别的国家将自己的社会制度和意识形态强加于中国"的立场,认为"社会制度和意识形态的

---

① 中共中央文献研究室:《江泽民思想年编(一九八九—二〇〇八)》,中央文献出版社2010年版,第58~59页。

差别，不应成为发展国家关系的障碍"，具体到对外关系上则"愿意在和平共处五项原则的基础上，同所有国家发展友好合作关系"。同时，再次强调了不结盟政策，"中国不同任何国家或国家集团结盟，不参加任何军事集团"。① 1997年党的十五大报告进一步指出，"扩大军事集团、加强军事同盟，无助于维护和平、保障安全"，中国"根据事情本身的是非曲直，决定自己的立场和政策，不屈从于任何外来压力，不同任何大国和国家集团结盟，不搞军事集团"。同世界各国发展"友好合作关系"是中国外交在20世纪90年代的重点，也是党的第三代领导集体展开"冷战"后中国外交布局的基本依托。面对新的国际形势，中国外交在实践中如何发展国家间的"友好合作关系"则需要进行探索。

与此同时，面对苏联戈尔巴乔夫与西方关系的缓和、苏东剧变和两极格局的瓦解，大国关系也发生着深刻的变化，已经不再局限于以往的在结盟与对抗之间非此即彼的状态，国际关系中一度出现"伙伴关系热"，各种伙伴关系呈现于世人面前，形成一种新的时代潮流。1987年，日本外相仓成正建议，为了使日本和东盟的关系不仅有助于寻求双方的合作，而且有助于在广阔的国际社会解决问题，应使双方"成为立足于全球观点的伙伴关系"。② 在同年召开的日本与东盟首脑会议上，日本首相竹下登提出日本与东盟的合作应是建立"新的伙伴关系"。③ 日本"竹下主义"的"伙伴关系"概念相对模糊。苏联学者纳戈尔内则发文称，苏联、美国和中国三国应当放弃对三角关系的运用，摒

---

① 《加快改革开放和现代化建设步伐，夺取有中国特色社会主义事业的更大胜利——在中国共产党第十四次全国代表大会上的报告》，载于《人民日报》1992年10月21日第1版。
② 《日报文章：东盟成立二十年对日美依赖加深》，载于《参考资料》1987年7月17日第4版。
③ 《"竹下主义"在东盟崭露头角》，载于《参考资料》1987年12月18日第1版。

弃"敌人—盟友二者必居其一"的原则，代之以"健康的互相合作的伙伴关系"①。1989年2月，老布什访问中国时对中国领导人说，"中国、苏联以及美国可以形成一种争取和平的伙伴关系"②。此时，老布什所提到的"伙伴关系"已经与"尼克松主义"三大支柱之一的"伙伴关系"有所区别。5月，老布什在美洲国家组织常设理事会上进一步提出了改善美洲北南国家之间伙伴工作关系的主张，表示美国政府将为建立新的伙伴关系而努力的"新伙伴关系说"。③ 中国则对这些新倡议新概念不予置评。

在这一时期，多边外交和国际组织也提出了建立"伙伴关系"的倡议。在1991年召开的七十七国集团部长级会议上，要求发展中国家集团"为了发展而与工业化国家建立新的伙伴关系"。④ 1992年，七国集团首脑会议通过题为《建立新伙伴关系》的政治宣言，表示支持并希望同东欧和前苏联国家建立一种共同负责的伙伴关系。⑤ 面对前华约国家加入北约的意愿，在美国倡导下，北约提出了同前华约国家建立"和平伙伴关系"的政策。⑥ "伙伴关系"同样也被苏联解体后的俄罗斯所采纳，俄罗斯外长科济列夫在《俄罗斯联邦外交政策构想》中阐述了科济列夫路线并论述了同美国建立"伙伴关系"的愿望⑦；科济列夫对《莫斯科新闻报》发表谈话时强调，俄罗斯和美国

---

① 《苏学者纳戈尔内认为：战略大三角概念已经过时》，载于《参考资料》1988年8月5日第1版。
② 《布什对中国领导人说：中美苏可形成争取和平的伙伴关系》，载于《参考资料》1989年2月28日第1版。
③ 《美国的"新伙伴关系说"》，载于《人民日报》1989年5月20日第3版。
④ 《七十七国集团发表的〈德黑兰宣言〉认为：多边合作必须尊重各国的独立和主权》，载于《参考资料》1991年11月25日第1版。
⑤ 《七国首脑会议通过政治宣言》，载于《人民日报》1992年7月8日第6版。
⑥ 《北约愿与东欧国家建立和平伙伴关系》，载于《人民日报》1993年12月4日第6版。
⑦ 《英报认为：俄对外政策存在三大思潮》，载于《参考资料》1993年1月19日第2版。

第二章　中国构建全球伙伴关系网络的缘起与发展

"双方都坚定地认识到，俄罗斯与美国的战略伙伴关系是无可代替的"①。也正是在这一路线的影响下，1994年1月14日，俄美两国建立了以平等、互利、相互尊重民族利益为基础的"成熟战略伙伴关系"。② 1月28日，俄罗斯外长科济列夫访华并向江泽民转交了叶利钦总统的亲笔信，叶利钦总统在致江泽民主席的信中提出建立面向21世纪的中俄"建设性伙伴关系"的建议。③

1993年10月15日中国外交部副部长田曾佩访问白俄罗斯时，白俄罗斯最高苏维埃主席舒什克维奇会见田曾佩时提到："中国能和白俄罗斯发展平等的伙伴关系，这为国际上处理国与国方面的相互关系做出了榜样，也为各国在国际事务中开展广泛合作提供了一条基本原则。"④ 这是中国媒体公开报道中较早出现的"伙伴关系"字眼。11月19日，江泽民在会见苏哈托时，苏哈托介绍不结盟运动正更加重视"建立伙伴关系"，并强调"同发达国家的合作应建立在伙伴关系的基础上"。⑤ 11月23日，中国国家主席江泽民访问巴西，在与巴西总统伊塔马尔·佛朗哥的会谈中提出中巴"应当着眼未来，从战略的高度来对待两国的友好合作，建立跨世纪的长期、稳定的互利关系"，佛朗哥据此以"巴中关系是战略性的伙伴关系"作为回应，并"决心在他的任期内使巴中关系前进一大步"。⑥ 在这一年，"伙伴关系"频繁出现在中国外交的官方报道中，但是较多出自外国领导人。

对苏联学者提出的"中美苏伙伴关系"和美国提出的"新

---

① 《科济列夫认为：俄国仍是美国优先考虑的对象》，载于《参考资料》1993年3月6日第2版。
② 《叶利钦克林顿发表联合宣言》，载于《人民日报》1994年1月15日第6版。
③ 俄罗斯外长科济列夫访华并转交了叶利钦总统的亲笔信，见《江泽民会见俄罗斯外长》，载于《人民日报》1994年1月29日第1版。
④ 《舒什克维奇会见田曾佩》，载于《人民日报》1993年10月17日第6版。
⑤ 《江主席会见苏哈托总统》，载于《人民日报》1993年11月21日第1版。
⑥ 《江主席佛朗哥总统举行会谈》，载于《人民日报》1993年11月24日第6版。

伙伴关系说",中国不予置评;中国则在打破制裁与根据国际形势新变化调整外交政策时,着重强调发展国家间的"友好合作关系",并在1992年的中共十四大上再次做出明确宣示。由于中国外交的不结盟政策和"伙伴关系"一词与"尼克松主义"以及同盟的天然联系,中国官方在外交场合多次对外方提出的"伙伴关系"持慎重态度。虽然现在认为中国与巴西的伙伴关系建立于1993年,并揭开了中国外交建立伙伴关系的序幕,但彼时的公开报道并不能体现中方明确赞同"伙伴关系",从严格意义上说,中巴战略伙伴关系是由巴方提出,在1994年由中方予以追认的。①

1994年1月,俄罗斯外长科济列夫访华时,叶利钦致江泽民的亲笔信中提出了中俄"建设性伙伴关系"的建议,科济列夫认为"两国建设性的伙伴关系要不断发展,不断走向新的高度"②。叶利钦的这一建议基于与美国建立了"成熟战略伙伴关系",进而希望发展俄罗斯的全球伙伴,中国领导人则基于此前的顾虑,没有对这一建议当即向俄外长做出回应。此时,中美两国正处于制裁余波中,围绕有条件延长对华最惠国待遇的"挂

---

① 虽然《人民日报》对此次访问的报道中并未明确体现如此表述,但在之后的多处报道中提及此次访问时,有如下表述:中国驻巴西大使原焘指出,"去年江泽民主席正式访问巴西期间,与佛朗哥总统就发展中巴长期友好合作的战略伙伴关系交换了意见,极大地推动了两国关系",见《我驻巴大使举行盛大招待会庆祝中国巴西建交二十周年》,载于《人民日报》1994年8月11日第6版;李铁映国务委员说,"中国非常重视同巴西确立的战略伙伴关系",见《巴西副总统会见李铁映》,载于《人民日报》1995年5月25日第6版;江泽民说:"1993年,我访问巴西时与佛朗哥前总统就建立两国长期稳定、互利的战略伙伴关系达成共识",见《江主席与卡多佐总统会谈指出中巴合作谋求共同发展,有利于推动南南合作,建立国际政治和经济新秩序》,载于《人民日报》1995年12月14日第1版;李鹏指出,"建立在目标一致与平等互利基础上的中巴伙伴关系",见《李鹏总理接受巴西记者采访指出中巴伙伴关系必将造福两国人民》,载于《人民日报》1996年11月11日第1版。外交部官网关于中国同巴西的关系的描述中则直接显示"1993年,两国建立战略伙伴关系",见外交部网站《中国同巴西的关系》,http: //www.fmprc.gov.cn/web/gjhdq_676201/gj_676203/nmz_680924/1206_680974/sbgx_680978/。

② 《李鹏会见俄罗斯外长 双方强调发展中俄友好互利合作关系》,载于《人民日报》1994年1月29日第1版。

第二章 中国构建全球伙伴关系网络的缘起与发展

钩"政策激烈交锋,新上台执政只有一年的美国总统克林顿依然对美中关系缺乏必要的认识。为促使美国正确认识中美关系的重要性、进一步摆脱中国在国际社会中的孤立地位,中国着眼于进一步发展中俄关系,接受了叶利钦在亲笔信中的建议。5月,江泽民会见来访的俄罗斯联邦政府主席切尔诺梅尔金时,提及叶利钦亲笔信及其中的建议主张,并表示他也认为"应当着眼于21世纪,从战略的高度来考虑和处理中俄关系"。①

6月3日,俄罗斯驻华大使罗高寿则对叶利钦的建议做出了具体阐释,他在回答《人民日报》记者采访时说:"江泽民主席在会见切尔诺梅尔金总理时说,中国认为俄罗斯这一倡议与中国提出的发展国家关系的和平共处五项原则相接近。俄方也认为,中国的立场同俄'建设性伙伴关系'的想法相吻合。我们所说的'建设性伙伴关系'是指俄中两个伟大的国家完全平等,没有'老大哥'和'小兄弟'之分。俄罗斯和中国都是世界性大国,和平、安全与合作是两国在国际事务中的共同目标。我们希望与中国在国际舞台上,首先是亚太地区建立紧密的合作关系。两国的'建设性伙伴关系'不损害第三国的利益。"② 得到这一具体阐释后,中国发现俄罗斯建议的"伙伴关系"既与此前对苏、对俄的"不结盟、不对抗、不针对第三国和睦邻友好"方针是完全一致的,又不违背党的十四大既定的外交政策的内涵,遂对两国间的伙伴关系予以了确认。6月29日,在钱其琛向叶利钦转达的江泽民口信中,对叶利钦亲笔信"建设性伙伴关系"的建议予以了肯定和赞赏。③ 当年8月,中国驻巴西大使在庆祝中国巴西建交20周年招待会上对中巴战略伙伴关系进行了确认。

---

① 《江泽民会见切尔诺梅尔金 共同希望将中俄两国关系提高到新水平》,载于《人民日报》1994年5月28日第1版。
② 《中俄合作大有可为——访俄罗斯驻华大使罗高寿》,载于《人民日报》1994年6月3日第6版。
③ 《叶利钦会见钱其琛》,载于《人民日报》1994年6月29日第6版。

1994年9月，中俄就新型建设性伙伴关系达成共识①，成为中国第一对通过联合声明公开确认的伙伴关系。中俄以联合声明的形式正式建立"建设性伙伴关系"，并在联合声明中对这一中国外交中的开创性政治关系定位进行了符合中国外交政策和理念的定义与阐述。中国外交接受了俄罗斯的提议，对接俄罗斯的"伙伴关系"外交路线，建立双边伙伴关系，具有对俄外交的特殊性，这是中国外交建立伙伴关系的缘起。

在中俄建立建设性伙伴关系之后，西方国家试图从中国领导人和官方获得关于"伙伴关系"的内涵和标准更深层次的解释，中国则是反复强调建立世界新秩序、实现世界多极化、尊重独立自主等主张，可见中国对"伙伴关系"及其内涵依然审慎，并未将其上升到对外外交布局的高度。

而1996年3月召开的以"为促进发展建立亚欧新型伙伴关系"为主题的首次亚欧会议则标志着中国外交对伙伴关系重视程度的提升。在欧盟对亚洲的积极参与的背景下，中国也试图增强其在亚洲及亚欧世界中的大国地位和作用，李鹏在亚欧会议上的发言全面阐述了中国就建立面向21世纪的亚欧新型伙伴关系等问题的立场，概述了亚欧之间新型伙伴关系的五大特征，并且着重强调维系这种伙伴关系的经济合作。② 这是中国政府第一次在公开场合全面阐述中国外交的伙伴关系内涵、特征，中国借助亚欧会议的平台，将国际社会出现的"伙伴关系"倡议内化为中国外交政策。此后，中国便在实践亚欧会议"建立面向21世纪的亚欧新型伙伴关系"的倡议下，积极同法国、美国等西方国家就建立伙伴关系开展了积极沟通。在与俄罗斯升级了伙伴关系之

---

① 《中俄联合声明》，载于《人民日报》1994年9月4日第1版。
② 参见《亚欧会议（资料）》，载于《人民日报》1996年2月29日第6版；《李鹏总理在亚欧会议上发言就建立面向21世纪亚欧新型伙伴关系等问题阐述中国立场》，载于《人民日报》1996年3月2日第1版；《亚欧关系的新起点（社论）——祝贺李鹏总理出席亚欧会议圆满成功》，载于《人民日报》1996年3月3日第1版。

第二章 中国构建全球伙伴关系网络的缘起与发展

后,中国外交在1996年底至1998年掀起了广泛建立伙伴关系的热潮,中国不仅集中建立了多对新型伙伴关系,而且向哈萨克斯坦等多个国家表达了建立伙伴关系的意愿,此外,也有多个国家向中国表达了建立新型伙伴关系的意图。

1996年4月,叶利钦总统对中国进行国事访问,同江泽民主席一起发表联合声明,宣布将双方关系从"建设性伙伴"上升到"平等信任、面向21世纪的战略协作伙伴关系"。① 这是中俄伙伴关系的升级版,也是中国伙伴关系历史上的第一次升级。1997年4月,江泽民主席访问俄罗斯期间,两国领导人又签署了《关于世界多极化和建立国际新秩序的联合声明》,阐述了两国对"冷战"后国际形势基本发展趋势的共同看法和对一系列重大国际问题的一致立场。2001年7月,中俄两国元首签署发表了《中华人民共和国和俄罗斯联邦睦邻友好合作条约》,两国关系进入了一个新的阶段。中俄之间的"面向21世纪的战略协作伙伴关系"顺应时代潮流,建立在和平共处五项原则和公认的国际法准则基础之上,是一种不结盟、不对抗、不针对第三国的新型国家关系。这种关系既有明确的目的,又有具体而充实的内容,有利于世界的和平与稳定,也有利于国际格局的平衡发展。在此基础之上,中俄两国建立了各层次的定期磋商机制,并成功启动顺利运行。这增强了双方的理解和信任,为世纪之交的中俄关系友好发展奠定了良好的基础,也是两国关系长远发展的有力保障。中俄战略协作伙伴关系既是中国伙伴关系外交的缘起,也成为构建伙伴关系网络的成功典范。

从1996年开始,中国的伙伴关系外交发展迅速。1996年12月,江泽民出访南亚三国,进一步与周边国家就建立伙伴关系达成共识:中国与印度强调"建立面向21世纪的建设性合作伙伴

---

① 《中俄联合声明》,载于《人民日报》1996年4月26日第1版。

关系"①，与巴基斯坦"构筑面向 21 世纪的中巴全面合作伙伴关系"②，与尼泊尔"建设世代友好的睦邻伙伴关系"③，以打造发展睦邻友好合作关系的典范。1997 年 5 月，法国总统希拉克来华访问，中法两国元首签署了《中法联合声明》，表示在 21 世纪即将来临之际，中法两国应承前启后建立长期的全面伙伴关系。④ 10 月，江泽民对美国进行国事访问，中美发表联合声明，共同致力于建立中美建设性战略伙伴关系。⑤ 11 月，中国和加拿大两国一致同意建立跨世纪的全面合作伙伴关系。⑥ 12 月，中国和墨西哥两国一致同意建立跨世纪的全面合作伙伴关系。⑦ 同月，江泽民参加中国—东盟首脑非正式会晤，就确立中国与东盟面向 21 世纪的睦邻互信伙伴关系达成了共识，并以联合声明的形式明确表示"中国和东盟成员国将发展彼此之间的睦邻互信伙伴关系作为中国与东盟在 21 世纪关系的重要政策目标"⑧。中国建立伙伴关系的对象也从国家向政府间国际组织拓展。1998 年 4 月，中国进一步拓展国际组织伙伴关系，与欧盟建立面向 21 世纪的长期稳定的建设性伙伴关系。⑨ 同年，中国与英国建立全面

---

① 《江主席同印度总理高达会谈 双方强调要建立面向 21 世纪的建设性合作伙伴关系》，载于《人民日报》1996 年 11 月 30 日第 1 版。
② 《江主席与莱加里总统正式会谈 双方就构筑面向 21 世纪中巴全面合作伙伴关系达成共识》，载于《人民日报》1996 年 12 月 2 日第 1 版。
③ 《江主席同尼国王首相会晤 双方强调共同建设世代友好的睦邻伙伴关系》，载于《人民日报》1996 年 12 月 5 日第 1 版。
④ 《江泽民主席和希拉克总统签署中法联合声明》，载于《人民日报》1997 年 5 月 17 日第 1 版。
⑤ 《中美发表联合声明》，载于《人民日报》1997 年 10 月 31 日第 1 版、第 6 版。
⑥ 《江主席与克雷蒂安总理会见记者时表示构筑中加跨世纪全面合作伙伴关系》，载于《人民日报》1997 年 11 月 30 日第 1 版。
⑦ 《江主席同塞迪略总统会谈》，载于《人民日报》1997 年 12 月 3 日第 1 版。
⑧ 《中国—东盟首脑非正式会晤举行》，载于《人民日报》1997 年 12 月 17 日第 1 版；《中华人民共和国与东盟国家首脑会晤联合声明》，载于《人民日报》1997 年 12 月 17 日第 6 版。
⑨ 《中国—欧盟领导人会晤联合声明》，载于《人民日报》1998 年 4 月 3 日第 1 版。

第二章　中国构建全球伙伴关系网络的缘起与发展

伙伴关系①，与韩国建立面向21世纪的合作伙伴关系②，与日本建立面向21世纪的友好合作伙伴关系③。1999年，中国与埃及建立面向21世纪的战略合作关系④，亦可视为伙伴关系。2000年，中国与土耳其和南非建立伙伴关系。⑤ 2001年，中国与委内瑞拉建立共同发展的战略伙伴关系⑥，并将与欧盟的建设性伙伴关系提升为全面伙伴关系⑦。

至此，中国在20世纪90年代从无到有、从国家到国际组织，与世界各地区有代表性和影响力的国家及国际组织广泛建立起了伙伴关系，"面向21世纪"和"合作伙伴关系"成为外交活动中使用率比较高的词组。到2002年，中国已同13个国家、2个国际组织建立了伙伴关系，与1个国家、1个国际组织升级了伙伴关系。在这15对伙伴关系中，普遍以"面向21世纪"为共同指向，旨在促进和发展与伙伴对象间的既有友好合作关系，但在伙伴关系的具体定位和描述方面，对不同伙伴对象有不同的安排与表述；在建立伙伴关系的时间方面，虽然肇始于1993年，但集中在1996年、1997年和1998这三年，且多宣布于首脑外交场合。从整体上看，这一阶段中国建立伙伴关系的国家和国际组织数量较少、具体合作内容有待提升、在国家选择上也明显持谨慎态度，但是伙伴国也涵盖了主要大国、区域大国、周边国家和

---

① 《中英发表联合声明》，载于《人民日报》1998年10月7日第4版。
② 《中韩发表联合公报》，载于《人民日报》1998年11月14日第2版。
③ 《中日发表关于建立致力于和平与发展的友好合作伙伴关系的联合宣言》，载于《人民日报》1998年11月27日第1版、第6版。
④ 《江主席与穆巴拉克总统会谈——双方确定建立两国面向二十一世纪的战略合作关系》，载于《人民日报》1999年4月6日第1版、第4版。
⑤ 《中华人民共和国与土耳其共和国联合公报》，载于《人民日报》2000年4月20日；《中华人民共和国与南非共和国关于伙伴关系的比勒陀利亚宣言》，载于《人民日报》2000年4月26日第1版。
⑥ 《江泽民主席与查韦斯总统会谈——双方认为会谈必将推动中委在新世纪共同发展的战略伙伴关系》，载于《人民日报》2001年4月17日。
⑦ 《第四次中欧领导人会晤联合新闻公报》，载于《人民日报》2001年9月6日。

地区国际组织。总的来说，1993～2002年中国伙伴关系外交的缘起与初创阶段初步搭建起了中国伙伴关系网络的骨架，这不仅是中国外交的创新，而且形成了伙伴关系的模式，为21世纪的中国外交布局和中国特色大国外交的展开奠定了外交理论与国家关系的基础。

在这一阶段，中国外交语境中具有政治关系性质的"伙伴关系"一词经历了"负面评价—不予置评—赞赏接受—赋予内涵—广泛推广"的过程，这反映了20世纪90年代中国在打破制裁、参与"冷战"后国际秩序构建过程的探索历程。中国对伙伴关系的认识是逐步深化的，而且与不结盟的理念密不可分。1997年，钱其琛在回答记者关于中美建立建设性的战略伙伴关系问题时就曾经说到，"现在大家经常谈战略伙伴关系，这并不是一种结盟关系。'冷战'结束之后，世界正向多极化方向发展，在这种情况下，各大国都希望建立相应的合作关系。中国和俄罗斯作为两大邻国，业已建立了战略协作伙伴关系，这种关系是不针对第三国的。中国与法国也建立了伙伴关系，双方都认为世界是多极化的。中国是最大的发展中国家，美国是最大的发达国家。现在中美要努力建立建设性的战略伙伴关系，符合两国人民的根本利益，有利于亚太地区乃至世界的和平与稳定，是为了发展经济、贸易等方面的互利合作"[①]。钱其琛的表述，是中国外交高层在公开场合对伙伴关系框架做出的最明确评价，这与中俄、中法和中美在联合声明里对伙伴关系的阐释是一致的，在中国外交语境里，伙伴关系是不结盟、推进多极化、发展经贸合作的友好合作关系的具体呈现和承载。

之后，《人民日报》通过答读者问的形式也对"伙伴关系"做了这样的解释："建立国家之间不同形式的'伙伴关系'，其

[①] 《钱其琛接受中外记者联合采访高度评价江主席访美意义和成果》，载于《人民日报》1997年11月4日第6版。

第二章 中国构建全球伙伴关系网络的缘起与发展

基本特征是平等互利，相互尊重；发展友好，互不对抗；不针对、不损害第三国。这种既非结盟又非敌对的合作关系，无疑是对'冷战'时期结盟、敌视、对抗的国家关系的否定，是一种新型的国家关系。众所周知，中国奉行独立自主的和平外交政策，中国愿意同所有国家建立面向21世纪的正常的、友好的合作关系，也可以说是一种伙伴关系。总之，中国已经同一些国家建立的内涵不同的'伙伴关系'，都不是结盟关系，也不是针对任何第三方的。"[①] 这是对"伙伴关系"的进一步说明，同时也表明伙伴关系不同于结盟关系，实质就是国家间正常的、友好的合作关系。

中国积极与巴西及俄罗斯等地区性和世界性大国发展双边关系，并接受了这些国家提出的"伙伴关系"倡议，将其融入了中国外交的原则立场。在追求推动世界多极化、建设国际新秩序的外交政策目标时，中国积极加入世界多极化建构的进程，在以"为促进发展建立亚欧新型伙伴关系"为主题的首次亚欧会议中全面阐述了对政治伙伴关系的理解与立场。换言之，"伙伴关系"并非中国的原创，而是中国政府在推动形成更加合理的中国外交布局时，受中国对外关系现状尤其是中美关系的影响，与其他国家外交战略对接的"创造性选择"，通过赞赏、接受并赋予伙伴关系以符合中国外交政策理念的内涵，目的是发展中国对外关系，以防再度因大国关系的变数而陷入外交孤立状态，进而更大程度地改善中国的国际处境。至于在短短的三年内，与世界性和地区性主要大国及行为体广泛建立伙伴关系，则是中国在维护独立自主的基础上，在积极参与国际新秩序构建、推动世界多极化的进程中再度契合了世界多极化力量中的伙伴关系倡议，中国积极利用国际秩序变革争夺世界话语权，将伙伴关系作为推动世界多极化和建立国际新秩序的手段广泛向全球推广。在这个阶

[①] 《何谓"伙伴关系"（答读者）》，载于《人民日报》1998年4月16日第6版。

段，中国全方位的外交布局进一步充实和完善，通过这一系列跨世纪的伙伴关系，努力构筑了不结盟、互利共赢的大国关系框架，为中国外交奠定了坚实的基础，中国外交成功迈入了新世纪。

第三节　拓展与深化：中国伙伴关系网络的迅速扩展（2003~2012年）

进入21世纪，中国继续稳步推进改革开放，经济实力和综合国力有了明显的提升。中国开始作为国际舞台上的重要一员积极开展外交活动，更加融入全球化进程：中国正式加入了世界贸易组织，推动成立了上海合作组织和博鳌亚洲论坛，成功举办了亚太经合组织（APEC）第9次领导人非正式会议、朝核问题六方会谈、二十国集团（G20）部长会议等重要会议。面对国际形势发生的深刻变化，国内改革发展也进入了关键时期，中国如何确定自己的发展战略和外交方针来维护国家主权、推动世界和平、促进共同发展，是我党面临的一项重大考验。2002年党的十六大报告提出，中国自身战略定位是"独立自主、不结盟、反霸、不称霸的大国"，在外交战略上秉持独立自主的和平外交与新安全观，战略优先顺序为发达国家、周边国家、第三世界和多边国际组织，与十五大时相比，中等发达国家和发展中国家成为新的侧重点。[①] 在和平发展战略思想、践行和谐世界外交理念的指导下，中国成功开展了一系列伙伴外交实践，国际影响力和国际地位得到了进一步提升，伙伴关系网络的构建稳步

[①] 江泽民：《全面建设小康社会，开创中国特色社会主义事业新局面——在中国共产党第十六次全国代表大会上的报告》，载于《人民日报》2002年11月18日第4版；门洪华：《中国国际战略导论》，清华大学出版社2009年版，第205~206页。

第二章　中国构建全球伙伴关系网络的缘起与发展

推进。

2003年6月，国家主席胡锦涛对蒙古国进行国事访问，双方就建立中蒙睦邻互信伙伴关系达成共识，并发表联合声明。① 同年7月，韩国总统卢武铉访华，中韩双方一致同意"以业已存在的合作伙伴关系为基础，面向未来，建立中韩全面合作伙伴关系"，实现中韩伙伴关系升级。② 与欧盟的双边关系是这一年的亮点，以在北京举行的第六次中国—欧盟领导人会晤为契机，欧盟于9月公布新的对华关系战略文件，将中欧关系提升为"战略伙伴关系"；仅1个月后，中国公布了有史以来第一份《中国对欧盟政策文件》；到10月30日第六次中国—欧盟领导人会晤之时，双方以联合新公报的形式将同欧盟的全面伙伴关系提升为全面战略伙伴关系。③ 这是时隔两年中欧伙伴关系的第二次升级。10月，温家宝出席第七次中国与东盟领导人会议，中国与东盟宣布将伙伴关系提升为面向和平与繁荣的战略伙伴关系。④ 12月，温家宝对墨西哥进行正式访问，双方宣布升级为战略伙伴关系。⑤ 同年，中国与埃塞俄比亚建立了全面合作伙伴关系。中国针对发展中国家的外交布局渐趋明显。

2004年堪称伙伴关系外交发展的"欧洲年"，与欧盟升级伙伴关系产生的"溢出效应"颇为彰显。新年伊始，在庆祝中法建交40周年之际，胡锦涛对法国进行国事访问，双方发表《中

---

① 《胡锦涛同蒙古总统巴嘎班迪会谈　强调指出中国新一届中央领导集体将按照与邻为善、以邻为伴的方针，以积极的姿态发展同蒙古的友好合作》，载于《人民日报》2003年6月5日第1版；《中蒙发表联合声明——中国和蒙古国建立睦邻互信伙伴关系》，载于《人民日报》2003年6月6日第1版。
② 《中韩发表联合声明》，载于《人民日报》2003年7月9日第4版。
③ 《第六次中欧领导人会晤联合新闻公报》，载于《人民日报》2003年10月31日第3版。
④ 《中华人民共和国与东盟国家领导人联合宣言》，载于《人民日报》2003年10月10日第7版。
⑤ 《温家宝与墨西哥总统福克斯会谈　双方正式宣布建立中墨战略伙伴关系》，载于《人民日报》2003年12月14日第1版。

法联合声明》,宣布两国伙伴关系提升为全面战略伙伴关系。① 2月,胡锦涛访问阿尔及利亚,中阿两国发表新闻公报,决定建立战略合作关系。② 5月,温家宝对德国进行正式访问,两国"同意在中国与欧盟全面战略伙伴关系框架内建立具有全球责任的伙伴关系"。③ 同月,温家宝访问意大利期间,中国与意大利建立全面战略伙伴关系。④ 同月,在温家宝访问英国期间,中国将与英国的全面伙伴关系提升为全面战略伙伴关系。⑤ 6月,胡锦涛依次对波兰、匈牙利、罗马尼亚、乌兹别克斯坦开展国事访问,其中,波兰、匈牙利、罗马尼亚是首批承认新中国的国家。此访期间,中国先后以联合声明的形式与波兰宣布建立友好合作伙伴关系,与匈牙利建立友好合作伙伴关系,与罗马尼亚建立全面友好合作伙伴关系,与乌兹别克斯坦建立友好合作伙伴关系。⑥ 同月28日,中国国家副主席曾庆红访问南非,在会见南非总统姆贝基时表示"中国愿与南非建立平等互利、共同发展的战略伙伴关系",姆贝基对此表示"十分满意";翌日,双方签署《中华人民共和国与南非共和国双边委员会第二次联合公报》,"同意共同推动两国战略伙伴关系迈向更高水平",这是中国与南非伙伴关系的提升。⑦ 11月,胡锦涛访问阿根廷,两国元首实现半年

---

① 《中法联合声明——深化中法全面战略伙伴关系建立更加安全、更加尊重多样性和更加团结的世界》,载于《人民日报》2004年1月28日第1版。
② 《中国和阿尔及利亚发表新闻公报》,载于《人民日报》2004年2月5日第1版。
③ 《中德发表联合声明》,载于《人民日报》2004年5月5日第3版。
④ 《中意两国政府联合公报——建立稳定、友好、长期、持续发展的中意全面战略伙伴关系》,载于《人民日报》2004年5月10日第3版。
⑤ 《中英两国联合声明》,载于《人民日报》2004年5月11日第3版。
⑥ 《中华人民共和国和波兰共和国联合声明》,载于《人民日报》2004年6月10日第3版;《中华人民共和国和匈牙利共和国联合声明》,载于《人民日报》2004年6月12日第3版;《中华人民共和国和罗马尼亚关于建立全面友好合作伙伴关系的联合声明》,载于《人民日报》2004年6月14日第3版;《中华人民共和国和乌兹别克斯坦共和国关于进一步发展与加深两国友好合作伙伴关系的联合声明》,载于《人民日报》2004年6月16日第3版。
⑦ 《曾庆红在约翰内斯堡会见南非总统姆贝基》,载于《人民日报》2004年6月29日第1版;《中华人民共和国与南非共和国双边委员会第二次会议联合公报》,载于《人民日报》2004年6月30日第3版。

内互访,双方确定建立和发展中阿战略伙伴关系。① 同月,胡锦涛访问智利,在与智利总统会谈期间,双方"表达了加强两国全面合作伙伴关系的强烈愿望和坚定信心,一致认为中智关系正迎来一个加速发展的新时期"。② 在同一年,中国还与阿拉伯联盟建立了平等、全面合作的新型伙伴关系。

2005年,中国伙伴关系外交进一步拓展。1月,国家副主席曾庆红访问秘鲁,双方宣布"建立全面合作伙伴关系"。③ 2月初,曾庆红访问牙买加期间,与库克总督会谈时,双方宣布"建立共同发展的友好伙伴关系"。④ 4月,温家宝出访南亚四国,此次出访期间中国伙伴关系外交成果颇丰。中国与巴基斯坦签订《中巴睦邻友好合作条约》,宣布在已有伙伴关系的基础上"进一步发展两国更加紧密的战略合作伙伴关系"。⑤ 温家宝访问孟加拉国期间,双方一致同意建立两国"长期友好、平等互利的全面合作伙伴关系"。⑥ 中国与斯里兰卡两国政府发表《联合公报》,宣布"建立和发展真诚互助、世代友好的全面合作伙伴"。⑦ 中国与印度建立面向和平与繁荣的战略合作伙伴关系,

---

① 《胡锦涛同阿根廷总统会谈 双方确定建立和发展中阿战略伙伴关系,在新的基础上全面发展两国友好合作》,载于《人民日报》2004年11月18日第1版。
② 《胡锦涛同智利总统会谈》,载于《人民日报》2004年11月20日第1版。
③ 《曾庆红会见秘鲁总统托莱多》,载于《人民日报》2005年1月29日第1版。
④ 《曾庆红会见库克总督并与帕特森总理会谈》,载于《人民日报》2005年2月3日第1版。
⑤ 虽然出访前夕接受巴基斯坦媒体采访时,温家宝表示中巴"形成了全天候、全方位的合作伙伴"关系,详见《温家宝总理接受巴基斯坦媒体采访时表示中巴是全天候合作伙伴》,载于《人民日报》2005年4月5日第3版,但是,在此次访问成果呈现上,中巴以双边条约的形式将此前"全面合作伙伴关系"提升为"战略合作伙伴关系",并未使用"全天候、全方位"的表述,两国伙伴关系冠以"全天候"表述则属后话,详见《中华人民共和国和巴基斯坦伊斯兰共和国睦邻友好合作条约》,载于《人民日报》2005年4月6日第3版。
⑥ 《中华人民共和国政府和孟加拉人民共和国政府联合公报》,载于《人民日报》2005年4月9日第3版;2010年表述为"从战略高度出发,本着长期友好、平等互利的原则,建立和发展中孟更加紧密地全面合作伙伴关系",详见《中孟联合声明》,载于《人民日报》2010年3月20日第3版。
⑦ 《中斯两国政府联合公报》,载于《人民日报》2005年4月10日第3版。

实现了伙伴关系升级。① 同月，尼日利亚总统应邀访华，双方一致同意"在南南合作框架内建立政治上互信、经济上互利、在国际事务中互助的中尼战略伙伴关系"。② 同月，胡锦涛访问印度尼西亚并出席亚非国家领导人纪念万隆会议召开50周年活动，两国建立了战略伙伴关系。③ 随后，胡锦涛对菲律宾进行国事访问，双方"一致认为中菲关系已经进入伙伴关系的黄金时期"，并以《联合声明》的形式宣布"建立致力于和平与发展的战略性合作关系"。④ 5月，克罗地亚总理萨纳德来华进行正式访问，中克两国建立全面合作伙伴关系。⑤ 7月，胡锦涛对哈萨克斯坦进行国事访问，两国元首一直认为"两国关系已进入全面发展的新阶段"，决定"建立和发展战略伙伴关系"。⑥ 9月，胡锦涛访问加拿大，在与加拿大总理马丁会谈时"一致同意把中加关系提升为战略伙伴关系"。⑦ 11月，胡锦涛访问西班牙，两国建立全面战略伙伴关系。⑧ 次月，温家宝对葡萄牙进行正式访问期间，两国建立了全面战略伙伴关系。⑨

2006年，中国在建立新的伙伴关系方面取得更大突破。1月，希腊总理卡拉曼利斯应邀对中国进行正式访问，中希双方

---

① 《中华人民共和国与印度共和国联合声明》，载于《人民日报》2005年4月13日第3版。
② 《中华人民共和国和尼日利亚联邦共和国联合公报》，载于《人民日报》2005年4月16日第3版。
③ 《中华人民共和国与印度尼西亚共和国关于建立战略伙伴关系的联合宣言》，载于《人民日报》2005年4月27日第3版。
④ 《中国与菲律宾发表联合声明》，载于《人民日报》2005年4月29日第3版。
⑤ 《中国与克罗地亚发表联合声明》，载于《人民日报》2005年5月28日第4版。
⑥ 《中华人民共和国和哈萨克斯坦共和国关于建立和发展战略伙伴关系的联合声明》，载于《人民日报》2005年7月5日第1版。
⑦ 《胡锦涛主席同马丁总理举行重要会谈 宣布把中加关系提升为战略伙伴关系》，载于《人民日报》2005年9月19日第1版。
⑧ 《中华人民共和国和西班牙王国联合公报》，载于《人民日报》2005年11月16日第1版。
⑨ 《中葡两国政府关于加强双边关系的联合声明》，载于《人民日报》2005年12月11日第3版。

第二章 中国构建全球伙伴关系网络的缘起与发展

"签署建交以来的首份联合声明",决定建立全面战略伙伴关系。① 4月,温家宝访问斐济,两国发表《联合新闻公报》,决定建立和发展"中斐重要合作伙伴关系"。② 同月,温家宝访问柬埔寨期间,两国政府决定"建立中柬全面合作伙伴关系"。③ 6月,阿富汗总统卡尔扎伊对华进行国事访问,两国发表《联合声明》,建立全面合作伙伴关系。④ 中国与非盟的关系是这一年的亮点。新年伊始,中国政府发表《中国对非洲政策文件》,提出建立中非新型战略伙伴关系;11月,中非合作论坛北京峰会召开,这是在中国与非洲国家开启外交关系50周年之际首次召开的中非领导人峰会,此次会议上,中非正式建立"政治上平等互信、经济上合作共赢、文化上交流互鉴的新型战略伙伴关系"。⑤ 同月,保加利亚总理斯塔尼舍夫访华,双方就"共同发展面向21世纪的全面合作伙伴关系"达成共识,并以《联合声明》

---

① 《温家宝与希腊总理卡拉曼利斯会谈 双方决定建立中希全面战略伙伴关系》,载于《人民日报》2006年1月20日第1版;《中华人民共和国和希腊共和国关于建立全面战略伙伴关系的联合声明》,载于《人民日报》2006年1月20日第3版。

② 《中华人民共和国政府和斐济群岛共和国政府联合新闻公报》,载于《人民日报》2006年4月5日第3版。

③ 《中华人民共和国政府和柬埔寨王国政府联合公报》,载于《人民日报》2006年4月9日第3版。

④ 《中国与阿富汗发表联合声明》,载于《人民日报》2006年6月21日第3版。

⑤ 《中非合作论坛北京峰会宣言》,载于《人民日报》2006年11月6日第4版;《中国对非政策文件》,载于《人民日报》2006年1月13日第3版。此前,中非伙伴关系常表述为"新型伙伴关系",通过检索人民日报数据库可以发现,2000年中非合作论坛开启后此表述呈现相对频繁,但未有明确"建立"伙伴关系的标志,如2000年中非合作论坛直接表述为"推动中非新型伙伴关系的深入发展",详见《中非合作论坛北京宣言》,载于《人民日报》2000年10月13日第7版等;在2000年10月"中非合作论坛——北京2000年部长级会议"(亦即"中非合作论坛第一届部长级会议")召开以前,仅有一次提及"中非新型伙伴关系"的场合为1999年10月江泽民对阿尔及利亚进行国事访问时,江泽民表示"在新形势下,中国将遵循'真诚友好、平等相待、团结合作、共同发展、面向未来'的对非关系基本原则,与非洲国家共建面向21世纪的长期稳定、全面合作的中非新型伙伴关系",也未明确作出中非一致同意建立伙伴关系的宣示,详见《江泽民主席与阿尔及利亚总统布特弗利卡会谈》,载于《人民日报》1999年10月31日第1版。

的形式宣布"两国关系已进入全面合作伙伴关系阶段"。① 综上可见,这一阶段伙伴关系外交的拓展和深化,主要侧重于建立新的伙伴关系,特别是在欧洲、非洲和南亚呈现出相对集中的态势。

2007年党的十七大报告提出,中国作为一个和平发展、不称霸、不扩张的大国,在外交战略上要坚持和平发展道路、互利共赢的开放战略和对共同利益的追求,战略优先顺序依次是发达国家、周边和东亚地区、发展中国家、多边国际组织。② 这成为伙伴关系外交的发展方向。2008年,中国伙伴关系外交布局的广泛性逐步显现。5月,新任韩国总统李明博访华,胡锦涛与李明博会谈时,两国元首一致同意"顺应两国关系发展的现实需要和长远要求,将中韩全面合作伙伴关系提升为战略合作伙伴关系",并发表了《中韩联合声明》。③ 这是中韩伙伴关系的第二次升级。5月30日~6月2日,越南共产党中央委员会总书记农德孟对中国进行正式友好访问,中越双方一致同意在"长期稳定、面向未来、睦邻友好、全面合作"方针和"好邻居、好朋友、好同志、好伙伴"精神指导下,建立和发展中越全面战略合作伙伴关系,这标志着两国伙伴关系正式建立。④ 10月,以第七届亚欧首脑会议在北京举行为契机,丹麦首相拉斯穆森访华,温家宝与其会谈时就"建立中丹全面战略伙伴关系达成一致",中丹两国发表《联合声明》,表示建立"涵盖双边关系所有领域的全面

---

① 《温家宝与保加利亚总理举行会谈》,载于《人民日报》2006年11月21日第1版;《中国和保加利亚发表联合声明》,载于《人民日报》2006年11月24日第3版。

② 门洪华:《中国国际战略导论》,清华大学出版社2009年版,第205~206页。

③ 《胡锦涛同韩国总统李明博会谈 两国元首一致同意将中韩全面合作伙伴关系提升为战略合作伙伴关系》,载于《人民日报》2008年5月28日第1版;《中韩联合声明》,载于《人民日报》2008年5月29日第3版。

④ 《胡锦涛与农德孟举行会谈》,载于《人民日报》2008年5月31日第1版;《中越联合声明》,载于《人民日报》2008年6月2日第3版。

战略伙伴关系"。① 11月,胡锦涛出席在利马举行的亚太经合组织第16次领导人非正式会议并对秘鲁进行国事访问,两国元首成功实现年内互访;胡锦涛访问秘鲁期间,两国元首高度评价中秘关系,一致认为"双边关系正处于历史上最好时期",双方决定建立"中秘战略伙伴关系",实现了两国伙伴关系的升级。②

2009年8月,塞尔维亚总统塔迪奇来华进行国事访问,在与胡锦涛会谈时表示"发展对华关系是塞尔维亚外交的优先方向",胡锦涛则表示"愿继续本着相互尊重、平等互利、共同发展的原则"与塞方一道把两国关系提高到新的水平,并就建立和发展中塞战略伙伴关系提出四点建议,会谈后双方发表《联合声明》,正式建立战略伙伴关系。③ 9月,老挝人民革命党中央委员会总书记、国家主席朱马利来华进行工作访问,胡锦涛与其举行会谈时,"双方就进一步发展两党两国关系达成广泛共识,一致同意把中老关系提升为全面战略合作伙伴关系",中国与老挝正式建立伙伴关系。④ 12月底,尼泊尔总理尼帕尔对华进行正式访问,两国总理会谈时就实现两国伙伴关系升级达成共识,并发表《中尼联合声明》,决定"在和平共处五项原则基础上,建立和发展中尼世代友好的全面合作伙伴关系"。⑤

---

① 《温家宝与丹麦首相拉斯穆森会谈》,载于《人民日报》2008年10月23日第1版;《中华人民共和国政府和丹麦王国政府关于建立全面战略伙伴关系的联合声明》,载于《人民日报》2008年10月25日第6版。

② 《中华人民共和国与秘鲁共和国联合新闻公报》,载于《人民日报》2008年11月21日第3版;同年3月,秘鲁总统加西亚成功对中国进行国事访问,彼时中秘伙伴关系依然为"全面合作伙伴关系",详见《中国和秘鲁发布联合新闻公报》,载于《人民日报》2008年3月20日第8版。

③ 《胡锦涛与塞尔维亚总统塔迪奇会谈 表示愿继续与塞方一道把两国关系提高到新水平》,载于《人民日报》2009年8月21日第1版;《中华人民共和国和塞尔维亚共和国关于建立战略伙伴关系的联合声明》,载于《人民日报》2009年8月21日第3版。

④ 《胡锦涛与朱马利会谈 双方一致同意把中老关系提升为全面战略合作伙伴关系》,载于《人民日报》2009年9月10日第1版。

⑤ 《温家宝与尼泊尔总理尼帕尔会谈》,载于《人民日报》2009年12月30日第1版;《中尼联合声明》,载于《人民日报》2009年12月31日第5版。

构建全球伙伴关系网络：历史发展与现实路径

2010年是中国伙伴关系外交的"升级年"。7月，德国总理默克尔访华，温家宝与默克尔进行了会谈，作为对于两个月前德国总统访华时提到的"德中战略合作伙伴关系"的回应，"双方就全面推进中德战略伙伴关系达成重要共识"，并"同意发表《联合公报》，为两国关系发展确立新的蓝图"；此访期间，中德两国发表《联合公报》，决定"共同致力于进一步加强在各领域的互利合作，全面推进中德战略伙伴关系蓬勃发展"，由此中国成功实现将与德国的中欧全面战略伙伴关系框架下具有全球责任的伙伴关系提升为战略伙伴关系。① 8月，南非总统祖马应邀来华进行国事访问，胡锦涛与祖马会谈时"满意地回顾了两国合作关系的发展历程"，就"弘扬传统友谊、加强全方位合作达成广泛共识"，并发表宣言表示一致同意"在平等互利、共同发展的基础上"把两国关系提升为"全面战略伙伴关系"，同时明确在政治交往和对话、经济领域、其他领域、国际和地区事务等方面促进双方全面战略伙伴关系。② 这是中国与南非伙伴关系的第二次升级，实现了从战略伙伴关系升级为全面战略伙伴关系。11月，时任国家副主席习近平访问安哥拉，在与安哥拉副总统费尔南多会谈时表示"愿同安方从战略高度共同规划两国未来合作"，在会见安哥拉总统多斯桑托斯时强调"中方视安哥拉为具有战略意义的合作伙伴"，双方发表建立战略伙伴关系的《联合

---

① 《温家宝与德国总理默克尔举行会谈》，载于《人民日报》2010年7月17日第1版；《中德关于全面推进战略伙伴关系的联合公报》，载于《人民日报》2010年7月17日第2版；此前5月德国总统克勒访华并与胡锦涛会谈，提及"德中战略合作伙伴关系"，详见《胡锦涛与德国总统克勒举行会谈》，载于《人民日报》2010年5月18日第1版。

② 《胡锦涛同南非总统祖马会谈》，载于《人民日报》2010年8月25日第1版；《中华人民共和国和南非共和国关于建立全面战略伙伴关系的北京宣言》，载于《人民日报》2010年8月25日第3版。

声明》，中安关系进入一个新的发展阶段。① 12月，柬埔寨首相洪森访华，温家宝同洪森举行会谈，会谈期间，"双方达成重要共识，一致同意建立中柬全面战略合作伙伴关系"，时隔四年，中国与柬埔寨的全面合作伙伴关系提升为全面战略合作伙伴关系。② 同月，温家宝对巴基斯坦进行正式访问，双方发表《联合声明》，表示"两国领导就进一步巩固和深化中巴全天候战略合作伙伴关系……达成广泛共识"，中巴战略合作伙伴关系首次被冠以"全天候"的表述，这表明两国伙伴关系再一次实现升级，这是继2005年升级为战略合作伙伴关系后的第二次升级。③ 在"中国—阿拉伯国家合作论坛"上，中国和阿拉伯国家宣布建立全面合作、共同发展的战略合作关系，中阿集体合作进入全面提质升级的新阶段。

2011年，中国实现了与美国和俄罗斯等大国伙伴关系的升级，同时深化了与周边国家的伙伴关系。新年伊始，胡锦涛应邀对美国进行国事访问，两国元首全面规划了中美关系的重点方向和深化了双方合作的重点领域，达成重要共识，同时，中美两国通过《联合声明》表示，"致力于共同努力建设相互尊重、互利共赢的合作伙伴关系"，这体现出发展中美伙伴关系的新动向和新局面。④ 5月，缅甸总统吴登盛访华，胡锦涛与吴登盛举行了坦诚友好、富有成果的会谈，两国元首一致同意，顺应形势发展需要，把两国关系提升为全面战略合作伙伴关系，双方发表《联

---

① 《习近平同安哥拉副总统费尔南多会谈》，载于《人民日报》2010年11月20日第3版；《习近平会见安哥拉总统多斯桑托斯》，载于《人民日报》2010年11月20日第1版；《中华人民共和国和安哥拉共和国关于建立战略伙伴关系的声明》，载于《人民日报》2010年11月21日第3版。
② 《温家宝同柬埔寨首相洪森会谈》，载于《人民日报》2010年12月14日第1版。
③ 《中华人民共和国和巴基斯坦伊斯兰共和国联合声明》，载于《人民日报》2010年12月20日第3版。
④ 《胡锦涛同美国总统奥巴马举行会谈》，载于《人民日报》2011年1月20日第1版；《中美联合声明》，载于《人民日报》2011年1月20日第2版。

合声明》正式宣布建立中缅全面战略合作伙伴关系。① 6月，胡锦涛访问哈萨克斯坦期间，中哈两国领导人就"发展中哈全面战略伙伴关系"达成重要共识，在此前2月哈萨克斯坦总统纳扎尔巴耶夫访华时，两国元首就曾一致同意携手努力"推动中哈战略伙伴关系向更高层次迈进"；中哈两国元首在半年内实现互访，充分表明对提升中哈两国伙伴关系的重视，并通过《联合声明》表明"发展中哈全面战略伙伴关系都是两国外交政策的优先方向"，从而实现了伙伴关系升级。② 同月，蒙古国总理巴特包勒德应邀来华进行正式访问，双方决定把两国关系提升为战略伙伴关系，并签署了关于两国建立战略伙伴关系的《联合声明》，中国与蒙古国的睦邻互信伙伴关系提升为战略伙伴关系。③ 同月，胡锦涛应邀对乌克兰进行国事访问，两国决定建立和发展战略伙伴关系，并确定了这一战略伙伴关系的内涵和基本原则。④ 同月，在《中俄睦邻友好合作条约》签署10周年之际，胡锦涛访问俄罗斯，在与俄罗斯总统梅德韦杰夫会谈时，两国元首全面总结两国关系10年发展成果，会谈后，发表《中俄元首关于〈中俄睦邻友好合作条约〉签署十周年的联合声明》，宣布双方将"致力于发展平等信任、相互支持、共同繁荣、世代友好的全面

---

① 《胡锦涛同缅甸总统吴登盛举行会谈》，载于《人民日报》2011年5月28日第1版；《中国与缅甸关于建立全面战略合作伙伴关系的联合声明》，载于《人民日报》2011年5月28日第3版。

② 《胡锦涛同纳扎尔巴耶夫会谈 双方共同宣布发展中哈全面战略伙伴关系》，载于《人民日报》2011年6月14日第1版；《中华人民共和国和哈萨克斯坦共和国关于发展全面战略伙伴关系的联合声明》，载于《人民日报》2011年6月14日第3版；此前2月纳扎尔巴耶夫访华，详见《胡锦涛与哈萨克斯坦总统会谈》，载于《人民日报》2011年2月23日第1版。

③ 《温家宝与蒙古国总理举行会谈》，载于《人民日报》2011年6月17日第4版；《中华人民共和国和蒙古国关于建立战略伙伴关系的联合声明》，载于《人民日报》2011年6月18日第3版。

④ 《中华人民共和国和乌克兰关于建立和发展战略伙伴关系的联合声明》，载于《人民日报》2011年6月21日第2版。

战略协作伙伴关系",两国伙伴关系实现第二次升级。① 12月,波兰总统科莫罗夫斯基访华,两国元首会谈时,一致同意"建立和发展中波战略伙伴关系",实现两国从友好合作伙伴关系到战略伙伴关系的升级。②

2012年1月,温家宝对阿联酋进行正式访问,两国发表《联合声明》,宣布建立战略伙伴关系。③ 3月,爱尔兰总理肯尼访华,两国决定建立"涵盖政治、经济、贸易、投资、食品和农业、文化、科技、教育、旅游和服务业等领域的互惠战略伙伴关系"。④ 4月,泰国总理英拉应邀对中国进行正式访问,中国与泰国建立全面战略合作伙伴关系。⑤ 同年,中国还与多个国家升级了伙伴关系。6月,上海合作组织成员国元首理事会会议在北京举行,以此为契机,乌兹别克斯坦总统卡里莫夫、阿富汗总统卡尔扎伊等国家元首应邀访华,中国将与乌兹别克斯坦的友好合作伙伴关系提升为战略伙伴关系,将与阿富汗的全面合作伙伴关系提升为战略合作伙伴关系。⑥ 同月,温家宝对巴西进行正式访问,在与巴西总统罗塞夫会谈时表示"中巴建立战略伙伴关系19年来,双方合作取得丰硕成果""中国愿与巴西全方位深化合

---

① 《胡锦涛同梅德韦杰夫会谈 就未来十年中俄关系发展规划深入交换意见》,载于《人民日报》2011年6月17日第1版;《中华人民共和国主席胡锦涛和俄罗斯联邦总统梅德韦杰夫关于〈中俄睦邻友好合作条约〉签署十周年的联合声明》,载于《人民日报》2011年6月17日第2版。

② 《胡锦涛同波兰总统会谈 两国元首一致同意,建立和发展中波战略伙伴关系》,载于《人民日报》2011年12月21日第1版;《中华人民共和国和波兰共和国关于建立战略伙伴关系的联合声明》,载于《人民日报》2011年12月21日第3版。

③ 《中华人民共和国和阿拉伯联合酋长国关于建立战略伙伴关系的联合声明》,载于《人民日报》2012年1月18日第3版。

④ 《中华人民共和国和爱尔兰关于建立互惠战略伙伴关系的联合声明》,载于《人民日报》2012年3月29日第2版。

⑤ 《中华人民共和国和泰王国关于建立全面战略合作伙伴关系的联合声明》,载于《人民日报》2012年4月20日第3版。

⑥ 《中华人民共和国和乌兹别克斯坦共和国关于建立战略伙伴关系的联合宣言》,载于《人民日报》2012年6月8日第4版;《中华人民共和国与阿富汗伊斯兰共和国关于建立战略合作伙伴关系的联合宣言》,载于《人民日报》2012年6月9日第3版。

作",罗塞夫则表示赞赏并认为"中国是巴西重要的战略伙伴""温总理所提各项建议具有战略指导意义",双方宣布"将中巴关系提升为全面战略伙伴关系",建立外长级全面战略对话,并发表《联合声明》宣示中巴延续近20年的战略伙伴关系升级为全面战略伙伴关系。① 温家宝此次拉美之行还访问了智利,中智两国发表《联合声明》,认为"两国政治上相互信任、经贸关系快速发展、各领域合作富有成效、在国际事务中积极协调",双方决定"将双边关系定位为战略伙伴关系",实现了两国由全面合作伙伴关系到战略伙伴关系的升级。②

总的来看,这一阶段中国的伙伴关系外交拓展速度加快,涉及的国家和地区也更加广泛,基本上覆盖了全球主要的地区和国家,同时伙伴关系升级的频率也有所加快。这一方面体现出中国的国家利益逐渐向全球范围拓展,中国外交布局的进一步调整和完善,为改革发展争取了有利的国际环境,使中国在国际事务中的代表性和话语权进一步增强,显著提升了中国国际地位和影响力。另一方面可以看出伙伴关系外交已经成为中国外交战略的重要组成部分,为奉行独立自主的不结盟政策找到了最好的实践路径。经过十年的发展,全球伙伴关系网络的基本图景开始清晰化。虽然由于发展速度过快对于不同层次、不同类型的伙伴关系的界定还有待进一步规范和细化,但是"结伴而不结盟"的外交方针已基本确立。

第四节 本章小结

从结盟到不结盟再到伙伴关系的建立,中国外交经历了艰苦

---

① 《温家宝与巴西总统罗塞夫会谈》,载于《人民日报》2012年6月23日第1版;《中华人民共和国政府和巴西联邦共和国政府联合声明》,载于《人民日报》2012年6月23日第2版。
② 《中华人民共和国政府和智利共和国政府联合声明》,载于《人民日报》2012年6月28日第2版。

的理论探索和不断的实践创新，逐步确立起以伙伴关系为依托的外交战略。这既保持了新中国成立以来外交的延续性，也呈现出与时俱进的新特点。特别是改革开放之后，中国在内政和外交上所奉行的路线和政策是非常成功的，这也为中国与世界关系的历史性变化奠定了基础。具体来说，中国从 1979 年之后没有再卷入任何战争或重大军事冲突，逐步形成"全方位、多层次、立体化"的外交布局，中国和主要发达国家之间关系基本稳定，合作成为大国关系的主旋律；与周边国家关系不断得到改善，解决了与邻国之间存在的大多数历史遗留问题；紧紧依托发展中国家群体，巩固并发展了与发展中国家的传统友谊。中国还成功加入了一系列重要的国际组织，实现了从努力参与多边外交到推动完善全球治理的角色转变。这些成就都表明包括伙伴关系外交在内的中国整个外交思路和外交布局适应中国改革开放的需要，也是未来实现中华民族伟大复兴的中国梦必须坚持的。

到 2012 年前后，随着中国国家实力的极大提升，国际地位和国际影响的不断加强，中国外交的发展进入了新的阶段。新的一届中国政府将会引领崛起的中国走向何方，一个日益强大的中国将会采取何种外交政策，都成为国内外关注的焦点和学界热议的话题。党的十八大之后，以习近平同志为核心的党中央逐步提出了一系列新理念、新思想、新主张，开启了中国特色大国外交的新时代。积极构建全球伙伴关系网络实现了伙伴关系外交的新升级，也是新时代中国外交战略不可或缺的组成部分。

第三章

积极构建全球伙伴关系网络

2010年后,中国的伙伴关系外交达到了新的一轮高潮。尤其是党的十八大胜利召开之后,随着中国特色大国外交的全面推进,伙伴关系外交进一步向全球层面扩展和升级,呈现出许多新的特点和图景。习近平总书记2014年11月28日在中央外事工作会议上提出"要在坚持不结盟原则的前提下广交朋友,形成遍布全球的伙伴关系网络"①。在习近平外交思想指引下,中国特色大国外交奋发有为,打造全球伙伴关系已经成为新时代中国外交的重要内涵。构建伙伴关系网、"结伴不结盟"是对中国不结盟政策所做的一次重要调整,既坚持了不结盟的原则,又根据形势需要,注重提高伙伴关系的质与量,是"不结盟、不对抗、不针对第三方"政策的新发展,体现了中国外交的与时俱进。② 中国外交不断推动伙伴关系全面化、战略化、全球化、网络化,在坚持不结盟原则的前提下广交朋友,形成遍布全球的伙伴关系网络,突破了非友即敌、结盟或对抗的"冷战思维",为当今世界处理国与国关系提供了新模式。

---

① 《习近平出席中央外事工作会议并发表重要讲话》,新华网,2014年11月29日,http://news.xinhuanet.com/politics/2014-11/29/c_1113457723.htm。
② 孙茹:《构建伙伴关系网:中国不结盟政策的升级版》,载于《世界知识》2015年第6期,第58页。

第三章　积极构建全球伙伴关系网络

第一节　党的十八大以来中国外交理念的新发展与伙伴关系

党的十八大以来，以习近平同志为核心的党中央发扬我党理论联系实际的优良作风，在保持外交政策连续性和稳定性的同时，勇于探索，开拓创新，坚持内政和外交有机统一、中国特色与时代特征融为一体，积极推进外交理论和实践创新，提出一系列新思想、新理念、新举措，开创了中国外交的崭新局面，也为构建全球伙伴关系网络提供了思想指引和实践指南。

一、提出中国梦并赋予其深刻内涵

2012年11月，习近平总书记在国家博物馆参观"复兴之路"展览并发表讲话时，首次提出实现中华民族伟大复兴就是近代以来最伟大的中国梦，并在随后不断充实完善中国梦的思想内涵。2013年在会见时任美国总统奥巴马时，习近平总书记将"中国梦"解释为"国家富强、民族振兴、人民幸福"的愿望，提出中国梦"与包括美国梦在内的世界各国人民的美好梦想相通"。中国梦是中华民族伟大复兴的梦，是每个中国百姓的梦，与各国人民的美好梦想息息相通，中国愿与各国共享发展机遇，实现中国梦、共圆世界梦。中国梦是"中国坚持走和平发展道路重要思想在新时期的继承与发展"[①]。

中国梦的理念与中国的国家定位密不可分。随着国际地位的提升，中国外交的风格、气派和特色日益鲜明，但其宗旨、目标、核心价值理念等并未发生根本变化，这也使得中国外交保持

[①] 杨洁篪：《新形势下中国外交理论和实践创新》，载于《求是》2013年第16期，第8~9页。

了总体战略的稳定性和延续性。一方面，中国作为最大发展中国家的基本属性没有变，中国作为社会主义国家的本质属性定位没有变，中国作为国际体系参与者和国际秩序维护者的国际定位没有变；另一方面，中国外交的目标内涵、政策手段、国际角色和作用都发生了很大变化。① 中国世界大国的定位以及中国外交必须服务于中华民族伟大复兴的任务，极大激励了中国人民实现中华民族伟大复兴的决心和信心，并将中国复兴与世界进步融为一体，成为凝聚13亿中国人民团结奋进的强大精神动力，也为新时期中国外交指明了方向，吸引国际社会越来越多的关注和期待，成为连接中国与世界的重要纽带。2014年11月28~29日，中央外事工作会议在北京举行，习近平总书记在会上发表重要讲话，这次讲话首次提出了中国外交工作的总体目标，即"高举和平、发展、合作、共赢的旗帜，统筹国内、国际两个大局，统筹发展、安全两件大事，牢牢把握坚持和平发展、促进民族复兴这条主线，维护国家主权、安全、发展利益，为和平发展营造更加有利的国际环境，维护和延长中国发展的重要战略机遇期，为实现'两个一百年'奋斗目标、实现中华民族伟大复兴的中国梦提供有力保障"。

中国梦具有很强的世界意义。正如习总书记所指出的那样，中国梦与中国人民追求美好生活的梦想是相连的，也是与各国人民追求和平与发展的美好梦想相通的。实现中国梦离不开和平的国际环境和稳定的国际秩序。做好新时代对外工作，必须统筹国内、国际两个大局，牢牢把握服务民族复兴、促进人类进步这条主线，为全面深化改革和对外开放提供全方位、全覆盖、高质量的服务，争取更多理解支持。要坚持贯彻以人民为中心的外交理念，将中国发展同世界发展更好地结合起来，为实现中国人民和

---

① 卢静：《国际定位与改革开放以来的中国外交》，载于《国际问题研究》2018年第5期，第16~31页。

世界人民对美好生活的向往而奋斗。

构建全球伙伴关系网络是联通中国梦与世界梦的必由之路。中国梦与各国人民的美好梦想和世界梦是联通的，这就意味着各国实现梦想的过程不是相互排斥、对抗和冲突的关系，各国之间可以通融、通达、沟通、变通，本质上是一种合作和协调的伙伴关系。与此同时，相通还意味着"中国梦"与各国的梦想都是平等的，没有主次、优劣之分，不是从属关系。这和伙伴关系的价值取向高度一致。例如中国—东盟战略伙伴关系从2003年建立以来，取得了巨大的成果，奠定了牢固而深厚的基础，也联通了"中国梦"和"东盟梦"。正如时任中国驻东盟使团大使黄溪连在"纪念中国—东盟建立战略伙伴关系15周年研讨会"上的讲话所说，中国致力于实现"两个一百年"奋斗目标，东盟致力于实现"东盟共同体愿景2025"，"中国梦"与"东盟梦"息息相通。"中国—东盟战略伙伴关系2030年愿景"可以为连接"中国梦"与"东盟梦"搭建桥梁。① 中国和其他国家伙伴关系的进一步网络化发展会加速助力"中国梦"和"世界梦"的联通，造福亚太地区乃至世界。

二、推动"两个构建"为世界和平与发展做出更大贡献

党的十八大以来，在对现实国情和世界形势的客观判断之下，延续中国深厚的历史文化传统，我们把推动构建新型国际关系、推动构建人类命运共同体确立为新时代中国外交的总目标，也为世界发展和人类未来指明了前进方向。

新型国际关系是在世界多极化、社会信息化加速发展，经济全球化、文化多样化深入推进，国际社会进入格局调整、体系变

---

① 《新时代，新愿景——黄溪连大使在纪念中国—东盟建立战略伙伴关系15周年研讨会上的主旨讲话》，中华人民共和国驻东盟使团网站，2018年4月10日，http://asean.chinamission.org.cn/chn/stxw/t1549515.htm。

革的关键阶段,中国对"国际关系向何处去"这一时代命题的解答。新型国际关系思想是一个不断完善、不断充实的思想体系。在发展中美、中俄关系的外交实践中,首先形成了"新型大国关系"理念,以此为基础,我国积极探索与世界各国建立形式多样的新型国家间关系,进一步提出了推动构建以相互尊重、公平正义、合作共赢为核心的新型国际关系思想。新型国际关系成为引导21世纪国际关系发展的重要理念和新时代中国特色大国外交的重要内容。

2015年9月,习近平主席在纽约联合国总部出席第70届联合国大会一般性辩论并发表题为《携手构建合作共赢新伙伴 同心打造人类命运共同体》的讲话,首次在全球性多边舞台全面阐述了"相互尊重、公平正义、合作共赢"的新型国际关系思想,指明如何从政治、经济、安全、文化等方面构建以合作共赢为核心的新型国际关系,世界各国要在政治上建立平等相待、互商互谅的伙伴关系,安全上营造公道正义、共建共享的安全格局,经济上谋求开放创新、包容互惠的发展前景,文化上促进和而不同、兼收并蓄的文明交流,生态上构筑尊崇自然、绿色发展的生态系统。①

2017年10月,推动构建新型国际关系作为新时代中国特色社会主义重要思想的组成部分,被正式写入党的十九大报告。报告指出,中国将高举和平、发展、合作、共赢的旗帜,恪守维护世界和平、促进共同发展的外交政策宗旨,坚定不移在和平共处五项原则基础上发展同各国的友好合作,推动建设相互尊重、公平正义、合作共赢的新型国际关系。

构建新型国际关系的实质是要走出一条国与国交往的新路,并为构建人类命运共同体开辟道路、创造条件。新型国际关系以相互尊重为前提,以公平正义为准则,以合作共赢为目标,具有

---

① 《携手构建合作共赢新伙伴,同心打造人类命运共同体》,引自《习近平谈治国理政》(第二卷),外文出版社2017年版,第521~526页。

鲜明的中国特色和普遍的世界意义，是中国特色大国外交理论与实践创新的重大成果。

新型国际关系思想推动国际秩序朝着更加公正合理的方向发展。以合作取代对抗，以共赢取代独占，不搞"零和博弈"、赢者通吃那一套，符合《联合国宪章》关于主权平等、和平解决国际争端、促成国际合作等宗旨和原则，契合人类社会要和平不要战争、要合作不要对抗的期待，超越了弱肉强食、丛林法则、"零和博弈"等西方国际关系理论旧理念，开辟了中国与世界各国合作共赢的崭新局面。

构建新型国际关系需要全球性伙伴关系网络提供动力。中国伙伴关系外交正是新型国际关系的重要实践。中国坚持"对话而不对抗、结伴而不结盟"，主张在和平共处五项原则基础上同所有国家发展友好合作，率先把建立伙伴关系确定为国家间交往的指导原则，同100多个国家和地区组织建立了不同形式的伙伴关系，使中国的朋友遍天下。中国已走出一条国与国交往的新路子。

构建人类命运共同体思想是习近平同志着眼人类发展和世界前途提出的中国理念、中国方案，受到国际社会高度评价和热烈响应，已写入多个联合国文件，产生了广泛而深远的国际影响，成为中国引领时代潮流和人类文明进步方向的鲜明旗帜。

2013年3月23日，习近平主席在莫斯科国际关系学院发表题为《顺应时代前进潮流，促进世界和平发展》的重要演讲，首次阐释了人类命运共同体的世界观，习近平主席指出："这个世界，各国相互联系、相互依存的程度空前加深，人类生活在同一个'地球村'里，生活在历史和现实交汇的同一个时空里，越来越成为你中有我、我中有你的命运共同体。"① 之后，习近平

---

① 《习近平在莫斯科国际关系学院发表的重要演讲"顺应时代前进潮流，促进世界和平发展"》，人民网，2013年3月24日http://politics.people.com.cn/n/2013/0324/c1024-20892661.html。

主席又在不同场合对人类命运共同体思想进行了阐释。特别是在纪念联合国成立70周年第70届联合国大会一般性辩论中的重要讲话,将建立合作共赢的新型国际关系与打造命运共同体紧密相连,提出了"五位一体"路径和布局。

2017年1月联合国日内瓦总部讲坛上,习近平同志对上述"五位一体"行动方略进行全面充实和升级:政治上,坚持对话协商,建设一个持久和平的世界;安全上,坚持共建共享,建设一个普遍安全的世界;经济上,坚持合作共赢,建设一个共同繁荣的世界;人文上,坚持交流互鉴,建设一个开放包容的世界;生态上,坚持绿色低碳,建设一个清洁美丽的世界,使人类命运共同体思想更加丰富。①"五个世界"论述是支撑人类命运共同体建设的大架构、大方向、大主张,不仅符合公认的国际准则,还与联合国的崇高事业实现全面对接,凸显了中国角色、中国贡献和中国担当。10月,党的十九大报告把坚持推动构建人类命运共同体作为新时代坚持和发展中国特色社会主义的基本方略之一,并写入新修改的《中国共产党章程》,体现了我党对人类命运的责任意识,彰显了我党维护世界和平、促进共同发展的使命担当。

推动构建人类命运共同体,就是要建设持久和平、普遍安全、共同繁荣、开放包容、清洁美丽的世界。在政治上,相互尊重、平等协商,坚决摒弃"冷战思维"和强权政治,走对话而不对抗、结伴而不结盟的国与国交往新路。人类历史上战乱频仍,致使生灵涂炭,教训惨痛而深刻。要和平不要战争是各国人民朴素而真实的愿望。建设一个持久和平的世界,根本要义在于国家之间要构建平等相待、互商互谅的伙伴关系。大国往往是决

---

① 《习近平:共同构建人类命运共同体——在联合国日内瓦总部的演讲》,新华网,2017年1月18日,http://www.xinhuanet.com/world/2017-01/19/c_1120340081.htm。

定战争与和平的关键因素，也对地区和世界和平与发展负有更大责任。大国要尊重彼此核心利益和重大关切，管控矛盾分歧，努力构建不冲突不对抗、相互尊重、合作共赢的新型关系。大国对小国要平等相待，不搞唯我独尊、恃强凌弱的霸权主义。国家间出现矛盾和分歧，要通过平等协商处理，以最大诚意和耐心，坚持对话解决分歧。只有各国都走和平发展道路，各国才能共同发展，国与国才能和平相处。

安全上，坚持以对话解决争端、以协商化解分歧，统筹应对传统和非传统安全威胁，反对一切形式的恐怖主义。当前，国际安全形势动荡复杂，传统安全威胁和非传统安全威胁相互交织，安全问题的内涵和外延都在进一步拓展，同时各国日益交融、安危与共。在这种新形势下，"冷战思维"、军事同盟、追求自身绝对安全那一套已经行不通了，各方应树立共同、综合、合作、可持续的新安全观。国家不论大小、强弱、贫富以及历史文化传统、社会制度存在多大差异，都要尊重和照顾其合理安全关切。要恪守尊重主权、独立和领土完整、互不干涉内政等国际关系基本准则，统筹维护传统和非传统安全。各国都有平等参与地区安全事务的权利，也都有维护地区安全的责任，要以对话协商、互利合作的方式解决安全难题。

经济上，同舟共济，促进贸易和投资自由化、便利化，推动经济全球化朝着更加开放、包容、普惠、平衡、共赢的方向发展。发展是第一要务，适用于各国，而人类命运共同体追求共同发展。要增强各国发展能力，发展归根到底要靠本国自身努力，各国要根据自身禀赋特点，制定适合本国国情的发展战略。要改善国际发展环境，各国要共同维护国际和平，以和平促进发展，以发展巩固和平。创造良好外部制度环境，加强全球经济治理，健全发展协调机制，各国特别是主要经济体要加强宏观经济政策协调。维护世界贸易组织规则，支持开放、透明、包容、非歧视性的多边贸易体制，推动建设开放型世界经济。优化发展伙伴关系，最大限度解决南北之间和地区内部发展失衡问题，让发展成果更多惠及全体人民，为世界经济全面可持续增长提供新动力。

文化上，尊重世界文明多样性，以文明交流超越文明隔阂、文明互鉴超越文明冲突、文明共存超越文明优越。人类文明多样性是世界的基本特征，也是人类进步的源泉，多样带来交流，交流孕育融合，融合产生进步。不同文明凝聚着不同民族的智慧和贡献，没有高低之别，更无优劣之分。文明差异不应该成为世界冲突的根源，而应该成为人类文明进步的动力。要促进和而不同、兼收并蓄的文明交流对话，在竞争比较中取长补短，在交流互鉴中共同发展，使文明交流互鉴成为增进各国人民友谊的桥梁、推动人类社会进步的动力、维护世界和平的纽带。

生态上，坚持环境友好，合作应对气候变化，保护好人类赖以生存的地球家园。人类可以利用自然、改造自然，但归根结底是自然的一部分，必须呵护自然，不能凌驾于自然之上。建设生态文明关乎人类未来，要解决好工业文明带来的矛盾，以人与自然和谐相处为目标，实现世界的可持续发展和人的全面发展。要牢固树立尊重自然、顺应自然、保护自然的意识，绿水青山就是金山银山。要坚持走绿色、低碳、循环、可持续发展之路，平衡推进2030年可持续发展议程，采取行动应对气候变化等新挑战，不断开拓生产发展、生活富裕、生态良好的文明发展道路，构筑尊崇自然、绿色发展的全球生态体系。

推动构建人类命运共同体是我国"五位一体"总体布局的"国际版"，是国内经济、政治、文化、社会、生态建设在全球层面的延伸，反映了人类社会共同的价值追求，汇聚了世界各国人民对美好生活向往的最大公约数，为人类社会实现共同发展、持续繁荣、长治久安绘制了蓝图，指明了前进方向，对中国和平发展、世界繁荣进步都具有重大而深远的影响。

志同道合是伙伴，求同存异也是伙伴。遵循对话而不对抗、结伴而不结盟的理念，截至2019年底，中国已经同112个国家、地区和区域组织建立了不同形式的伙伴关系，实现了对世界各个地区、不同类型国家的全覆盖，形成了全方位、多层次和立体化的外交布局。中国将继续聚焦各国利益交汇点，努力构筑总体稳定、均衡发展的大国关系框架。按照亲诚惠容和与邻为善、以邻为伴方针，深化同周边国家的睦邻友好。秉持正确义利观和真实亲诚理念，加强同广大发展中国家团结合作，努力维护和扩大共同利益。① 打造全球伙伴关系网络是新型国家关系的生动体现，也是构建人类命运共同体的重要路径。

三、"一带一路"联通世界

2013年，习近平总书记在访问中亚和东南亚时，分别提出建设"丝绸之路经济带"和"21世纪海上丝绸之路"的倡议。建设"一带一路"，是党中央做出的重大战略决策，是实施新一轮扩大开放的重要举措。习近平总书记形象地指出，"一带一路"就是要再为我们这只大鹏插上两只翅膀，建设好了，大鹏就可以飞得更高更远。"一带一路"旨在借用古代丝绸之路的历史符号，高举和平发展的旗帜，积极发展与沿线国家的经济合作伙伴关系。

"一带一路"具有丰富的时代内涵和中国特色。"一带一路"是促进共同发展、实现共同繁荣的合作共赢之路，是增进理解信任、加强全方位交流的和平友谊之路。中国将秉持和平合作、开放包容、互学互鉴、互利共赢的丝绸之路精神，坚持共商、共建、共享原则，全方位推进务实合作，与世界各国共同打造政治互信、经济融合、文化包容的利益共同体、命运共同体和责任共同体。

结合新形势下推进国际合作的需要和古代陆海丝绸之路的走

---

① 外交部党委理论学习中心组：《努力推动构建人类命运共同体——深入学习贯彻习近平新时代中国特色社会主义外交思想》，载于《求是》2018年第19期，第14~16页。

向，共建"一带一路"确定了五大方向。从陆路看，"丝绸之路经济带"有三大走向：一是从中国西北、东北经中亚、俄罗斯至欧洲、波罗的海；二是从中国西北经中亚、西亚至波斯湾、地中海；三是从中国西南经中南半岛至印度洋。从海上看，"21世纪海上丝绸之路"有两大走向：一是从中国沿海港口过南海，经马六甲海峡到印度洋，延伸至欧洲；二是从中国沿海港口过南海，向南太平洋延伸。

"六廊六路多国多港"是共建"一带一路"的主体框架，为各国参与"一带一路"合作提供了清晰的导向。"六廊"是指新亚欧大陆桥、中蒙俄、中国—中亚—西亚、中国—中南半岛、中巴和孟中印缅六大国际经济合作走廊。"六路"指铁路、公路、航运、航空、管道和空间综合信息网络，是基础设施互联互通的主要内容。"多国"是指一批先期合作国家。"一带一路"沿线有众多国家，中国既要与各国平等互利合作，也要结合实际与一些国家率先合作，争取有示范效应、体现"一带一路"理念的合作成果，吸引更多国家参与共建"一带一路"。"多港"是指若干保障海上运输大通道安全畅通的合作港口，通过与"一带一路"沿线国家共建一批重要港口和节点城市，进一步繁荣海上合作。

"一带一路"的建设核心是政策沟通、设施联通、贸易畅通、资金融通和民心相通（"五通"）。习近平同志多次深入阐释"五通"内涵，提出了深化"五通"合作的务实举措。促进"一带一路"国际合作，应以"五通"为抓手，加强政策沟通，形成政策协调、规划对接的合力，促进相关国家协同联动发展，不断夯实"一带一路"建设的政治基础；加强设施联通，以重大项目和重点工程为引领，不断完善"一带一路"建设的基础设施网络；加强贸易畅通，促进贸易和投资自由便利化，不断释放互利合作的活力；加强资金融通，深化金融领域合作，不断健全"一带一路"建设的多元化投融资体系；加强民心相通，不断搭建沿线和世界各国的友好桥梁,促进不同文明互学互鉴、各国民众相知相亲。

习近平主席在2017年召开的首届"一带一路"国际合作高峰论坛上指出,要将"一带一路"建成和平之路、繁荣之路、开放之路、创新之路、文明之路。这是各国共同推进"一带一路"建设的美好愿景。[①] 建设和平之路,就是要坚持合作共赢,构建新型国际关系,打造对话不对抗、结伴不结盟的伙伴关系。推动各国加强合作,通过对话化解分歧,坚持政治解决;通过协商解决争端,坚持公道正义;努力消除贫困落后和社会不公,营造共建共享的安全格局,打造和谐家园,建设和平世界。

建设繁荣之路,就是要坚持共建共享,聚焦发展这个根本性问题,打破发展瓶颈,缩小发展差距,共享发展成果。抓住产业这一经济之本,推动各国深入开展产业合作;畅通金融这一现代经济的血脉,建立稳定、可持续、风险可控的金融保障体系;夯实设施联通这一合作发展的基础,着力推动陆上、海上、天上、网上四位一体的联通,实现经济大融合、发展大联动、成果大共享。

建设开放之路,就是要坚持开放包容,以开放为导向,解决经济增长和平衡问题。着力打造开放型合作平台,维护和发展开放型世界经济,推动构建公正、合理、透明的国际经贸投资规则体系,促进贸易和投资自由化、便利化,促进生产要素有序流动、资源高效配置、市场深度融合;妥善解决发展失衡、治理困境、数字鸿沟、收入差距等问题,努力实现在开放中合作、在合作中共赢。

建设创新之路,就是要坚持创新驱动,大力推进创新驱动发

[①] 《携手推进"一带一路"建设——习近平在"一带一路"国际合作高峰论坛开幕式上的演讲》,2017年5月14日,http://www.beltandroadforum.org/n100/2017/0514/c24-407.html。

展，抓住新工业革命的发展新机遇，推动大数据、云计算、智慧城市建设；着力优化创新环境，促进科技同产业、科技同金融深度融合，更好集聚创新资源，成就各国青年的创新梦想；大力倡导绿色、低碳、循环、可持续的生产生活方式，共同实现2030年可持续发展目标。

建设文明之路，就是要坚持交流互鉴，建立多层次人文合作机制，在教育、文化、体育、卫生等领域搭建更多合作平台、开辟更多合作渠道，以文明交流超越文明隔阂、以文明互鉴超越文明冲突、以文明共存超越文明优越，让合作更加包容、合作基础更加坚实，让广大民众成为"一带一路"建设的主力军和受益者。

"一带一路"建设是我国扩大对外开放的重大举措和经济外交的顶层设计，是为破解人类发展难题而提供的中国方案，是探索全球治理新模式、推动构建人类命运共同体的新平台，也是新时代中国特色社会主义的伟大开放实践。"一带一路"是习近平新时代中国特色社会主义思想的有机组成部分，开辟了我国参与和引领全球开放合作的新境界。

2013年提出"一带一路"倡议以来，这一倡议得到了国际社会的普遍欢迎。"在'一带一路'建设国际合作框架内，各方秉持共商、共建、共享原则，携手应对世界经济面临的挑战，开创发展新机遇，谋求发展新动力，拓展发展新空间，实现优势互补、互利共赢，不断朝着人类命运共同体方向迈进。"[①]"一带一路"倡议已经成为当代全球治理中的中国方案，也为"失序""无序"的世界贡献了新的、不可或缺的公共产品。

在"一带一路"的稳步推进过程中，中国的伙伴关系外交迎来了新一轮的快速发展。六年时间，共建"一带一路"的国际认同日益增强，合作伙伴日益扩展，建设成效日益彰显。迄今为止，

---

① 《习近平在"一带一路"国际合作高峰论坛峰会上的开幕辞》，新华网，2017年5月15日，http://news.xinhuanet.com/politics/2017-05/15/c_1120976082.htm。

中国与"一带一路"沿线国家基本上都建立起了不同类型的伙伴关系,大大丰富了全球伙伴关系网络。"一带一路"精神正是新时期中国伙伴关系外交理念的彰显,"一带一路"的进一步高质量发展代表着中国构建全球伙伴关系网络的实践成就和未来方向。

四、系统性的全球治理新理念逐步形成

随着中国积极参与国际事务并发挥重要作用,中国对于世界的治理理念也在不断进行一些大胆的、有益的创新。正如习近平同志所说,加强全球治理、推进全球治理体制变革,"不仅事关应对各种全球性挑战,而且事关给国际秩序和国际体系定规则、定方向;不仅事关对发展制高点的争夺,而且事关各国在国际秩序和国际体系长远制度性安排中的地位和作用"[1]。在参与全球治理的实践中,以习近平同志为核心的党中央,提出一系列具有鲜明中国特色的全球治理观,诸如和平发展道路、合作共赢理念、新型大国关系、正确义利观、发展观、合作观、安全观、全球化观等,创新丰富了全球治理理念。

(一)以人类命运共同体理念为指导,坚持合作共赢

在全球治理领域,随着国际力量对比和世界经济格局的深刻变化,现有的全球治理格局已经不能适应这种变化,加强全球治理、推进全球治理体制变革已是大势所趋。"明者因时而变,知者随事而制。"推进全球治理变革,理念创新是前提。习近平同志多次强调,"要跟上时代前进步伐,就不能身体已进入21世纪,而脑袋还停留在过去,停留在殖民扩张的旧时代里,停留在冷战思维、零和博弈老框框内"[2]。从人类命运共同体理念出发,

---

[1] 《习近平在中共中央政治局第二十七次集体学习时的讲话:"推动全球治理体制更加公正更加合理"》,新华网,2015年10月12日,http://news.xinhuanet.com/politics/2015-10/13/c_1116812159.htm。

[2] 《习近平在莫斯科国际关系学院发表的重要演讲"顺应时代前进潮流 促进世界和平发展"》,人民网,2013年3月24日,http://politics.people.com.cn/n/2013/0324/c1024-20892661.html。

中国作为负责任的大国,"不管全球治理体系如何变革,我们都要积极参与,发挥建设性作用,推动国际秩序朝着更加公正合理的方向发展,为世界和平稳定提供制度保障"[1]。2015年12月1日,中国正式接任二十国集团主席国,习近平在发表的致辞中强调:"我们要树立人类命运共同体意识,推进各国经济全方位互联互通和良性互动,完善全球经济金融治理,减少全球发展不平等、不平衡现象,使各国人民公平享有世界经济增长带来的利益。"这体现了负责任大国的担当,也为国际规制的改革加入了平等、共赢等新的元素。

(二)以国际关系民主化为方向,共商共建共享

当前全球治理体制变革正处在历史转折点上,推动全球治理体系向着更加公正合理的方向发展是世界各国的共同愿望。习近平因此提出,"我们应该共同推动国际关系民主化。世界的命运必须由各国人民共同掌握,世界上的事情应该由各国政府和人民共同商量来办。垄断国际事务的想法是落后于时代的,垄断国际事务的行动也肯定是不能成功的"[2]。中国不谋求在现有全球治理体制外建立对抗性或替代性国际机制,不谋求另起炉灶、推倒重来,而是要对现有体制中不公正、不合理的地方进行改革完善。中国坚持国际关系民主化,就是强调重大问题应由各国协商解决,努力实现与世界各国携手合作、共同治理。

落实命运共同体理念,倡导共商共建共享。这就意味着,全球治理的事情大家一起商量着办,更加完善的全球治理体系大家一起建设,由此产生的成果也将由大家一起分享。2015年9月22日,在对美国进行国事访问前夕,习近平主席接受《华尔街

---

① 《习近平在金砖国家领导人第五次会晤时的发言》,人民网,2013年3月27日,http://politics.people.com.cn/n/2013/0328/c1001-20941062.html。

② 《习近平同志在和平共处五项原则发表60周年纪念大会上的讲话》,新华网,2014年6月28日,http://news.xinhuanet.com/politics/2014-06/28/c_1111364206.htm。

第三章 积极构建全球伙伴关系网络

日报》书面采访时说:"全球治理体系是由全球共建共享的,不可能由哪一个国家独自掌握。中国没有这种想法,也不会这样做。""中美在全球治理领域有着广泛共同利益,应该共同推动完善全球治理体系。这不仅有利于双方发挥各自优势、加强合作,也有利于双方合作推动解决人类面临的重大挑战。"[1] 国家不分大小、强弱、贫富,都是国际社会平等成员,理应平等参与决策、享受权利、履行义务。[2] 对于世界各国如何参与全球治理,习近平认为,"各国都应成为全球发展的参与者、贡献者、受益者。不能一个国家发展、其他国家不发展,一部分国家发展、另一部分国家不发展。各国能力和水平有差异,在同一目标下,应该承担共同但有区别的责任。要完善全球经济治理,提高发展中国家代表性和发言权,给予各国平等参与规则制定的权利"[3]。

推进全球治理规则民主化、法治化,应更加平衡地反映大多数国家意愿和利益。习近平强调,"要推动各方在国际关系中遵守国际法和公认的国际关系基本原则,用统一适用的规则来明是非、促和平、谋发展。在国际社会中,法律应该是共同的准绳,没有只适用他人、不适用自己的法律,也没有只适用自己、不适用他人的法律。适用法律不能有双重标准。我们应该共同维护国际法和国际秩序的权威性和严肃性,各国都应该依法行使权利,反对歪曲国际法,反对以'法治'之名行侵害他国正当权益、破坏和平稳定之实"[4]。"什么样的国际秩序和全球治理体系对世

---

[1] 《习近平接受美国〈华尔街日报〉书面采访》,新华网,2015 年 9 月 22 日,http://news.xinhuanet.com/zgjx/2015-09/22/c_134648774.htm。
[2] 《国家主席习近平 2017 年 1 月 17 日出席世界经济论坛 2017 年年会开幕式并发表了题为〈共担时代责任 共促全球发展〉的主旨演讲》,人民网,http://politics.people.com.cn/GB/n1/2017/0118/c1001-29030932.html。
[3] 《习近平主席在联合国发展峰会上的讲话》,新华网,2015 年 9 月 26 日,http://news.xinhuanet.com/world/2015-09/27/c_1116687809.htm。
[4] 《习近平同志在和平共处五项原则发表 60 周年纪念大会上的讲话》,新华网,2014 年 6 月 28 日,http://news.xinhuanet.com/politics/2014-06/28/c_1111364206.htm。

界好、对世界各国人民好,要由各国人民商量,不能由一家说了算,不能由少数人说了算。"① "推动全球治理体系变革是国际社会大家的事,要坚持共商共建共享原则,使关于全球治理体系变革的主张转化为各方共识,形成一致行动。"② 国际关系民主化为全球治理和国际规制变革创造了基础,共商、共建、共享正是实现这一目标的正确途径。

(三) 以加强全球公共产品供给为路径,引领制度变革

如何提升制度设计能力,是摆在中国外交面前的重大课题。随着人类面临的重大跨国性和全球性挑战日益增多,有必要对全球治理体制机制进行相应的调整改革。而全球治理体系只有适应国际经济格局新要求,才能为全球经济提供有力保障。③ 经济全球化背景下,各国利益紧密相连,以和平方式完成变革比历史上任何时期具备更多有利条件。中国主张的改革并不是推倒重来,也不是另起炉灶,而是创新完善。"中国将积极参与全球治理体系建设,努力为完善全球治理贡献中国智慧,同世界各国人民一道,推动国际秩序和全球治理体系朝着更加公正合理方向发展。"④

以循序渐进方式,推动全球治理机制变革向着公正合理的方向发展,为全球治理设计新的全球公共品,提出中国方案,是中国参与全球治理的主要路径。2014年3月28日在德国科尔伯基金会演讲时,习近平主席表示:"中国的发展绝不以牺牲别国利益为代价,我们绝不做损人利己、以邻为壑的事情。我们将从世

---

①④ 《习近平同志在庆祝中国共产党成立95周年大会上的讲话》,新华网,2016年7月1日,http://news.xinhuanet.com/politics/2016-07/01/c_1119150660.htm。

② 《习近平同志在中共中央政治局第三十五次集体学习上的讲话》,新华网,2016年9月27日,http://news.xinhuanet.com/politics/2016-04/30/c_1118778656.htm。

③ 《国家主席习近平2017年1月17日出席世界经济论坛2017年年会开幕式并发表了题为〈共担时代责任 共促全球发展〉的主旨演讲》,人民网,http://politics.people.com.cn/GB/n1/2017/0118/c1001-29030932.html。

界和平与发展的大义出发，贡献处理当代国际关系的中国智慧，贡献完善全球治理的中国方案，为人类社会应对 21 世纪的各种挑战作出自己的贡献。"① 中共十八届五中全会的公报明确提出，中国将"积极参与全球经济治理和公共产品供给，提高我国在全球经济治理中的制度性话语权，构建广泛的利益共同体"。

对内而言，中国参与全球治理的目的，就是服从服务于实现"两个一百年"奋斗目标、实现中华民族伟大复兴的中国梦；就是要统筹国内国际两个大局，为中国发展和世界和平创造更加有利的条件。2014 年 12 月，中共中央政治局就加快自由贸易区建设进行集体学习时，习近平指出："加快实施自由贸易区战略，是我国积极参与国际经贸规则制定、争取全球经济治理制度性权力的**重要平台**，我们不能当旁观者、跟随者，而是要做参与者、**引领者**，善于通过自由贸易区建设增强我国国际竞争力，在国际规则制定中发出更多中国声音、注入更多中国元素，维护和拓展我国发展**利益**。"

对外而言，中国欢迎各国搭中国的便车，搭中国发展的快车，共同打造人类命运共同体。2014 年 8 月 22 日，习近平在蒙古国国家大呼拉尔发表题为《守望相助，共创中蒙关系发展新时代》的演讲，提出"中国愿意为周边国家提供共同发展的机遇和空间，欢迎大家搭乘中国发展的列车，搭快车也好，搭便车也好，我们都欢迎"②。2015 年 11 月 7 日，习近平在新加坡国立大学发表演讲时再次强调，"中国的发展进程得到周边国家帮助和支持，中国发展成果也为周边国家所分享。中国愿意把自身发展同周边国家发展更紧密地结合起来，欢迎周边国家搭乘中国发展'快车''便车'，让中国发展成果更多惠及周边，让大家一起过

---

① 《习近平同志在德国科尔伯基金会的演讲》，人民网，2014 年 3 月 28 日，http://cpc.people.com.cn/n/2014/0330/c64094-24773108.html。
② 《中国国家主席习近平在蒙古国国家大呼拉尔发表的演讲》，中新网，2014 年 8 月 22 日，http://www.chinanews.com/gn/2014/08-22/6523063.shtml。

上好日子"①。

（四）以能力建设为支撑，尽力而为、量力而行

为全球治理提供公共产品，必然需要耗费资源。参与和引领全球治理体系变革，加强中国的全球治理能力建设是关键。对于新的跨国领域的全球治理新疆界，中国的知识和能力提升空间也很大。

全球治理格局取决于国际力量对比，全球治理体系变革源于国际力量对比变化。习近平强调，"我们要坚持以经济发展为中心，集中力量办好自己的事情，不断增强我们在国际上说话办事的实力。我们要积极参与全球治理，主动承担国际责任，但也要尽力而为、量力而行"②。

中国参与全球治理优先关注经济增长和共同发展。在中国看来，全球性挑战之所以层出不穷，一方面源于国家内部治理的失败，另一方面则是全球发展长期不平衡的结果。只有实现经济增长和共同发展，在国家治理和全球治理中失败的社会群体才能摆脱绝望，看到希望，从而铲除极端主义滋生的土壤。习近平主席在 2013 年博鳌亚洲论坛年会上就曾指出，"一花独放不是春，百花齐放春满园"。他强调，"要加强南南合作和南北对话，推动发展中国家和发达国家平衡发展，夯实世界经济长期稳定发展基础。要积极创造更多合作机遇，提高合作水平，让发展成果更好惠及各国人民，为促进世界经济增长多作贡献"③。归根结底，世界经济的发展是完善全球治理的前提。

---

① 《国家主席习近平在新加坡国立大学发表的演讲》，新华网，2015 年 11 月 7 日，http：//news. xinhuanet. com/politics/2015 – 11/07/c_1117071978. htm。

② 《习近平同志在中共中央政治局第三十五次集体学习上的讲话》，新华网，2016 年 9 月 27 日，http：//news. xinhuanet. com/politics/2016 – 04/30/c_1118778656. htm。

③ 《习近平在博鳌亚洲论坛 2013 年年会上的主旨演讲〈共同创造亚洲和世界的美好未来〉》，人民网，http：//cpc. people. com. cn/n/2013/0407/c64094 – 21045989. html。

第三章 积极构建全球伙伴关系网络

与此同时,中国也十分重视全球治理人力资源建设。中国谙知当前自身参与国际组织工作和国际规则建设的人才匮乏,不足以满足中国充分参与和引领全球治理的要求。2015年10月,习近平同志在中共中央政治局第二十七次集体学习时强调,"要加强能力建设和战略投入,加强对全球治理的理论研究,高度重视全球治理方面的人才培养"[①]。2016年9月,习近平同志在中共中央政治局第三十五次集体学习时再次强调,"要提高我国参与全球治理的能力,着力增强规则制定能力、议程设置能力、舆论宣传能力、统筹协调能力。参与全球治理需要一大批熟悉党和国家方针政策、了解我国国情、具有全球视野、熟练运用外语、通晓国际规则、精通国际谈判的专业人才。要加强全球治理人才队伍建设,突破人才瓶颈,做好人才储备,为我国参与全球治理提供有力人才支撑"[②]。这为中国的国际组织人才培养指明了方向。

中国新的全球治理理念在实践中需要全球伙伴关系网络的支持。完善全球治理体系需要凝聚共识、需要加快变革、需要伙伴关系、需要包容普惠,秉持共商共建共享的全球治理观,坚持多边主义,倡导全球事务由各国协商来办、治理成果由各国共享,推动建设开放、包容、普惠、平衡、共赢的经济全球化。作为最大的发展中国家,中国在推动国际治理体系改革过程中,继续积极为发展中国家争取更多话语权。同时,中国也一直同其他各国开展友好合作,打造全球伙伴关系网,与各方共同打造多元、包容、普惠的全球治理体系,更好应对全球问题和全球挑战。

---

① 《习近平同志在中共中央政治局第二十七次集体学习上的讲话》,新华网,2015年10月12日,http://news.xinhuanet.com/politics/2015-12/30/c_1117631083.htm。

② 《习近平同志在中共中央政治局第三十五次集体学习上的讲话》,新华网,2016年9月27日,http://news.xinhuanet.com/politics/2016-04/30/c_1118778656.htm。

第二节 全球伙伴关系网络的基本布局

经过长期的探索和实践，中国外交从 21 世纪以来逐渐形成了以大国为关键、以与周边国家外交关系为首要、以与发展中国家关系为基础、以多边外交为新舞台的对外关系总体格局。党的十八大之后，这一全方位的总体布局不断完善，中国外交在三个方向都取得了令人瞩目的成就，逐步编织起了覆盖全球的伙伴关系网络。

一、总体稳定、均衡发展的大国伙伴关系网络稳步发展

保持与大国关系的总体稳定和均衡发展，对于我国深化全方位对外合作、维护良好外部环境至关重要。党的十八大报告把改善和发展同发达国家的关系放在中国对外关系的第一位，提出要"拓宽合作领域，妥善处理分歧，推动建立长期稳定健康发展的新型大国关系"。而在党的十九大报告中也把"推进大国协调和合作，构建总体稳定、均衡发展的大国关系框架"作为积极发展全球伙伴关系、扩大各国利益交汇点的重要途径。党的十八大以来，中国大力夯实与各大国之间的友好关系，不断开创大国关系发展的新局面。

第一，中美新型大国关系建设迈出坚实步伐。中美关系的走向始终为世界关注。2013 年 6 月，习近平主席在美国加利福尼亚州安纳伯格庄园与时任美国总统奥巴马举行历史性会晤。双方就构建以不冲突、不对抗、相互尊重、合作共赢为核心内涵的新型大国关系达成重要共识，为中美两国关系的发展指明了方向，为实现世界的持久和平作出了不懈努力。

继"庄园会晤"之后，习近平主席同奥巴马总统又进行了富有成效的"瀛台夜话""白宫秋叙"，并在 2016 年 G20 领导人峰会期间展开"西湖长谈"，达到了增信释疑的重要目标，彰显

第三章 积极构建全球伙伴关系网络

了中美共同利益远远大于矛盾分歧、协调合作远远大于竞争摩擦。根据一些美国智库的评估,在奥巴马担任美国总统这8年时间里,中美关系的范畴得到了极大的扩展,不仅仅局限于传统双边贸易、台湾问题、人民币汇率问题、西藏问题等,而是扩展到了东海、南海问题、气候变化、无核化、网络安全、反恐、减贫等方方面面,达到了前所未有的复杂程度。而中美官方也开展了令人印象深刻的建设性合作。[①] 新型大国关系的提出和建设是中美"准伙伴"关系与时俱进的新发展。

2016年美国大选结果公布后,习近平主席很快就同当选总统特朗普通电话,为中美关系的平稳过渡和发展发出积极信号。2017年4月6~7日,习近平主席应邀在美国佛罗里达州"海湖庄园"同特朗普总统举行中美元首会晤,为中美关系发展奠定了建设性基调,指明了双方共同努力的方向。中美双方还宣布建立外交安全对话、全面经济对话、执法及网络安全对话、社会和人文对话四个高级别对话机制,并努力将其打造成为中美增进互信的加速机、培育合作的孵化器、管控分歧的润滑剂,为中美关系取得新的更大发展发挥积极作用。

2017年11月8~10日特朗普总统访华,这是党的十九大胜利闭幕后中方接待的首位外国元首来访。双方成功达成丰硕的经贸合作成果,展示了十九大后中国特色社会主义进入新时代进一步扩大对外开放的坚定决心。同时,这也是中国主动适应经济全球化,深化供给侧结构性改革,满足人民群众对美好生活需要的重要举措,对于推动新时代中美关系稳定向前发展具有十分重大而深远的意义。

近年来,中美各领域交流合作不断深化。中美两国建立了逾

---

① Cheng Li. *Assessing U.S. - China Relations under the Obama Administration*, Brookings Institute, August 30, 2016, https://www.brookings.edu/opinions/assessing-u-s-china-relations-under-the-obama-administration/.

百个政府间对话机制,中美货物贸易额从 1979 年的 25 亿美元,增长到 2018 年的 6 335 亿美元,增长 252 倍,服务贸易额超过 1 250 亿美元,双向直接投资累计近 1 600 亿美元。近年来,中美在教育、科技、文化、体育、旅游、卫生、执法等领域交往频繁,各项合作不断取得新进展。目前,中美两国已经建立了 50 对友好省州和 227 对友好城市。2018 年,中美两国人员往来 515 万人次,其中中国赴美 282 万人次,美国来华 233 万人次。中国是美国第一大国际学生来源国,截至 2018 年底,中国在美各类留学人员 42.5 万人。2018 年中国赴美留学人员 18.3 万人,美国来华留学人员 2.1 万人。① 中美两国在两军、网络、执法、人文、地方等领域的交往与合作不断取得新进展。双方在联合国、二十国集团等多边框架内开展协调合作,取得重要积极成果。

与此同时,必须看到中美新型大国关系的构建是一个长期的过程,不可能一蹴而就,也难免曲折复杂。当前,中美关系出现了很多新的变化。除了台湾、西藏、人权、海上等敏感问题之外,当前中美关系还面临着经贸摩擦等一些新的复杂和不确定因素。特朗普政府将中国视为"战略竞争对手",对华展开了全面竞争。已经被任命为总统国家安全事务副助理的白宫原国家安全委员会亚洲事务资深主任博明(Matthew Pottinger)直言不讳地宣称,特朗普政府已将竞争的概念置于其对华政策的最前沿和国家安全战略的顶部。② 美方一些人还在鼓吹与中国"新冷战"、有限甚至完全脱钩。③ 在美国学者展开新一轮对华关系大辩论的

---

① 《中国同美国的关系》,外交部网站,2019 年 7 月,https://www.fmprc.gov.cn/web/gjhdq_676201/gj_676203/bmz_679954/1206_680528/sbgx_680532/。

② Dealing with China, America Goes for Confucian Honesty, *The Economist*, 4 October, 2018, https://www.economist.com/china/2018/10/04/dealing–with–china–america–goes–for–confucianhonesty.

③ Timothy R. Heath and William R. Thompson. Avoiding US–China Competition Is Futile: Why the Best Option Is to Manage Strategic Rivalry, *Asia Policy*, Vol. 13, No. 2, 2018, pp. 7–105. Edward Luce. Trump is Serious about US Divorce from China", *Financial Times*, September 19, 2019.

同时，中国学术界对中美关系的走向也有很多争论。尽管大多数学者也认为中美战略竞争不可避免，而且已经在多个领域展开，中美进入了"后接触时代"，但是不认为中美之间的"新冷战"是不可避免的。①

当前，中美关系再次走到历史十字路口，面临何去何从的大问题。习近平主席指出："我们有一千条理由把中美关系搞好，没有一条理由把中美关系搞坏。"② 中美之间只有尊重和照顾彼此核心利益和重大关切，才有可能长久稳定合作，实现互利共赢。中美关系40年发展经验告诉我们，合作是唯一正确选择，也应是我们始终坚持的大方向。中美合作需求和潜力巨大，双方有矛盾分歧很正常，但最终要回归平等磋商解决，别无他途。差异和分歧不应成为发生对抗和冲突的理由，相反，我们应把它们看作互补合作的机会和潜力。

如今中美关系已站在新的起点上。正如习近平主席所言，"今天中美关系已经变成你中有我、我中有你的利益共同体"。"只要本着坚韧不拔、锲而不舍的精神，我们就一定能谱写中美关系新的历史篇章，中美两国一定能为人类美好未来作出新的贡献。"③ 未来中美两国关系的定位上，在互惠互利基础上拓展合作，在相互尊重基础上管控分歧，推进以协调、合作、稳定为基调的中美关系，才是正确的途径。这也正是中国伙伴关系外交的精神实质所在。

第二，中俄全面战略协作伙伴关系提质升级。中俄互为最大邻国，两国关系经历了国际风云检验，日益显示其坚韧性和稳定性。中俄双方在关乎全球战略稳定的重大问题上紧密协作，在关

---

① Minghao Zhao. Is a New Cold War Inevitable? Chinese Perspectives on U. S. – China Strategic Competition, *The Chinese Journal of International Politics*, Vol. 12, No. 3, 2019, pp. 371 – 394.
② 《习近平谈治国理政》第二卷，外文出版社2017年版，第488页。
③ 《通向中美关系更好未来——习近平主席同美国总统特朗普举行中美元首北京会晤纪实》，载于《光明日报》2017年11月11日第3版。

乎欧亚地区振兴的发展战略上加强对接。当前中俄全面战略协作伙伴关系处于历史最好时期。中俄关系作为中国外交的优先方向，通过两国元首多年来高瞻远瞩的战略引领和顶层设计，向着更高水平、更宽领域、更深层次不断迈进。

政治上，两国元首多次会晤，在重大国际问题上加强协调并达成共识。2013年，习近平当选中国国家主席后，普京总统是与习近平主席通话的首位外国元首，俄罗斯也是习近平主席出访的首个国家，成功开启了中俄关系发展的新篇章。2014年新年伊始，习近平主席应邀赴索契出席冬奥会开幕式，开创了中国国家元首赴境外出席大型国际体育赛事的先河。2015年中国人民抗日战争暨世界反法西斯战争胜利70周年之际，两国元首分别赴对方国家出席"5·9"和"9·3"庆典活动，进一步彰显双方共同维护"二战"胜利成果和以联合国为基础的战后国际秩序的坚定决心。普京总统2016年6月访华期间，两国元首签署并发表3份重量级《联合声明》，彰显了中俄在一系列重大双边和国际地区问题上的一致立场，成为国际外交实践中的佳话。2017年5月，普京总统应邀来华出席"一带一路"国际合作高峰论坛，明确表示支持并愿积极参与"一带一路"建设，释放了中俄共同推动建设开放型世界经济的有力信号。2018年6月8日，习近平主席在人民大会堂向普京颁授首枚中华人民共和国"友谊勋章"，两国元首一致同意推动中俄关系在高水平上实现更大发展。两国领导人保持年均5次会晤的频率，建立了密切的工作关系和良好的个人友谊，共同引领和规划了两国关系发展。2019年是中俄建交70周年，6月5~7日，习近平主席访问俄罗斯。此访是习近平主席担任中国国家主席以来第8次到访俄罗斯，也是连任中国国家主席后首次对俄罗斯进行国事访问。访问期间，两国元首共同签署了《中华人民共和国和俄罗斯联邦关于发展新时代全面战略协作伙伴关系的联合声明》，将两国关系提升到一个前所未有的全新高度。该《联合声明》将中俄新时代全面战略协作伙伴关系的内涵概括为：守望相助、深度融通、开拓创新、普惠共赢。① 两国元首还签署了《关于加强全球战略稳定的联合声明》，发出中俄在战略安全领域共同应对挑战、在地区安全热点问题上加强战略协作、推动世界多极化和国际关系民主化的一致声音，彰显出两国关系的高水平和两国合作的特殊性、战略性、全球性。

正如习近平主席所强调的，"无论过去、现在还是将来，中俄都是搬不走的好邻居、拆不散的真伙伴；双方要以邻为伴，守望相助，更加紧密、坚定地站在一起"②。建交70年来，中俄从战略协作伙伴关系、全面战略协作伙伴关系，到中俄新时代全面战略协作伙伴关系，树立了相互尊重、公平正义、合作共赢的新型国际关系典范。

经济上，两国务实合作稳步推进，双边贸易增长势头强劲。2018年中俄双边贸易额达1 070亿美元，同比增长27.1%，俄罗斯成为中国第9大贸易伙伴。中俄两国积极推进"一带一路"建设与欧亚经济联盟的对接合作，取得重要早期收获；能源、基础设施建设、航天航空等领域战略性大项目合作稳步推进、成效显著，双方还积极拓展农业、中小企业、科技创新、远东开发、北极开发等新兴合作领域，努力推动两国务实合作提质升级。

人文交流合作项目好戏不断，高潮迭起。中俄分别于2012年和2013年互办旅游年，2014~2015年举办青年友好交流年，2016~2017年举办中俄媒体交流年，2018~2019年举办中俄地方合作交流年。目前，两国教育领域长短期留学交流人员近8万人，双方争取2020年将留学人员总数增加到10万人。在旅游方

---

① 《中华人民共和国和俄罗斯联邦关于发展新时代全面战略协作伙伴关系的联合声明》，新华网，2019年6月6日，http://www.xinhuanet.com/world/2019-06/06/c_1124588552.htm。
② 《携手努力，并肩前行，开创新时代中俄关系的美好未来——习近平在中俄建交70周年纪念大会上的讲话》，载于《人民日报》2019年6月7日第2版。

面，据第四届中俄蒙三国旅游部长会议期间公布的资料，2018年俄罗斯公民访华241.4万人次，同比增长3%。中国公民访俄203.7万人次，同比增长21.3%。中国成为赴俄旅游人数最多的国家。① 在地方合作方面，截至2018年5月，双方已经建立141对友好城市及省州、数十对经贸结对省州，启动中俄地方领导人定期会晤机制并建立中国长江中上游地区和俄罗斯伏尔加河沿岸联邦区地方合作理事会、中国东北地区和俄罗斯远东及贝加尔地区政府间合作委员会。深入的民间和地方交流也成为中俄新时代战略协作伙伴关系不可或缺的组成部分。

第三，中欧四大伙伴关系建设开花结果。中欧是当今世界的两大力量、两大市场、两大文明。中欧关系不仅事关中国和欧盟各自的发展，还会对世界政治经济格局的演变带来重大影响。2014年习近平主席访问欧洲，双方一致同意打造"和平、增长、改革、文明"四大伙伴关系，提升中欧全面战略伙伴关系的全球影响力。这为新形势下中欧全面战略伙伴关系发展指明了方向，赋予了新的战略内涵。

首先，中国和欧盟要做和平伙伴，带头走和平发展道路。中欧对构建多极世界格局具有重要战略共识。双方要尊重彼此自主选择的社会制度，照顾彼此核心利益，支持彼此走和平发展道路。双方要加强在国际和地区事务中的沟通与协调，共同推动政治解决地区热点问题，共同参与有关国际规制建设。

其次，中国和欧盟要做增长伙伴，相互提供发展机遇。要尽快谈成谈好投资协定，启动自由贸易协定可行性研究，共同提高中欧贸易质量和水平。希望欧方扩大对华高技术贸易。要把中欧合作和"丝绸之路经济带"等重大洲际合作倡议结合起来，以

---

① China, Russia and Mongolia Meet to Reinforce Trilateral Tourism Ties, June 27 2019, *The Telegraph*, https://www.telegraph.co.uk/china-watch/culture/china-russia-mongolia-tea-road-tourism/.

构建亚欧大市场为目标,加强基础设施互联互通。要坚持市场开放,携手维护多边贸易体制,共同致力于发展开放型世界经济。

再次,中国和欧盟要做改革的伙伴,相互借鉴、相互支持。当前,中国和欧盟的改革都进入深水区。双方要就宏观经济、社会治理、公共政策、农业农村、就业民生、环境保护等重要领域改革加强交流、分享经验、深化合作。

最后,中国和欧盟要做文明伙伴,为彼此进步提供更多营养。中欧关系具有文明属性和历史纵深。双方要通过平等对话交流,增进相互了解,加强文化、媒体、旅游等领域交流合作,扩大互派留学生规模,共同支持中欧关系研究工作。

近年来,中欧不断深化和平、增长、改革、文明四大伙伴关系,发展中欧全面战略伙伴关系,为中欧关系行稳致远夯实了战略互信基础。政治上,中欧高层交往不断深化,机制化对话卓有成效,战略互信稳步增长。2013年就任国家主席以来,习近平数十次接待欧洲客人,也多次踏访欧洲土地,体现了对中欧关系的重视程度;中欧领导人年度会晤机制从1998年建立起来开始,到2019年已经举行了21次,对中欧关系发展起到了关键的战略引领作用。在中欧领导人会晤机制总体框架下,已形成以高级别战略对话、经贸高层对话和高级别人文交流对话为三大支柱的高层对话机制,对中欧关系稳定发展具有战略性意义。2014年,中国制定第二份对欧政策文件——《深化互利共赢的中欧全面战略伙伴关系》,规划了今后五到十年的合作蓝图,强调全面落实《中欧合作2020战略规划》,打造中欧"和平、增长、改革、文明"四大伙伴关系,进一步提升中欧关系的全球影响力。2019年4月,中欧领导人第21次会晤在布鲁塞尔举行,双方领导人见证了能源、互联互通等多项合作文件的签署。根据中国驻欧盟使团团长张明大使的解读,此次会晤主要有三个特点:"一是定位高,充分反映了中欧全面战略伙伴关系的全球意义;二是范围广,充分反映了中欧全面战略伙伴关系的高水平;三是内容实,充分反映了中欧深化互利共赢务实合作的积极意愿。"①

经济上，中欧经贸合作稳步发展，利益交融不断加深。中欧关系是世界上规模最大、最具活力的经贸关系之一。欧盟连续15年成为中国第一大贸易伙伴。根据中国海关的统计，2018年中欧双边贸易再创新高，进口总额达到6 822亿美元，同比增长10.6%；欧盟对华实际投资104.2亿美元，增长了25.7%；我国对欧盟直接投资81.1亿美元，同比增长7.1%。截至2019年2月，欧盟累计对华实际投资1 321.8亿美元，稳居我国第三大外资来源地；中国累计对欧盟直接投资952亿美元，欧盟是我国第二大对外投资目的地。② 国际金融危机以来，中国对欧盟出口年均增长1.8%，欧盟对华出口年均增长5.8%。现在每分钟双边贸易额超过100万美元，每两天贸易额相当于建交时一年的贸易额。双方合作潜力巨大，合作前景广阔。

中欧人文交流再上新台阶。根据《中欧合作2020战略规划》，人文合作是中欧合作的"第三支柱"。在旅游方面，2018年是"中国—欧盟旅游年"，也是欧洲"文化遗产年"，中欧将举办丰富多彩的人文交流活动，双方的旅游和文化交流进一步热络。目前中国已成为欧盟第三大游客来源国。根据中国旅游研究院公布数据显示，2018年中国赴欧洲人数超过600万人次，中国主要旅游目的地国家前20名中，欧洲国家占据四分之一，其中包含"一带一路"国家最多的东欧地区，出境人数在欧洲占比最高，达到36.3%。人文交流和旅游合作有助于拉近彼此情感距离、促进民心相通，已经成为中欧全面战略合作伙伴关系的新亮点。

---

① 《张明大使：第二十一次中欧领导人会晤成果丰硕 中欧合作会更加有力前行》，中华人民共和国驻欧盟使团，2019年4月11日，http://www.chinamission.be/chn/stxw/t1653601.htm。

② 《商务部：2018年中欧进出口总额达到6 822亿美元，增长10.6%》，中国网，2019年4月4日，http://finance.china.com.cn/news/20190404/4944035.shtml。

二、同周边国家关系的伙伴关系网络更加紧密

周边地区是我国安身立命之所、发展繁荣之基，也是中国特色大国外交启航之地。中国始终将周边置于外交全局的首要位置，视促进周边和平、稳定、发展为己任。党的十八大以来，周边外交在总体外交中的地位更加突出。有学者指出，党的十八大以来中国周边外交进入了成熟期，其主要特点之一就是周边外交被提到战略高度。周边事实上不再只是中国外交的一个领域，而是有着全局性、战略性的意义。①

2013年10月，党中央专门召开了新中国成立以来首次周边外交工作座谈会，对周边外交作出顶层设计和全面部署。中国周边外交的战略目标，就是服从和服务于实现"两个一百年"奋斗目标、实现中华民族伟大复兴，全面发展同周边国家的关系，巩固睦邻友好，深化互利合作，维护和用好我国发展的重要战略机遇期，维护国家主权、安全、发展利益，努力使周边同我国政治关系更加友好、经济纽带更加牢固、安全合作更加深化、人文联系更加紧密。中国周边外交的基本方针，就是坚持与邻为善、以邻为伴，坚持睦邻、安邻、富邻，突出体现亲、诚、惠、容的理念。

亲、诚、惠、容的周边外交新理念，是新形势下扩大和发展中国周边伙伴关系网络的重要指引，是对多年来中国周边外交实践的精辟概括，也反映了中国新一届领导人外交理念的创新发展。

"亲"是指要巩固地缘相近、人缘相亲的友好情谊。在数千年漫长的岁月中，中华民族与周边各民族人民在人文方面形成了千丝万缕的联系和天然的亲近感。多年来，中国与周边国家也一直保持着密切交往，像"走亲戚"一样常来常往。通过常见面、多走动，讲平等、重感情，多做得人心、暖人心的事，中国进一

---

① 李开盛：《中国周边外交：70年来的演变及其逻辑》，载于《国际关系研究》2019年第4期，第26~39页。

步拉近了与周边各国人民的感情。

"诚"是指坚持以诚待人、以信取人的相处之道。中国与周边国家关系中的许多感人事迹和动人佳话是用真诚换来的。中国要诚心诚意对待周边国家，争取更多朋友和伙伴。同样在与周边国家存在的一些争端中，中国也是本着诚心诚意的态度与有关国家平等协商，争取妥善处理。

"惠"是指履行惠及周边、互利共赢的合作理念。中国要本着互惠互利的原则同周边国家开展合作，编织更加紧密的共同利益网络，把双方利益融合提升到更高水平。

"容"是指展示开放包容、求同存异的大国胸怀。中国要倡导包容的思想，强调以更加开放的胸襟和更加积极的态度促进地区合作。中国一向支持东盟在地区合作中发挥主导作用，欢迎域外国家参与到东亚地区的合作机制中来并发挥建设性作用，推动"10+1""10+3"、东亚峰会等各机制相互补充和促进，推进地区防务安全领域的交流，谋求与周边国家的共同安全与合作安全，充分体现了容人之气度、存异之雅量。中国以亲、诚、惠、容理念，坚持发展同周边国家的睦邻友好、守望相助，使周边国家对我们更友善、更亲近、更认同、更支持，增强亲和力、感召力、影响力。

在2013年10月召开的周边外交工作座谈会上，习近平总书记强调，要坚持睦邻友好，守望相助，讲平等，重感情；要诚心诚意对待周边国家，争取更多朋友和伙伴；要本着互惠互利的原则同周边国家开展合作，编织更加紧密的共同利益网络，把双方利益融合提升到更高水平；要倡导包容的思想，强调亚太之大容得下大家共同发展，以更加开放的胸襟和更加积极的态度促进地区合作。"远亲不如近邻""好邻居金不换""亲望亲好，邻望邻好"，这些古语俗谚在习近平主席访问周边国家、阐述周边外交理念时被多次引用，充分展现了我国开放包容的胸襟和亲仁善邻的情怀，体现了新时代中国周边外交的鲜明风格。

具体而言，经济上应使我国发展更多惠及周边国家，实现共同发展；安全上，推进区域安全合作和增进战略互信；人文上，实现命运共同体意识在周边国家落地生根。这体现了周边外交在外交工作全局中的重要性明显加强，反映了中国外交理念的创新发展，为未来5~10年的周边外交工作指明了方向。

2014年11月，中央召开外事工作会议，进一步突出了周边外交的重要性，强调要切实抓好周边外交工作，打造周边命运共同体，秉持亲诚惠容的周边外交理念，坚持与邻为善、以邻为伴，坚持睦邻、安邻、富邻，深化同周边国家的互利合作和互联互通。在之后的几年时间里，中国的周边外交取得了一系列举世瞩目的伟大成就，为中国的发展构建了良好的周边环境。有学者认为党的十八大以来，中国政府将周边外交放到与大国外交同等重要的位置，中国外交由此前的"一个重心"变成两个重心。[1]

2017年11月党的十九大再次强调"中国按照亲诚惠容理念和与邻为善、以邻为伴周边外交方针深化同周边国家关系"。可以说，周边外交的发展和成就是中国特色大国外交开拓进取的重要体现。面临新的国内外形势，在2018年6月召开的中央外事工作会议上，习近平总书记提出"要做好周边外交工作，推动周边环境更加友好、更加有利"。这确立了新时代中国周边外交的基本目标，也提出了更高的要求。

党的十八大之后，以习近平同志为核心的党中央不仅在周边外交理念上不断丰富和发展，而且在实践上也更加积极有所作为，以实际行动开创了周边外交新局面。具体来看，中国的周边外交实践体现在以下四个方面：

第一，实现对周边国家出访的全覆盖。中国新一届领导集体履新后，对周边国家展开密集访问，充分发挥了领导人战略引领

---

[1] 王俊生：《重塑战略重心：十八大以来的中国周边外交》，载于《当代世界与社会主义》2017年第2期，第167~173页。

的作用。2013年，习近平主席到访俄罗斯，中亚的土库曼斯坦、哈萨克斯坦、乌兹别克斯坦、吉尔吉斯斯坦，以及东南亚的印度尼西亚和马来西亚。2014年，习近平主席访问了东北亚的韩国，亚洲中部的蒙古，中亚的塔吉克斯坦，南亚的马尔代夫、斯里兰卡、印度。2014年11月，习主席赴南太平洋的澳大利亚、新西兰、斐济进行国事访问。2015年4月习主席访问了巴基斯坦和印度尼西亚，5月又访问了欧亚三国哈萨克斯坦、俄罗斯、白俄罗斯，在秋冬之交，习主席用了两天多的时间，走访了两个邻国——越南、新加坡。2016年习主席访问了柬埔寨和孟加拉国。2017年党的十九大后，习主席首次出访就选择了越南和老挝这两个山水相连的社会主义邻国，向国际社会传递出中国推动构建周边命运共同体的明确信号。2018年习主席又访问了周边的俄罗斯、菲律宾和文莱三国。特别是对菲律宾的访问意义重大，这是习近平首次对菲律宾进行国事访问，也是中国国家主席13年来首次访问菲律宾。正是在这次访问期间，中菲两国将双边关系提升为全面战略合作关系。中国国家主席上一次访菲，是2005年胡锦涛的国事访问。党的十八大以来，习近平总书记出访足迹遍布周边20余国，几乎访问了所有周边国家，周边国家领导人也基本都到访过中国，通过坦诚深入的对话沟通，增加政治互信，减少相互猜疑。

第二，深化互利共赢的格局。以习近平同志为总书记的新一届中央领导集体成立后，围绕周边地区合作主动提出一些重大倡议。紧紧抓住"一带一路"倡议建设的主线，同周边国家对接发展战略、推进互联互通、深化产能合作，为周边发展注入强劲动力；筹建亚洲基础设施投资银行，不仅吸引了中国周边绝大多数国家的参与，还有欧洲、拉丁美洲等国远道而来，成为极具国际影响力的新型国际金融机构，助力周边国家共同发展；打造中国—东盟自贸区升级版、中国—东盟"2+7合作框架"，制定"中国—东盟战略伙伴关系2030年愿景"，为中国与东盟国家合作搭建更多平台。中国已连续9年成为东盟的第一大贸易伙伴，东盟则连续7年成为中国的第三大贸易伙伴。特别是2017年和2018年，中国与东盟国家的贸易额再上新台阶，引世人注目。东盟还是中国推进"一带一路"倡议建设的优先方向和重要伙伴，雅万高铁、中老铁路、中泰铁路等一批基础设施旗舰项目已在东盟国家成功落地。中国在地区发展中的感召力和吸引力不断上升，始终保持着许多周边国家的最大贸易伙伴、最大贸易市场和重要投资来源地的地位。2018年，我国同周边28国进出口贸易额逾15 284亿美元，比2012年增长25%，超过我国同美国、欧洲贸易额的总和。

第三，着力推进区域安全合作。面对周边复杂的安全形势，中国提出了"共同、综合、合作、可持续"的亚洲安全观，将破解安全难题作为亚洲发展与繁荣的基石，并在解决朝核问题、南海争端、阿富汗问题等诸多周边安全难题中不断得到践行。2018年8月，中国与东盟国家就"南海行为准则"单一磋商文本草案达成一致，这是"准则"磋商取得的又一个重大进展。中国与菲律宾等国正在就海上共同开发和非传统安全合作等方面议题进行密切磋商。中国积极推动亚太地区多边安全合作机制的发展，成功举办了亚洲相互协作与信任措施会议（简称"亚信"）、上海合作组织成员国元首理事会等一系列多边安全会议，协调推动中国—东盟防长非正式会晤、东盟地区论坛、东盟防长扩大会等各种区域安全合作机制不断发展，相互促进，逐步完善，为维护亚太地区的持久和平、共同繁荣作出了不懈努力。

第四，巩固和扩大区域合作势头。面对近年来经济全球化和区域一体化遭受的挫折，东亚区域合作遇到的阻力和困难也在增大。中国高举开放包容、合作共赢的旗帜，主动引导，积极作为，引领构建区域合作架构。建立"澜沧江—湄公河合作"机制，确立"3+5合作框架"和45个早期收获项目，积极引领"澜湄合作"进入全面实施新阶段，为造福澜湄流域各国民众提出中国方案。"澜湄合作"机制成为中国同周边国家打造命运共同体的又一重要平台。"澜湄次区域内各国的国际开发合作具有典型的区域性公共产品属性，与美日欧主导的合作机制相比，澜湄合作机制具有更明显的区域性公共产品优势。"① 牢牢把握东亚区域合作的正确方向，推动中日韩、"10＋3"（东盟与中日韩）等合作机制保持发展势头，引导东亚峰会排除干扰，聚焦经济发展与政治安全合作的"最大公约数"。继续推进中日韩自贸区、"区域全面经济伙伴关系"（RCEP）谈判进程，为实现亚太自贸区（FTAAP）目标做出不懈努力。成功举办博鳌亚洲论坛年会，传播中国声音，唱响亚洲机遇，坚定各方对亚洲和中国发展前景的信心。积极参与亚洲合作对话（ACD）进程，致力于推动泛亚合作。

第五，深化与夯实在周边地区的社会和民意基础。"关系亲不亲，关键在民心。"近年来中国在周边地区大力推进公共外交和人文交流，统筹国内国际两个舆论场，弘扬亚洲文明精神，加强人文交流与文明对话，增进地区认同和国民感情。中国和东盟人员往来 2018 年已突破 4 000 万人次，正迈向 5 000 万时代。② 全面阐释发展理念，准确阐述对外政策，引导国际社会形成客观公正的中国观。积极推动同各国开展文化、体育、青年、媒体等人文交流和对话，举办中国文化年、语言年、旅游年等友好交流活动，展现中华文明深厚底蕴，彰显中国特色社会主义道路自信、理论自信、制度自信、文化自信，树立开放、包容、合作的良好形象。

与其他地区相比，周边地区的伙伴关系网络建设是比较成熟的，这和党的十八大以来中国周边外交在总体外交战略中地位的

---

① 黄河、杨海燕：《区域性公共产品与澜湄合作机制》，载于《深圳大学学报》（人文社会科学版）2017 年第 1 期，第 132 页。
② 《携手共筑新时代的中国—东盟关系——驻东盟大使黄溪连在印尼战略与国际问题研究中心的演讲》，外交部网站，2018 年 3 月 14 日，https：//www.mfa.gov.cn/web/dszlsjt_673036/t1542251.shtml。

上升紧密相连。周边伙伴关系网络已经成为中国国家安全利益的重要支撑。德国学者格雷格（Georg Strüver）认为中国构建的伙伴关系首要是处理与大国和周边邻国的关系，在世纪之交的时候中国关注的伙伴关系范围开始扩大。他分析发现，中国建立伙伴关系并非由于经济利益或者意识形态的单一因素驱动，而是通过伙伴关系弥合意识形态分歧，寻求经济利益。① 例如在对中国周边伙伴关系网络研究的基础上，提出周边伙伴关系网络的安全效应，可以增强中国周边政策可信性、降低美国亚太战略有效性、提升重点安全议题可控性，从而有效促进对中国周边安全环境的塑造。②

中国正站在新的历史起点，周边外交大有所为。加强高层战略引领，实现周边伙伴关系新发展。在 70 年周边外交光辉历程基础上再接再厉，进一步发挥元首外交的引领作用，与周边国家保持高层交往势头，深化传统友谊，增进政治互信，加强互利合作，密切国际协作，不断提高双边关系水平，打造更加紧密的周边伙伴关系网络。③ 只有将周边的"朋友圈"做得越来越广、越交越深，中国的全球伙伴关系网络才能有更加坚实的依托。

三、与发展中国家的伙伴网络不断扩展

中国作为世界上最大的发展中国家，始终是这个重要群体当中的一员，彼此命运相连，休戚与共。加强与发展中国家的团结合作一直是中国外交的重要基石，是中国特色大国外交的鲜明体现。党的十八大以来，中国秉持正确义利观和"真实亲诚"的

---

① Georg Strüver. China's Partnership Diplomacy: International Alignment Based on Interests and Ideology, *The Chinese Journal of International Politics*, 2017, Vol. 10, No. 1, pp. 31 – 65.
② 刘博文、方长平:《周边伙伴关系网络与中国周边安全环境》，载于《当代亚太》2016 年第 3 期，第 68 页。
③ 孔铉佑:《习近平外交思想和中国周边外交理论与实践创新》，载于《求是》2019 年第 8 期，第 47 页。

理念，加强了同非洲、拉丁美洲、中东等地区的几十个发展中国家的领导人互访，推动中国与发展中国家之间经济、政治、文化、战略和人文合作关系迈上了新台阶。展望未来一个时期，中国对推动地区共同发展仍将作出独特贡献，中国与发展中国家的关系也正迈向新的时代，探索构建"近而亲"的新型关系。①

在理念上，中国秉持正确义利观。正确义利观里的"义"，反映的是共产党人、社会主义国家的理念，认为真正的快乐幸福是大家共同快乐、共同幸福，希望全世界共同发展，特别是广大发展中国家加快发展。"利"，就是要恪守互利共赢原则，不搞我赢你输，要实现双赢。中国有时甚至要重义轻利、舍利取义，绝不能唯利是图、斤斤计较。

正确义利观要求正确对待和处理"义"与"利"的关系，重视道义与责任。正确处理"义"和"利"的关系不仅是指导个人为人处世的重要原则，也是指导国家处理国际关系的重要原则。中国强调要树立正确义利观，政治上坚持正义、秉持公道、道义为先，经济上坚持互利共赢、共同发展。中国要对那些长期友好而自身发展任务艰巨的发展中国家更多地考虑对方利益，不要损人利己，以邻为壑。

在处理与发展中国家关系时，中非关系是中国外交"基础中的基础"，中非友好是中国外交的传统。美国一些智库的研究报告也直言不讳，"非洲一直是中国处理与发展中国家关系的关键地区，其对中国的重要性不断增长，而中国在非洲的影响力和参与地区事务的力度也在日益提升"②。习近平主席曾精辟地指出："中国与非洲国家是患难之交，患难之交不能忘。"中国政府高度重视对非关系。习近平主席提出了"真实亲诚"的对非工作

---

① 钟飞腾：《中国的身份定位与构建发展中国家新型关系》，载于《当代世界》2019年第2期，第27页。

② Andrew Scobell, Bonny Lin, Howard J. Shatz etc.. *At the Dawn of Belt and Road：China in the Developing World*, Rand Corporation, December 5, 2018.

方针和中非"十大合作计划",确立中非全面战略合作伙伴关系新定位,把中非合作推向新的历史高度。在2018年9月3~4日举行的中非合作论坛北京峰会上,习近平主席又提出重点实施产业促进、设施联通、贸易便利、绿色发展、能力建设、健康卫生、人文交流、和平安全"八大行动",全面加强中非各领域务实合作。从"十大合作计划"到"八大行动",助力非洲发展的大国担当一脉相承,合作共赢的务实举措更加精准。作为非洲国家的好兄弟和好伙伴,中国始终把非洲国家的需要和利益放在心上,想非洲之所想,急非洲之所急,始终支持非洲的发展事业。二十国集团杭州和汉堡峰会决定支持非洲和最不发达国家工业化、促进对非投资。中国本着"非洲提出、非洲同意、非洲主导"的原则,结合非盟《2063年议程》,与非洲国家签署了近百个合作文件。

2018年中非贸易额达到2 042亿美元,同比增长20%,中国已经连续十年成为非洲第一大贸易伙伴国。截至2018年底,中国在非洲设立的各类企业超过3 700家,对非全行业直接投资存量超过460亿美元。在新兴合作领域方面,中国金融机构已在非洲设立了十多家分行。南非等8国将人民币纳入外汇储备。中国还与赞比亚建立了人民币清算安排,与摩洛哥等4国签署了本币互换协议。中国企业在赞比亚、毛里求斯、尼日利亚、埃及和埃塞俄比亚建立了7个工业园区,大大带动了当地经济的发展。中国在非洲建造的铁路和公路总长度已经超过7 000公里,并已支援非洲超过1 000个项目建设,例如学校、医院和体育场馆等。中非关系现已达到历史上最好的阶段,面临着前所未有的机遇。中国将在中非全面合作中不断挖掘新的潜能,创建新的经济增长形式,实现2030年联合国可持续发展议程,并帮助非洲实现绿色可持续发展。

此外,中非人文交流与合作呈现新气象。中非人文交流日趋活跃,人民情感纽带更加紧密。党的十八大以来,中非已举办百余场人文交流活动,实施200多个人文合作项目。"中非文化聚焦""中非文化人士互访计划""欢乐春节"等成为中非文化交流重要品牌,"中非联合研究交流计划""中非民间友好行动""中非新闻交流中心"顺利实施。目前我国在非洲41个国家设有54所孔子学院和27所孔子课堂。2017年非洲来华旅游62.83万人,同比增长4.4%,中国赴非旅游人数超百万。① 旅游正成为中非人文交流的排头兵。伴随着中非全面战略合作伙伴的稳步发展,双方各个领域将迎来更大的机遇。

拉丁美洲和加勒比是当今世界发展中国家最集中的地区之一,也是最具增长潜力的新兴地区之一,在中国外交工作布局中占有重要地位。2014年7月18日,习近平主席在巴西利亚出席中拉领导人会晤时发表了题为《努力构建携手共进的命运共同体》的主旨讲话,他呼吁:"让我们抓住机遇,开拓进取,努力构建携手共进的'命运共同体',共创中拉关系的美好未来!"② 2016年11月24日,中国政府在时隔8年后发表了第二份对拉美的政策文件。该文件明确指出,拉美是一块"充满活力与希望的热土","中国的发展离不开包括拉美和加勒比在内广大发展中国家的共同发展",并提出了新时期中国对拉政策的新理念、新主张、新举措。③ 拉美在中国外交的地位进一步上升。近年来中拉关系不断发展,不仅同拉美国家创立了中拉论坛,还提出共同构建政治上真诚互信、经贸上合作共赢、人文上互学互鉴、国际事务中密切协作、整体合作和双边关系相互促进的中拉关系五位一体新格局,打造中拉携手共进的命运共同体。

---

① 《外交部非洲司司长戴兵谈习近平主席访非及中非关系》,载于《中国新闻周刊》2018年第29期,第19~21页。
② 《习近平在中国—拉美和加勒比国家领导人会晤上的主旨讲话》,外交部网站,2014年7月18日,http://www.fmprc.gov.cn/web/ziliao_674904/zt_674979/ywzt_675099/2014zt_675101/xzxcxhw_675159/zxxx_675161/t1175807.shtml。
③ 《中国对拉美和加勒比政策文件(全文)》,新华网,2016年11月24日,http://www.xinhuanet.com/world/2016-11/24/c_1119980472.htm。

第三章 积极构建全球伙伴关系网络

中方倡议共同构建"1+3+6"合作新框架。"1"是"一个规划",即以实现包容性增长和可持续发展为目标,制定《中国与拉美和加勒比国家合作规划(2015—2019)》。"3"是"三大引擎",即以贸易、投资、金融合作为动力,推动中拉务实合作全面发展,力争实现10年内中拉贸易规模达到5 000亿美元,力争实现10年内对拉美投资存量达到2 500亿美元,推动扩大双边贸易本币结算和本币互换。"6"是"六大领域",即以能源资源、基础设施建设、农业、制造业、科技创新、信息技术为合作重点,推进中拉产业对接。中方正式实施了100亿美元中拉基础设施专项贷款,并在这一基础上将专项贷款额度增至200亿美元。中方还向拉美和加勒比国家提供100亿美元的优惠性质贷款,全面启动中拉合作基金并承诺出资50亿美元。中方正式实施5 000万美元的中拉农业合作专项资金,设立"中拉科技伙伴计划"和"中拉青年科学家交流计划",并分别在拉美和中国举办了两届中拉科技创新论坛。可以说,中拉命运共同体迎来了前所未有的机遇。①

中国同阿拉伯国家友谊源远流长,历久弥新。两千多年以来,陆上、海上丝绸之路一直把中阿两大民族连接在一起。在漫长的历史长河中,和平合作、开放包容、互学互鉴、互利共赢始终是中阿交往的主旋律。历史和实践证明,无论国际风云如何变幻,无论面临怎样的艰难险阻,中阿始终是互惠互利的好伙伴、同甘共苦的好兄弟。2010年中国和阿拉伯国家建立全面合作、共同发展的战略合作关系,中阿集体合作进入全面提质升级的新阶段。目前中国已与10个阿拉伯国家建立了全面战略伙伴关系、战略伙伴关系或战略合作关系。习近平主席在2014年中阿合作论坛第六届部长级会议开幕式上发表重要讲话,指明了中阿集体

---

① 江时学:《构建中国拉美命运共同体路径思考》,载于《国际问题研究》2018年第2期,第30页。

合作的重点领域和优先方向，为中阿关系发展和论坛建设确定了行动指南。2016年中国发布了对阿拉伯国家的政策文件，在回顾和总结中阿关系发展经验的基础上，阐述发展中阿关系指导原则，规划中阿互利合作蓝图，重申致力于中东和平稳定的政治意愿，推动中阿关系迈向更高水平。①

在中东问题上，中国坚持对话协商，坚守主权原则，反对搞分裂割据；倡导包容性和解，反对搞压制性妥协；反对恐怖主义，加强综合施策，抓好民生建设。中国和阿拉伯国家围绕发展促和平、集体安全、人道主义救援、海上通道航行、无核武器区等广泛议题展开对话协商。

阿拉伯国家是与中国共建"一带一路"的重要合作伙伴。习近平主席强调"中国同阿拉伯国家因为丝绸之路相知相交，我们是共建'一带一路'的天然合作伙伴"。2016年1月，习近平主席在阿拉伯国家联盟（简称"阿盟"）总部的演讲中再次强调，中国愿与阿拉伯国家开展共建"一带一路"行动，秉持和平、创新、引领、治理、交融的行动理念，开展促进稳定、创新合作、产能对接、增进友好行动，共同推动中阿两大民族复兴形成更多交汇。"一带一路"建设为新时期中阿务实合作升级换代打造了新平台，增添了新动力，创造了新机遇。中国已与9个阿拉伯国家签署了共建"一带一路"协议，中阿共建"一带一路"已成为中阿集体合作最鲜明的时代特色，体现于中阿合作的方方面面。

近年来，中阿齐心协力，扎实进取，以能源合作为主轴、以基础设施建设和贸易投资便利化为两翼，以核能、航天卫星、新能源三大高新领域为突破口的"1+2+3"合作格局进一步夯实，以促进稳定、创新合作、产能对接、增进友好为支撑的"四大行动计划"全面推进。习近平主席在2018年中阿合作论坛第八届

---

① 《中国对阿拉伯国家政策文件（全文）》，新华网，2016年1月13日，http://www.xinhuanet.com//world/2016-01/13/c_1117766388.htm。

部长级会议开幕式上宣布,中国设立了"以产业振兴带动经济重建专项计划",提供200亿美元贷款额度,同有重建需求的国家加强合作,按照商业化原则推进就业面广、促稳效益好的项目;向叙利亚、也门、约旦、黎巴嫩人民再提供6亿元人民币援助,用于当地人道主义和重建事业。中国还将同地区国家探讨实施总额为10亿元人民币的项目,支持有关国家维稳能力建设。① 同时,中国还主动参与了港口、铁路网等互联互通项目,积极推动油气合作、低碳能源合作"双轮"转动,努力实现金融合作、高新技术合作"两翼"齐飞;支持建立产能合作金融平台,围绕工业园建设拓展多元化投融资渠道,推进园区服务、企业成长、金融支持三位一体发展;中国还结合阿拉伯国家中长期发展战略规划,加强了与阿拉伯国家在数字经济、人工智能、新材料、生物制药、智慧城市等领域的合作。在人文交流方面,中阿成立了新闻交流中心,启动了电子图书馆门户网站,同时还在华举办"阿拉伯艺术节"。未来中国将邀请更多的阿拉伯各界人士赴华交流,为双方合作夯实民意基础。

中国和阿拉伯国家的战略合作伙伴关系是实实在在的。与美国的同盟体系相比,中国与阿拉伯国家的战略合作伙伴关系目标是为双方政治和经贸合作创造良好的氛围,而不是针对第三国,也不会损害其他国家的利益。② 这为中阿关系的稳定、可持续发展奠定了基础。

建立伙伴关系是中国特色大国外交的主要手段。习近平总书记指出,要在坚持不结盟原则的前提下广交朋友,形成遍布全球的伙伴关系网络。伙伴关系具有平等性、和平性、包容性,没有

---

① 习近平:《携手推进新时代中阿战略伙伴关系——在中阿合作论坛第八届部长级会议开幕式上的讲话》,新华网,2018年7月10日,http://www.gov.cn/xinwen/2018-07/10/content_5305377.htm。

② Degang Sun and Yahia Zoubir. China – Arab States Strategic Partnership: Myth or Reality, *Journal of Middle Eastern and Islamic Studies (in Asia)*, Vol. 8, No. 3, 2014, pp. 96 – 97.

主从之分、阵营之别,不设假想敌、不针对第三方,志同道合是伙伴,求同存异也是伙伴。这是对结盟或对抗的传统国与国关系模式的超越。从全球伙伴关系网络的基本布局可以看到,党的十八大以来中国的伙伴关系进入了一个新的阶段,取得了新的发展和成就,推动我国外部环境实现了历史性改善。

第三节 全球伙伴关系网络的新特点

2012年党的十八大报告明确提出"建立更加平等均衡的新型全球发展伙伴关系",这一目标将伙伴关系提到了新的战略高度。在之后的领导人发言、双多边对话以及官方文件中,伙伴关系更是被多次提及。构建起遍布全球的伙伴关系网络成为新中国成立70年来中国外交的重大成就之一。[①] 在外交理念不断丰富、外交实践不断创新、外交布局不断完善的情况下,党的十八大以来中国伙伴关系外交在操作层面体现出许多新的特点,实现了从数量到质量、从双边到多边、从区域到全球的全方位提升。

一、伙伴关系数量和质量同时提升

从2013年开始,伙伴关系战略进入了"战略完善期"。如何在原有基础上实现战略创新、战略扩展,成为中国伙伴关系战略的突出方向。[②] 在实践层面,中国伙伴关系战略的完善首先体现在伙伴关系的数量快速增加。2013~2014年两年时间里,中国新建伙伴关系高达30对,周边和发展中国家是这一轮伙伴关系外交浪潮的重点。

[①] 王毅:《谱写中国特色大国外交的时代华章》,载于《人民日报》2019年9月23日第7版。

[②] 门洪华、刘笑阳:《中国伙伴关系战略的评估与展望》,载于《世界经济与政治》2015年第2期,第79~82页。

2013年，在一般战略伙伴关系层面中国分别与白俄罗斯和马来西亚建立全面战略伙伴关系①；与文莱建立战略合作关系②；中国与东盟十国都建立起来了伙伴关系；与澳大利亚宣布构建相互信任互利共赢的战略伙伴关系③；之后中国又分别与塔吉克斯坦、土库曼斯坦和吉尔吉斯斯坦建立战略伙伴关系④。

在合作伙伴关系层面，中国与刚果共和国建立了团结互助的全面合作伙伴关系⑤，与坦桑尼亚建立了互利共赢的全面合作伙伴关系⑥。此外，中国还与特立尼达多巴哥、安提瓜和巴布达、圭亚那、多米尼克、格林纳达和巴哈马六国建立了全面合作伙伴关系⑦，实现了中国在拉美地区伙伴关系发展的一大飞跃。2013年，中国新增伙伴关系总共16对，是单一年度伙伴关系增加最多的一年。

2013年，中国还将与秘鲁、墨西哥的战略伙伴关系升级为全面战略伙伴关系⑧，与印度尼西亚的战略伙伴关系提升为全面战略伙伴关系⑨，与斯里兰卡的全面合作伙伴关系提升为战略合

---

① 《中华人民共和国和白俄罗斯共和国关于建立全面战略伙伴关系的联合声明》，载于《人民日报》2013年7月17日；《中华人民共和国和马来西亚联合新闻稿》，载于《人民日报》2013年10月6日。
② 《中华人民共和国和文莱达鲁萨兰国联合声明》，载于《人民日报》2013年4月6日。
③ 《习近平会见澳大利亚总理吉拉德——宣布中澳构建相互信任互利共赢的战略伙伴关系》，载于《人民日报》2013年4月8日。
④ 《中华人民共和国和塔吉克斯坦共和国关于建立战略伙伴关系的联合宣言》，载于《人民日报》2013年5月21日；《中华人民共和国和土库曼斯坦关于建立战略伙伴关系的联合宣言》，载于《人民日报》2013年9月4日；《中华人民共和国和吉尔吉斯共和国关于建立战略伙伴关系的联合宣言》，载于《人民日报》2013年9月12日。
⑤ 《中华人民共和国和刚果共和国联合公报》，载于《人民日报》2013年3月31日。
⑥ 《中华人民共和国与坦桑尼亚联合共和国联合公报》，载于《人民日报》2013年3月26日。
⑦ 《习近平晤加勒比国家领导人：愿建立发展全面合作伙伴关系》，http://www.chinanews.com/gn/2013/06-03/4883485.shtml。
⑧ 《习近平同秘鲁总统乌马拉举行会谈——两国元首宣布把中秘关系提升到全面战略伙伴关系》，载于《人民日报》2013年4月7日；《中华人民共和国和墨西哥合众国联合声明》，载于《人民日报》2013年6月6日。
⑨ 《习近平同印度尼西亚总统苏西洛举行会谈——中国印尼关系提升为全面战略伙伴关系》，载于《人民日报》2013年10月3日。

作伙伴关系①。

2014 年,中国伙伴关系外交向岛国扩展。在大洋洲地区,中国与新西兰、汤加、密克罗尼西亚、瓦努阿图、萨摩亚、巴布亚新几内亚六国新建了伙伴关系②;在亚洲,中国与马尔代夫、东帝汶两国分别建立了全面友好合作伙伴关系③和全面合作伙伴关系④。中国与欧洲的保加利亚建立起全面友好合作伙伴关系⑤。

另外,中国还注重发展同区域组织的伙伴关系。2014 年 7 月,习近平主席出席首届中国—拉美和加勒比国家领导人会晤时提议,通过这次会晤,共同宣布建立平等互利、共同发展的中拉全面合作伙伴关系。⑥ 至此,中国实现了与五大区域组织(欧盟、东盟、非盟、阿盟、拉共体)全部建立伙伴关系,这也是本年度中国伙伴关系外交实践的重大突破。⑦ 除此之外,中国还同阿尔及利亚建立全面战略伙伴关系⑧,与比利时建立全方位友好合作伙伴关系⑨,与卡塔尔建立战略伙伴关系⑩,与荷兰确立全

---

① 《中华人民共和国与斯里兰卡民主社会主义共和国联合公报》,载于《人民日报》2013 年 5 月 31 日。
② 《新闻背景:中国与南太建交岛国的友好合作关系》,http://www.gov.cn/xinwen/2018-11/15/content_5340712.htm,访问时间:2019 年 9 月 30 日。
③ 《中华人民共和国和马尔代夫共和国联合新闻公报》,载于《人民日报》2014 年 9 月 16 日。
④ 《中华人民共和国和东帝汶民主共和国关于建立睦邻友好、互信互利的全面合作伙伴关系联合声明》,载于《人民日报》2014 年 4 月 15 日。
⑤ 《中华人民共和国和保加利亚共和国建立全面友好合作伙伴关系的联合公报》,载于《人民日报》2014 年 1 月 14 日。
⑥ 习近平:《努力构建携手共进的命运共同体——在中国—拉美和加勒比国家领导人会晤上的主旨讲话》,人民网,2014 年 7 月 19 日,http://cpc.people.com.cn/n/2014/0719/c64094-25301723.html。
⑦ 王铮:《新时代中国特色大国外交:伙伴关系外交的新演变和新特征(2013-2017)》,载于《当代世界与社会主义》2018 年第 4 期,第 168 页。
⑧ 《中华人民共和国和阿尔及利亚民主人民共和国关于建立全面战略伙伴关系的联合公报》,载于《人民日报》2014 年 2 月 25 日。
⑨ 《中华人民共和国和比利时王国关于深化全方位友好合作伙伴关系的联合声明》,载于《人民日报》2014 年 4 月 1 日。
⑩ 《中华人民共和国和卡塔尔国关于建立战略伙伴关系的联合声明》,载于《人民日报》2014 年 10 月 4 日。

第三章 积极构建全球伙伴关系网络

面合作伙伴关系①。

关系升级也是这一年伙伴关系外交的突出特色。中国将与德国的战略伙伴关系提升为全方位战略伙伴关系②，将与阿根廷、委内瑞拉、蒙古和澳大利亚的战略伙伴关系升级为全面战略伙伴关系③。

2015年中国的伙伴关系数量继续增加。中国与亚洲的约旦、伊拉克，非洲的苏丹，拉丁美洲的厄瓜多尔和哥斯达黎加建立起了战略伙伴关系④；中国与新加坡建立了与时俱进的全方位合作伙伴关系⑤，与赤道几内亚建立了全面合作伙伴关系⑥。

2016年中国与9个国家建立了战略伙伴关系。中国与莫桑比克、塞内加尔、塞拉利昂三个非洲国家建立了全面战略合作伙伴关系⑦，与伊朗、沙特阿拉伯两个中东国家分别建立了全面战

---

① 《中华人民共和国和荷兰王国关于建立开放务实的全面合作伙伴关系的联合声明》，载于《人民日报》2014年3月24日。
② 《建立中德全方位战略伙伴关系的联合声明》，载于《人民日报》2014年3月29日。
③ 《中华人民共和国和阿根廷共和国关于建立全面战略伙伴关系的联合声明》，载于《人民日报》2014年7月20日；《中华人民共和国和委内瑞拉玻利瓦尔共和国关于建立全面战略伙伴关系的联合声明》，载于《人民日报》2014年7月23日；《中华人民共和国和蒙古国关于建立和发展全面战略伙伴关系的联合宣言》，载于《人民日报》2014年8月22日；《习近平同澳大利亚总理阿博特举行会谈——一致决定建立中澳全面战略伙伴关系》，载于《人民日报》2014年11月18日。
④ 《中华人民共和国和约旦哈希姆王国关于建立战略伙伴关系的联合声明》；载于《人民日报》2015年9月10日；《中华人民共和国和伊拉克共和国关于建立战略伙伴关系的联合声明》，载于《人民日报》2015年12月23日；《中华人民共和国和苏丹共和国关于建立战略伙伴关系的联合声明》，载于《人民日报》2015年9月2日；《中华人民共和国和厄瓜多尔共和国关于建立战略伙伴关系的联合声明》，载于《人民日报》2015年1月8日；《中华人民共和国和哥斯达黎加共和国联合声明》，载于《人民日报》2015年1月7日。
⑤ 《中华人民共和国和新加坡共和国关于建立与时俱进的全方位合作伙伴关系的联合声明》，载于《人民日报》2015年11月8日。
⑥ 《中华人民共和国和赤道几内亚共和国关于建立全面合作伙伴关系的联合声明》，载于《人民日报》2015年4月29日。
⑦ 《中华人民共和国和莫桑比克共和国关于建立全面战略合作伙伴关系的联合声明》，载于《人民日报》2016年5月19日；《习近平会见塞内加尔总统萨勒》，载于《人民日报》2016年9月3日；《习近平同塞拉利昂总统科罗马会谈——两国元首一致决定建立中塞全面战略合作伙伴关系》，载于《人民日报》2016年12月2日。

略伙伴关系①，与摩洛哥、乌拉圭和捷克分别建立了战略伙伴关系②，与瑞士建立了创新战略伙伴关系③。2015~2016年度，新建伙伴关系共16对，其中战略性及其以上层级伙伴关系14对，占比87.5%。2015~2016年的中国伙伴关系外交进入了发展转型期。④

与前几年相比，2017年与中国建立伙伴关系的国家数量有所下降，但是形式和内涵更加多样化。2017年3月21日，中国与以色列在北京共同发表联合声明，确认两国建立"创新全面伙伴关系"。⑤以色列成为继瑞士之后第二个同中国发展以"创新"为标志的伙伴关系国家。4月在习近平主席访问芬兰期间，两国确认共同建立中芬面向未来的新型合作伙伴关系⑥。早在2013年4月芬兰总统尼尼斯托来华进行国事访问期间，习近平主席与其就构建和推进面向未来的新型合作伙伴关系达成重要共识。此次两国新型合作伙伴关系的正式建立正是近年来两国关系不断取得全面发展和深入合作的结果。2017年11月22~24日，吉布提总统盖莱对中国进行国事访问。23日，中国国家主席习近平在人民大会堂同盖莱举行会谈。两国元首一致同意，建立中吉战略伙伴关系，全面深化两国各领域合作。吉布提是"一带一路"在

---

① 《中华人民共和国和伊朗伊斯兰共和国关于建立全面战略伙伴关系的联合声明》，载于《人民日报》2016年1月24日；《中华人民共和国和沙特阿拉伯王国关于建立全面战略伙伴关系的联合声明》，载于《人民日报》2016年1月20日。

② 《中华人民共和国和摩洛哥王国关于建立两国战略伙伴关系的联合声明》，载于《人民日报》2016年5月12日；《中华人民共和国和乌拉圭东岸共和国关于建立战略伙伴关系的联合声明》，载于《人民日报》2016年10月19日；《中华人民共和国和捷克共和国关于建立战略伙伴关系的联合声明》，载于《人民日报》2016年3月30日。

③ 《中华人民共和国和瑞士联邦关于建立创新战略伙伴关系的联合声明》，载于《人民日报》2016年4月9日。

④ 王铮：《新时代中国特色大国外交：伙伴关系外交的新演变和新特征（2013-2017）》，载于《当代世界与社会主义》2018年第4期，第169页。

⑤ 《中华人民共和国和以色列国关于建立创新全面伙伴关系的联合声明》，载于《人民日报》2017年3月22日。

⑥ 《中华人民共和国和芬兰共和国关于建立和推进面向未来的新型合作伙伴关系的联合声明》，载于《人民日报》2017年4月6日。

非洲的重要支点，通过它既可以辐射中东地区也可以辐射非洲地区。中国在吉布提的首个海外保障基地将加强中国在非洲大陆的和平安全建设。发展与吉布提的战略伙伴关系有助于中国参与非洲大陆和平安全建设，为"一带一路"保驾护航，帮助中国企业更好地"走出去"。

2017年党的十九大报告指出，"中国积极发展全球伙伴关系，扩大同各国的利益交汇点，推进大国协调和合作，构建总体稳定、均衡发展的大国关系框架，按照亲诚惠容理念和与邻为善、以邻为伴周边外交方针深化同周边国家关系，秉持正确义利观和真实亲诚理念加强同发展中国家团结合作"[1]。这基本勾勒了中国在对外交往工作中的重心与要务，开展全球性合作、优化大国间关系、稳固夯实周边外交是中国外交的三大主轴。中国的全球伙伴关系网络迎来了新一轮扩展和升级的动力。

2018年4月，中国同奥地利共和国建立了友好战略伙伴关系[2]，这种形式在整个伙伴关系网络中比较少见，进一步丰富了伙伴关系的类型。7月，中国同阿拉伯联合酋长国建立全面战略伙伴关系[3]，同中国建立全面战略伙伴关系的国家达到了32个，巩固了该类型在全球伙伴关系网络中数量之最的地位。同年，中国还同阿曼、玻利维亚、科威特建立了战略伙伴关系。[4]

此外，尽管与一些国家的伙伴关系没有层次上的变化，但是在同一层级里伙伴关系得到了加强。利用高层访问的契机，中国

---

[1] 《习近平：决胜全面建成小康社会 夺取新时代中国特色社会主义伟大胜利——在中国共产党第十九次全国代表大会上的报告》，http://www.gov.cn/zhuanti/2017-10/27/content_5234876.htm，访问时间：2019年9月30日。
[2] 《中华人民共和国和奥地利共和国关于建立友好战略伙伴关系的联合声明》，载于《人民日报》2018年4月9日。
[3] 《中华人民共和国和阿拉伯联合酋长国关于建立全面战略伙伴关系的联合声明》，载于《人民日报》2018年7月21日。
[4] 《中华人民共和国和阿曼苏丹国关于建立战略伙伴关系的联合声明》，载于《人民日报》2018年5月26日；《中华人民共和国和多民族玻利维亚国关于建立战略伙伴关系的联合声明》，载于《人民日报》2018年6月20日；《中华人民共和国和科威特国关于建立战略伙伴关系的联合声明》，载于《人民日报》2018年7月10日。

同巴基斯坦发表联合声明，宣布加强全天候战略合作伙伴关系，打造新时代更紧密的中巴命运共同体①；中国与意大利、葡萄牙、西班牙、塔吉克斯坦也分别发布联合声明，宣布加强全面战略伙伴关系②。

2019年中国的全球伙伴关系网络更加细密坚韧。一年内，习近平主席先后7次出访，4次主持重大主场外交活动，在元首外交引领下，中国的感召力、影响力、塑造力大大提升。仅在2019年6月，习近平主席就接连4次出访，创造了新中国外交史上的纪录。2019年11月19日，习近平主席在斯里巴加湾同文莱苏丹哈桑纳尔举行会谈。两国元首高度评价中国与文莱关系的积极发展势头，一致决定建立中国与文莱战略合作伙伴关系，做政治互信、经济互利、人文互通、多边互助的好伙伴。11月27日，习近平主席在北京人民大会堂同苏里南总统鲍特瑟会谈。两国元首共同宣布，中苏建立战略合作伙伴关系。

在数量不断增加的同时，中国伙伴关系网络的质量也进一步提升。首当其冲的就是中俄关系。中俄关系完成了从战略协作伙伴关系到全面战略协作伙伴关系再到新时代全面战略协作伙伴关系的"三连跳"，达到了特殊伙伴关系的最高层级。③ 2019年7月，保加利亚共和国总统鲁门·拉德夫访华，两国元首就中保关系、中国—中东欧国家合作、中欧关系以及共同关心的国际和地区问题深入交换意见，达成广泛共识。为推动双边关系健康稳定

---

① 《中华人民共和国和巴基斯坦伊斯兰共和国关于加强中巴全天候战略合作伙伴关系、打造新时代更紧密中巴命运共同体的联合声明》，载于《人民日报》2018年11月5日。

② 《中华人民共和国和意大利共和国关于加强全面战略伙伴关系的联合公报》，载于《人民日报》2019年3月24日；《中华人民共和国和葡萄牙共和国关于进一步加强全面战略伙伴关系的联合声明》，载于《人民日报》2018年12月6日；《中华人民共和国和西班牙王国关于加强新时期全面战略伙伴关系的联合声明》，载于《人民日报》2018年11月29日；《中华人民共和国和塔吉克斯坦共和国关于进一步深化全面战略伙伴关系的联合声明》，载于《人民日报》2019年6月17日。

③ 《中华人民共和国和俄罗斯联邦关于发展新时代全面战略协作伙伴关系的联合声明》，载于《人民日报》2019年6月6日。

发展，两国元首宣布将中华人民共和国同保加利亚共和国的关系提升为战略伙伴关系。① 9月，习近平主席同哈萨克斯坦总统托卡耶夫一致决定，发展中哈永久全面战略伙伴关系。10月12日，时隔23年中国国家主席再次访问尼泊尔，中尼关系有了新的定位。当天会见中，习近平主席同班达里总统共同宣布，双方将本着同舟共济、合作共赢精神，建立中尼面向发展与繁荣的世代友好的战略合作伙伴关系。这是首脑外交引领伙伴关系发展的典型例证。

总的来看，党的十八大以来中国新建立的伙伴关系国将近60个，实现伙伴关系的升级超过50次，而且从特殊战略伙伴、一般战略伙伴到合作伙伴关系等不同的层次都有体现，全球伙伴关系网络达到了"质""量"齐升。

二、伙伴关系的分布更加均衡化

70年来，中国的建交国数已由新中国成立初期的18个增加到180个（截至2019年底），建立起不同形式伙伴关系的国家、地区或区域组织达到了112个，超过六成的建交国都与中国建立了伙伴关系，覆盖全球的伙伴关系网络基本形成。整个全球伙伴关系网络中亚洲地区40个，非洲地区16个，拉丁美洲地区19个，欧美地区29个，大洋洲地区8个。亚洲地区的伙伴关系最为密集，这与党的十八大以后中国周边外交的战略意义提升是一致的。

周边国家中，只有日本、朝鲜和不丹三个国家没有与中国建立正式的伙伴关系。日本和朝鲜与中国是"准伙伴"关系，而不丹还没有同中国建交。中日关系在党的十八大之后经历了低谷、转圜、改善和深化合作四个阶段，重回正常的发展轨道。如

---

① 《中华人民共和国和保加利亚共和国关于建立战略伙伴关系的联合声明》，载于《人民日报》2019年7月4日。

今两国关系的定位仍然是"战略互惠关系",这符合中日两国的利益,也是双方的共同目标和重要约定。两国之间经贸关系已经开始向更高层次发展,然而政治安全方面还存在不少有待解决的问题,双方关系升级的时机并未成熟。近年来日本一些学者提议中日应该签署"第五个政治文件",对两国关系进行新的定位。在 2019 年 6 月赴日本出席二十国集团领导人峰会期间,习近平主席与安倍首相进行会谈,强调中日合作的重要性,并将两国定位为"永远的邻国"。

朝鲜与中国是传统友好合作关系,党的十八大以来,中国党和政府积极致力于发展中朝关系。特别是 2018～2019 年,习近平总书记同金正恩委员长五次见面,共叙中朝传统友谊,通报各自国内形势,并就国际和朝鲜半岛问题深入交换意见,达成了一系列重要共识。中朝领导人会晤,为两党两国关系发展指明了方向,奠定了坚实基础。在两党两国最高领导人亲自推动和正确指引下,双方交流合作稳步开展。中国党和政府致力于巩固发展中朝关系的坚定立场不会变,中国人民对朝鲜人民的友好情谊不会变,中国对社会主义朝鲜的支持不会变。三个"不会变"展示了中国负责任大国的风范,也为未来中朝关系的进一步发展创造了条件。

从党的十八大以来这七年时间里,中国与大洋洲、非洲和拉美等地区发展中国家伙伴关系的发展最为迅速。2013 年以前,中国在大洋洲地区只有斐济一个伙伴关系国,而到 2019 年中国在大洋洲的伙伴关系国增加了 7 个,非常引人注目。中国在非洲的伙伴关系国增加了 11 个,伙伴关系国总数占到了非洲国家的 2/3 左右。而在拉美地区,中国的伙伴关系国也增加了 11 个,而且与拉共体建立了全面合作伙伴关系。中国在拉美的影响进一步提升。当然,在中国伙伴关系国比较密集的欧洲,近七年来伙伴关系国的增加也达到了 8 个,在原有的基数之上如今伙伴关系总数仅次于亚洲排名第二。总的来看,中国伙伴关系网络的全球

第三章 积极构建全球伙伴关系网络

布局更加均衡化。

中国全球伙伴关系网络均衡化的驱动力是国家外交布局的调整，服务于中国特色大国外交的基本目标和要求。"坚持以深化外交布局为依托，打造全球伙伴关系是新时代中国外交的重要内涵。"① 在谈到中国特色大国外交的"特色"所在时，王毅同志指出："坚持为国内发展和改革开放服务的第一要务。中国是世界第二大经济体，同时又是一个典型的发展中国家，这是我们与其他大国的一个重要不同。中国的外交必须紧紧围绕国内发展这个大局，为此营造更为稳定、更加友善的外部环境。"这是改革开放以来中国外交思路的延续。而从变化来看，随着"一带一路"建设的扎实推进，中国海外利益的广度和深度都在进一步拓展，传统上中国外交触角没有达到的地方都开始随着中国人、财、物的进入变得愈发重要。

以太平洋岛国为例。在党的十八大之前，中国只同太平洋岛国中的斐济建立起伙伴关系。尽管早在 2006 年中国政府就作出战略决策，要重点发展与太平洋岛国的友好合作关系，但是在这之前双方合作更多聚焦在自然资源方面。② 近年来中国与太平洋岛国的合作潜力被进一步挖掘。中国将这一地区视为国际政治舞台上一支不可忽视的重要力量，也是新时代完善大周边外交战略格局的重要对象。中国在太平洋岛国影响力的加强不是为了同美国展开战略竞争，或者单纯为了这一地区的自然资源，也不是因为处理台湾问题的需要，而是中国强化和提升同发展中国家关系的体现。③ 太平洋岛国是"21 世纪海上丝绸之路"南线建设的重要组成部分，2014 年 11 月习近平主席在访问斐济时指出："我

---

① 杨洁篪：《以习近平外交思想为指导 深入推进新时代对外工作》，载于《求是》2018 年第 15 期，第 4 页。
② Terence Wesley – Smith. China in Oceania: New Forces in Pacific Politics, East – West Center, Pacific Islands Policy, No. 2, 2007.
③ Terence Wesley – Smith. China's Rise in Oceania: Issues and Perspectives, *Pacific Affairs*, Vol 86, No. 2, 2013, pp. 351 – 372.

们真诚欢迎岛国搭乘中国发展快车，共同建设21世纪海上丝绸之路。"① 2018年11月习近平主席在会见巴新总理奥尼尔时指出："巴新地处21世纪海上丝绸之路自然延伸，是太平洋岛国地区首个同中方签署共建'一带一路'合作协议的国家，双方要在'一带一路'框架内加强发展战略对接。"② 近年来，太平洋岛国制订的"向北看"发展战略以及"太平洋地区主义框架"等计划的实施也需要中国参与和支持，中国与太平洋岛国的战略对接比较顺畅。可以说，"一带一路"为发掘太平洋岛国的战略价值提供了平台。

同时，太平洋岛国还具有重要的地缘战略价值。这些国家处于太平洋东西与南北交通要道交汇处；自然资源丰富，拥有矿产、油气、渔业等资源。传统上讲，太平洋岛国位于美国亚太战略的第二岛链，是防范地区挑战者的重要屏障。近年来，澳大利亚、美国、日本、印度等国出于地缘政治考量，纷纷扩大在该地区的影响，使该地区成为大国博弈的竞技场。目前该地区是美国、澳大利亚等国印太战略的重要区域，这些国家都在加大对这一地区的投入。③ 中国同这些国家战略伙伴关系的发展有助于中国缓解在西太平洋面临的压力，对于在南海、东海问题上领土主权和合法权益的维护同样非常重要。

总的来说，国家利益还是我们建立伙伴关系的关键考量。党的十八大以来中国外交行为的特点之一就是"更加重视国家利益在对外关系中的坐标作用"。"十八大以来的中国外交实践表明，不结盟政策没有改变，在发展国家关系时不是根据敌友分野，而是根据国家利益，特别是核心利益来确定自己的对外关系。这既

---

① 《深化合作，搭乘中国发展快车》，载于《人民日报》2014年11月23日。
② 《习近平同巴布亚新几内亚总理奥尼尔会谈》，新华网，2018年11月16日，http://www.xinhuanet.com/politics/2018-11/16/c_1123724941.htm。
③ Damien Cave. A New Battle for Guadalcanal, This Time With China, *The New York Times*, July 21, 2018.

是全球化的要求,也是中国自身特点所决定的。"① 在众多建立伙伴关系的联合声明中,我们都强调伙伴国需要"坚定奉行一个中国原则,台湾是中国领土不可分割的一部分,支持中国政府在台湾、涉疆、涉藏等问题上的立场"。这些都涉及我们的"核心利益",是伙伴关系建立的前提。"冷战"结束后,在全球化和相互依存的世界里,敌我界线不再分明,在一个领域内的"朋友"往往会成为另一个领域内的敌人或是竞争者。大多数国家都不再拥有"冷战"期间的"大战略",中国对外政策也实现了从关系导向型到功能导向型的转变,敌友难辨,只有国家利益能够成为新型对外关系的坐标。② 当然,在具体实践过程中,我们在强调国家利益重要性的同时,也更加兼顾多元的利益和价值。

从具体伙伴关系建立或者升级的时间还可以看出,首脑外交是伙伴关系网络化发展的重要契机。党的十八大以来伙伴关系的建立和升级大部分都伴随着首脑出访,一小部分是接待外国国家元首或政府首脑时实现的,也有极少数是两国直接发布联合声明建立起来的。党的十八大以来,截止到2019年底,习近平主席出访将近40次,足迹已遍及近70个国家,实现了对重要地区、国家和国际组织的全覆盖。频密的日程结出了丰硕的成果。正是利用这些首脑外交,中国推动构建新型国际关系,不断扩大同各国的利益汇合点,伙伴关系含金量不断提升,全球"朋友圈"越来越大。由此可见,首脑外交更加突出活跃也是伙伴关系发展的重要动力。

三、伙伴关系的形式更加多样化

伴随着中国特色大国外交的全面展开,伙伴关系的种类也更

---

① 张清敏:《理解十八大以来的中国外交》,载于《外交评论》2014年第2期,第10~11页。
② 张清敏:《理解十八大以来的中国外交》,载于《外交评论》2014年第2期,第13~14页。

加多样化。一是议题型的伙伴关系逐渐增多。这一时期中国与许多国家的伙伴关系在表述上更加精细化,例如分别与瑞士和以色列建立了创新战略伙伴关系。瑞士是创新的国度,中国目前把创新驱动发展作为国家战略,因此两国的合作是水到渠成。尽管两国都面临不同的经济挑战,但都已把创新作为发展重点。瑞士成为中国首个创新战略伙伴关系国,也是我国首个以五大发展理念定位和命名的外交关系国。这不仅宣告了中瑞友好合作实现新跨越、进入新时代,而且也预示着中国外交工作按照五大发展理念新要求,启动新坐标、进入新定位。①用"创新"定位两国关系对中瑞今后的发展有重要意义。创新并不是一个口号,必将落实到具体的合作中去,切实将中国创新驱动的战略同瑞士的创新优势结合起来。两国将搭建创新合作平台,开展企业、高校和研究机构的合作,在再生能源、现代生态农业、节能环保、机械制造、医药等领域实现创新突破。

以色列也同样是创新强国,创新一直是中以两国合作的关键词。2014年中以建立创新合作联委会机制,为推进双方创新合作发挥了重要作用。在这一机制下,两国积极开展各领域合作,多部门共同支持科学研究与平台共建项目,实施创新青年领袖计划,推动中以"7+7"研究型大学联盟建设,互派留学人员和交流学者,以色列经济部与中国9省市共同支持双方企业开展产业技术研发和示范应用,中国多个省市到以色列建立创新中心或孵化器,越来越多的中国企业已将目光投向以色列的创新科技。中国和以色列建立创新全面伙伴关系,体现了两国在多元合作领域继往开来的决心。

创新位居中国新发展理念之首。瑞士、以色列都是公认的创新大国,同这两国深化创新合作,体现了中国在提升伙伴关系水

---

① 《习近平谈成首个创新战略伙伴国》,人民网,2016年4月11日,http://politics.people.com.cn/n1/2016/0411/c1001-28267781.html。

平时的精准定位。除了两国之外，我们还在与德国、英国、芬兰等国探索将更多的创新元素加入伙伴关系之中，并与日本建立了"中日创新合作机制"，与俄罗斯建立了"中俄创新对话机制"、与巴西打造了"中国—巴西创新对话"合作机制。中国未来的发展和经济结构转型离不开创新。因此，在对外交往中，中国有必要建立更多以创新为支点和动力的伙伴关系。这些伙伴关系建设可以重新定义国家间的竞争形式和内容，协调创新伙伴之间的竞争与互补关系。① 创新伙伴关系的构建不但符合中国"创新、协调、绿色、开放、共享"的新发展理念，更是打造更加紧密的全球伙伴关系网的题中应有之义。②

除了创新伙伴，中国还提出了一系列其他类型的伙伴关系，例如全球互联互通伙伴关系、蓝色伙伴关系，等等，2018年7月31日，在南非约翰内斯堡举行的金砖国家工商论坛上，习近平主席发表重要讲话，指出"我们将共同建设金砖国家新工业革命伙伴关系"③。"建设金砖国家新工业革命伙伴关系"被写入《金砖国家领导人第十次会晤约翰内斯堡宣言》（以下简称《宣言》）。《宣言》中还提到："我们将启动新工业革命伙伴关系的全面运作，成立由五国工业部门及有关部门代表组成的咨询小组。新工业革命伙伴关系旨在深化金砖国家在数字化、工业化、创新、包容、投资等领域的合作，最大程度把握第四次工业革命带来的机遇，应对相关挑战。"可以说，新工业革命伙伴计划，可以使金砖国家优势互补，发挥自己不同的比较优势，把不同国家的技术优势、人才优势、资源优势有效地整合起来。着眼于未来十年、二十年的全球竞争，塑造金砖国家新

---

① 赵隆、于宏源：《创新伙伴关系的次级维度——基于跨国城市联盟的欧亚创新合作探析》，载于《国际展望》2019年第4期，第117页。
② 方晓：《创新伙伴关系：打造全球伙伴关系的新增长点》，载于《国际问题研究》2019年第6期，第47页。
③ 《提升金砖竞争力，建设新工业革命伙伴关系》，载于《人民日报》2018年7月31日第3版。

的竞争优势。①

伙伴关系的另一个形式变化是从重视双边伙伴关系向双多边共同发展。多边伙伴关系主要是中国与区域或跨区域组织之间建立起来的伙伴关系。2014年中国与拉共体决定建立平等互利、共同发展的中拉全面合作伙伴关系，正式建立中拉论坛，顺应了和平、发展、合作、共赢的时代潮流，是中拉关系史上的创举。再加上中国与欧盟的全面战略伙伴关系、中国与非盟的新型战略伙伴关系、中国与东盟和太平洋岛国论坛分别建立的战略伙伴关系，中国的多边伙伴关系网络基本形成。

在多边安全领域，中国还在2018年第八届北京香山论坛上提出"新型安全伙伴关系"②的理念，得到了国际社会的广泛关注。"新型安全伙伴关系"的核心就是"平等互信，合作共赢"。平等互信强调国家之间的平等性，致力于建立战略和政治互信关系，这是合作的前提和基础；合作共赢强调国家间关系的包容性，不是排他性的，不针对任何第三方，国际社会可以实现共同安全、集体安全、普遍安全。从新型安全观，到新型国际安全关系再到新型安全伙伴关系，可以看出中国逐渐形成在国际安全领域的话语体系和理念引导。

第四节　本章小结

党的十八大以来，以习近平同志为核心的党中央勇立时代潮头，推进一系列重大外交理论和实践创新，形成并确立了习近平

---

① 《新工业革命伙伴关系，让"金砖"成色更足》，中国青年网，2018年7月28日，http://news.cri.cn/2018-07-28/3e9eb44b-202d-f12c-b1c5-c52e54a58c30.html。

② 《习近平向第八届北京香山论坛致贺信》，载于《人民日报》2018年10月26日。

外交思想，成为新时代中国外交的根本遵循和行动指南。习近平总书记提出的推动建设新型国际关系、推动构建人类命运共同体以及正确义利观、新发展观、新安全观、全球治理观等诸多新理念、新思想、新主张，极富中国特色，体现了时代精神，引领了人类发展潮流，开辟了当今世界国际关系理论创新的新境界。

构建全球伙伴关系网络继承和发展了中国对外关系的传统理念和实践经验，是构建新型国际关系的重要路径，是习近平外交思想不可或缺的组成部分。十八大之后中国的伙伴关系外交更带有全局性、战略性、系统性、多样性等特点，实现了重要的跨越和升级。未来中国还将坚持打造全球伙伴关系，不断完善伙伴关系全球布局，进一步实现伙伴关系外交的理论发展和实践创新，这是推进中国特色大国外交的应有之意，也是践行习近平外交思想的必然要求。高质量共建"一带一路"形成的全球互联互通伙伴关系和海洋强国建设推动形成的蓝色海洋伙伴就是中国伙伴关系外交实践的典型代表。

第四章

"一带一路"与全球互联互通伙伴关系

2013年9月和10月,中国国家主席习近平在出访中亚和东南亚国家期间,先后提出共建"丝绸之路经济带"和"21世纪海上丝绸之路"(以下简称"一带一路")的重大倡议。经过6年的发展,这一倡议已经成为促进全球共同繁荣、打造人类命运共同体的伟大构想和中国方案,是习近平新时代中国特色社会主义思想的有机组成部分,开辟了我国参与和引领全球开放合作的新境界。与"一带一路"的顺利推进相得益彰,近年来中国从理念上提出建立全球互联互通伙伴关系,成为伙伴关系外交实践中的思想引领和行动指南。经过几年的发展,互联互通以"一带一路"倡议为平台,在政策沟通、设施联通、贸易畅通、资金融通、民心相通五大方面成果丰硕。当今世界正处于百年未有之大变局,推动建立全球互联互通伙伴关系在经济、政治、全球治理方面都有着重要意义。

第一节 全球互联互通伙伴关系的提出与发展

从各国的官方文件来看,互联互通有各种不同的含义。狭义来看,互联互通带有很强的经济含义,广泛用于各国之间的经济合作项目。而从广义来看，互联互通又涵盖了政治、经济、社会、人文等方方面面。互联互通的外交实践是国家间交往超越地理空间的约束实现跨国交往自由化和便利化的表现。① 近年来，互联互通已经成为中国外交中的热门词汇，中国对互联互通的认识也不断深化。2014 年，习近平主席在出席亚太经合组织领导人非正式会议时发表讲话指出，"国际互联互通是一条脚下之路、规则之路和心灵之路"。加强互联互通既包括以基础设施和交通运输为基础的硬联通，也包括以制度规则衔接融通为基础的软联通，还包括各国之间人员的跨境往来与交流，涵盖政策沟通、设施联通、贸易畅通、资金融通和民心相通五大领域。"一带一路"倡议是新时期中国推动互联互通建设的主要实践平台，而通过"一带一路"逐步搭建起来的全球互联互通伙伴关系已经成为中国伙伴关系外交的鲜明时代特色。

一、全球互联互通伙伴关系的提出与发展

作为对外政策的重要组成部分，互联互通近年来频繁出现在中国与其他国家的合作文件中。鉴于地缘联系和政策发展的需要，周边国家是互联互通最早涉及的区域，也始终是互联互通的优先方向和发展重点。2011 年，《人民日报》刊发了题为《互联互通，打造经济活力地带》的文章，分析了中国与东盟合作的一些特点。这是在官方媒体较早出现互联互通这一表述。2013 年，党的十八届三中全会审议通过《中共中央关于全面深化改革若干重大问题的决定》，提出要"加快同周边国家和区域基础设施互联互通建设"②。2014 年，"加强互联互通伙伴关系"东道主伙伴

---

① 赵可金、翟大宇：《互联互通与外交关系——一项基于生态制度理论的中国外交研究》，载于《世界经济与政治》2018 年第 9 期，第 88 页。
② 中国共产党第十八届中央委员会第三次全体会议：《中共中央关于全面深化改革若干重大问题的决定》，中华人民共和国中央人民政府，http://www.gov.cn/jrzg/2013-11/15/content_2528179.htm，2013 年 11 月 15 日。

对话会在北京召开。习近平同志对互联互通进行了高屋建瓴、全面深入的阐述。他提出"自古以来，互联互通就是人类社会的追求。我们的祖先在极为艰难的条件下，创造了许多互联互通的奇迹。丝绸之路就是一个典范，亚洲各国人民堪称互联互通的开拓者"。"今天，我们要建设的互联互通，不仅是修路架桥，不光是平面化和单线条的联通，而更应该是基础设施、制度规章、人员交流三位一体，应该是政策沟通、设施联通、贸易畅通、资金融通、民心相通五大领域齐头并进。这是全方位、立体化、网络状的大联通，是生机勃勃、群策群力的开放系统。"他宣布，中国将出资400亿美元成立丝路基金，为"一带一路"沿线国家基础设施、资源开发、产业合作和金融合作等与互联互通有关的项目提供投融资支持，以率先实现亚洲国家联动发展、互联互通。① 他还指出，要"深化互联互通伙伴关系，优化亚洲区域合作，共建发展和命运共同体"。这从理念到实践为亚洲地区的互联互通指明了方向，也为之后召开的亚太经合组织（APEC）领导人非正式会议做好了铺垫。在之后召开的 APEC 第二十二次领导人非正式会议上，加强全方位基础设施与互联互通建设被列入重要议题。中国主张各国共同规划发展愿景，共同应对全球性挑战，共同打造合作平台，共同谋求联动发展。

互联互通同样是 2016 年在中国举行的二十国集团领导人杭州峰会的核心议题。2016 年 9 月，习近平主席在二十国集团领导人杭州峰会上提出建设联动性世界经济，一方面通过宏观经济政策协调减少负面外部影响，另一方面呼吁发挥基础设施互联互通的带动作用，解决制度、政策、标准不对称问题，帮助发展中国家深入参与全球价值链。② 同月，李克强总理在第十九次东盟

---

① 《习近平主持加强互联互通伙伴关系对话会并发表重要讲话》，新华网，http://www.xinhuanet.com/politics/2014-11/08/c_1113170919.htm，2014 年 11 月 8 日。
② 《习近平在二十国集团领导人杭州峰会上的开幕辞（全文）》，新华社，2016 年 9 月 4 日，http://www.xinhuanet.com/world/2016-09/04/c_129268987.htm。

与中日韩（10+3）领导人会议上呼吁加强"一带一路"倡议与《东盟互联互通总体规划2025》对接，利用亚洲基础设施投资银行、丝路基金、10+3合作基金等平台，推进东亚海洋合作、产能合作，增进社会人文交流，推进东亚整体范围的互联互通。[①] 在2017年召开的首届"一带一路"国际合作高峰论坛上，互联互通是讨论的核心议题，各国强调通过国际、地区和国别合作框架和倡议带来合作机遇，共同致力于发展开放、自由的经济和贸易。在这一阶段，互联互通的内涵不断丰富。亚洲地区仍是重点地区和方向，主张优先实现亚洲互联互通，并加强欧亚联通，同时对非洲、拉丁美洲及其他地区开放。

2019年4月，第二届"一带一路"国际合作高峰论坛正式提出构建全球互联互通伙伴关系，并将"推进互联互通，挖掘增长新动力"作为三大议题之一。构建全球互联互通伙伴关系，推动联动发展成为本次会议的成果亮点之一。习近平主席强调，共建"一带一路"，关键是互联互通，要通过构建全球互联互通伙伴关系，实现共同发展。与会各方对此普遍予以支持，同意在伙伴关系引领下，本着多边主义精神，合力推进全方位互联互通，建设高质量、可持续、抗风险、价格合理、包容可及的基础设施，并加强各国政策、规则和标准的"软联通"。各方期待就此同中方深化合作，支持"一带一路"同各国发展战略有效对接，与区域和国际发展议程相互融合。会议期间，有关国家和国际组织还在交通、税收、贸易、审计、科技、文化、智库、媒体等领域同中方签署了100多项多双边合作文件，一些国家和国际金融机构同中方签署了开展第三方市场合作文件。这些都是对构建全球互联互通伙伴关系的重要贡献。

---

① 《李克强在第19次东盟与中日韩（10+3）领导人会议上的讲话（全文）》，新华社，2016年9月8日，http://www.gov.cn/guowuyuan/2016-09/08/content_5106459.htm。

互联互通伙伴关系的范围进一步扩大，关于全球伙伴关系的讨论和实践也日益丰富。2019年6月，第二十三届圣彼得堡国际经济论坛全会上，习近平提出，共建"一带一路"与俄罗斯"大欧亚伙伴"理念相通，并与俄达成"一带一路"倡议与欧亚经济联盟对接的共识。习近平主席还在会上强调，要坚持共商、共建、共享，不断扩大开放，与各国分享最新科研成果，转变经济增长模式。① 同月，二十国集团领导人大阪峰会前最后一次二十国集团财长和央行行长会议核准了《二十国集团高质量基础设施投资原则》，再次重申"共商共建共享""互联互通"等重要理念。

经过了近几年的实践发展以及取得的突出成就，推动构建全球互联互通伙伴关系已经成为中国特色大国外交的重要组成部分，是中国伙伴关系外交在新时期的鲜明体现，也是推进"一带一路"高质量发展的理念支撑。有学者将互联互通视为理解国际关系的新概念。"互联互通目的在于促进相关国家之间交往的便利化和流动性，互联互通是一种平等的关系网络，互联互通内不存在一个中心国家，也不存在要将某个国家吸纳进某个中心，它是一个便利化、流动性的共生网络。从'一带一路'、互联互通的许多政策阐述和实践过程中，人们可以发现，'共'这一汉字是'一带一路'和互联互通的核心价值。从共建、共商、共享、共生，一直到命运共同体，都可以看到由'共'这一汉字衍生出来的许多词语。这个价值观更符合'一带一路'沿线国家多元、多样的政治和文化生态。"② 可以看出，互联互通与伙伴关系在价值取向上是高度契合的。在构建全球互联互通伙伴关系的理念指引下，中国的"一带一路"建设取得了巨大的发展，也

---

① 《习近平在第二十三届圣彼得堡国际经济论坛全会上的致辞（全文）》，新华网，2019年6月8日，http://www.xinhuanet.com/world/2019-06/08/c_1124596100.htm。

② 苏长和：《互联互通：理解国际关系的新概念》，载于《中国社会科学报》2015年12月8日第1版。

第四章 "一带一路"与全球互联互通伙伴关系

从实践上有力证明了伙伴关系外交的先进性和生命力。

二、全球互联互通伙伴关系的突出成就

2013年秋天,习近平主席在哈萨克斯坦和印度尼西亚分别提出了共建"丝绸之路经济带"和"21世纪海上丝绸之路"的倡议。六年多以来,"一带一路"建设已从理念到行动,发展成为实实在在的国际合作,增进了中国和沿线各国的战略互信,凝聚了国际共识。其成果从无到有、由点及面,取得了令人瞩目的成就。"一带一路"倡议为建立全球互联互通伙伴关系搭建了良好的平台。习近平主席曾在"加强互联互通伙伴关系"东道主伙伴对话会上这样形容两者的关系:"如果将'一带一路'比喻为亚洲腾飞的两只翅膀,那么互联互通就是两只翅膀的血脉经络。"[1] 近年来,"一带一路"参与区域不断扩大、国家不断增多。2019年又有16个国家和国际组织同中国签署共建"一带一路"合作文件,文件总数升至199份。2017年5月,第一届"一带一路"国际高峰论坛在北京召开,29国领导人及来自140多个国家、80多个国际组织的约1 600名各界贵宾出席,达成了279项具体成果并已全部落实。[2] 2019年4月,中国成功举办第二届"一带一路"国际合作高峰论坛,40位国家和国际组织领导人齐聚一堂,150个国家、92个国际组织近6 000名代表共襄盛举,达成283项重要成果。[3] 共建"一带一路"的伙伴越来越多,会议达成的各项共识及协议涉及面越来越广,各方之间的了

---

[1] 习近平:《联通引领发展 伙伴聚焦合作——在"加强互联互通伙伴关系"东道主伙伴对话会上的讲话》,新华网,2014年11月8日,http://www.xinhuanet.com/world/2014-11/08/c_127192119.htm。

[2] 中国外交部:《"一带一路"国际合作高峰论坛概况》,https://www.fmprc.gov.cn/web/wjb_673085/zzjg_673183/gjjjs_674249/gjzzyhygk_674253/ydylfh_692140/gk_692142/,最近更新时间:2019年8月。

[3] 《新起点新愿景新征程——王毅谈第二届"一带一路"国际合作高峰论坛成果》,新华网,2019年4月29日,http://www.xinhuanet.com/2019-04/29/c_1124429961.htm。

解和合作也越来越深入。"一带一路"国际合作高峰论坛成为各参与国、国际组织深化交往和合作的重要平台。随着"一带一路"的推进，越来越多的国家加入了同中国合作的行列。共建"一带一路"国家已由亚欧延伸至非洲、拉丁美洲、南太平洋等区域。

一方面，越来越多的非洲国家非常愿意抓住"一带一路"合作的契机。2018年5月，肯尼亚、埃塞俄比亚领导人来华出席"一带一路"国际合作高峰论坛。中国已同南非、埃及、马达加斯加、苏丹、摩洛哥等9国签署"一带一路"合作协议，并正在同20多个非洲国家开展商签工作。目前，中非"一带一路"建设合作稳步推进并取得早期收获，亚吉铁路、蒙内铁路等一大批重大项目已经或正在建成。"一带一路"已经成为中非共同发展的新引擎。① 另一方面，越来越多的拉美国家认可和接受"一带一路"倡议。2018年1月，中拉论坛第二届部长级会议成功举行。习近平主席向会议致贺信，倡议中拉共建"一带一路"新蓝图，打造一条跨太平洋的合作之路，得到拉方积极响应。会后，中拉双方共同发表《关于"一带一路"倡议的特别声明》，标志着"一带一路"倡议正式延伸至拉美地区。拉美基础设施"一体化"是共建"一带一路"的重要基础，在中拉整体合作框架内确认拉美在"一带一路"建设中的地位，体现了"拉美地区不仅是21世纪海上丝绸之路的自然延伸，也是'一带一路'建设不可或缺的重要参与方"②。具体来看，利用"一带一路"这一平台，互联互通建设成果丰硕，也为全球互联互通伙伴关系的深化奠定了坚实的基础。政策沟通、设施联通、贸易畅通、资金融通和民心相通是"一带一路"建设的核心内容。根据推进"一带一路"建设工作领导小组办公室2019年发布的《共建

---

① 《外交部非洲司司长戴兵谈习近平主席访非及中非关系》，载于《中国新闻周刊》2018年第29期，第19~21页。
② 谢文泽：《中国—拉共体共建"一带一路"探析》，载于《太平洋学报》2018年第2期，第11页。

第四章 "一带一路"与全球互联互通伙伴关系

"一带一路"倡议：进展、贡献与展望》报告，包括产业领域在内，过去6年时间里，"一带一路"建设取得了重大的进展。

2013~2019年，中国与沿线国家货物贸易累计总额超过了7.8万亿美元，对沿线国家直接投资超过了1 100亿美元，新签承包工程合同额接近8 000亿美元。2019年全年，中国与沿线国家货物贸易超过1.3万亿美元，增长达6%，占对外贸易总额的比重提升2个百分点，达到19.4%。对外承包工程方面，我国企业在"一带一路"沿线的62个国家新签对外承包工程项目合同6 944份，新签合同额达1 548.9亿美元，占同期我国对外承包工程新签合同额的59.5%，同比增长23.1%；完成营业额979.8亿美元，占同期总额的56.7%，同比增长9.7%。除此之外，中国在"一带一路"沿线国家实施人道主义民生项目援助将近100亿美元，援助的项目多达2万多个。

中国与"一带一路"沿线国家政治、经贸、人文交流的热络，其主要目标是借用古代丝绸之路的历史符号，充分依靠中国与有关国家既有的双多边机制，借助既有的、行之有效的区域合作平台，高举和平发展的旗帜，积极发展与沿线国家的经济合作伙伴关系，共同打造政治互信、经济融合、文化包容的利益共同体、命运共同体和责任共同体。接下来，"一带一路"倡议将进入高质量发展的新阶段，共建"一带一路"正在从"大写意"转向"工笔画"。经过6年的发展，共建"一带一路"在扩充、完善布局的基础上，进入更为全面、深入、具体合作的关键时期。

可以说，"一带一路"已经成为国际上最受欢迎的公共产品，积极打造全球互联互通伙伴关系是"一带一路"下一步推进的重点。"一带一路"与伙伴关系外交的精神内涵是高度一致的。共建"一带一路"是和平发展、经济合作倡议，不是搞地缘政治联盟或军事同盟；是开放包容、共同发展进程，不是要关起门来搞小圈子或者"中国俱乐部"；不以意识形态划界，不搞"零和游戏"。不管处于何种政治体制、地域环境、发展阶段、文化背景，都可以加入"一带一路"朋友圈，共商共建共享，实现合作共赢。新时期"一带一路"倡议的高质量推进必将不断扩大中国的伙伴网络。第二届"一带一路"国际合作高峰论坛规模的壮大和讨论的深化都彰显了中国的伙伴越来越多，中国理念得到的国际支持也越来越广泛。正如国务委员兼外交部长王毅所指出的，在这些重要共识基础之上，未来努力提升基础设施互联互通水平，建设中欧班列、陆海新通道等国际物流和贸易大通道，发展经贸产业合作园区，推动经济走廊建设提质升级，让更多国家参与全球价值链、产业链、供应链并从中受益。这正是全球伙伴关系网络建设的重要路径和未来方向。

第二节　建立全球互联互通伙伴关系的动因

互联互通有着悠久的历史渊源和灿烂的实践成就。两千多年前的古丝绸之路打开了各国友好交往的窗口，成为互联互通的一个历史典范，以至近现代，尤其是大航海时代之后各国之间的交往联通更是绵延扩展。近年来，互联互通再次成为中国特色大国外交实践中的热点词汇，构建全球互联互通伙伴关系与共建"一带一路"、构建新型国际关系、构建人类命运共同体等理念一起成为习近平外交思想的重要组成部分。全球互联互通伙伴关系的提出与当前国际形势和地区格局的深刻演变、全球治理体系的失灵、中国与世界关系的深刻变化等因素密不可分。面临百年未有之大变局，推动世界各国互联互通，建立全球互联互通伙伴关系既有深刻的动因，又具有深远影响。

一、弥补全球基础设施短板

近年来全球经济形势不容乐观，经济增长动能不足。根据世界银行的估计，由于贸易紧张和投资疲软，预计新兴市场和发展中经济体在2019年的经济增速将下滑至4%，为四年来的低点。

第四章 "一带一路"与全球互联互通伙伴关系

在东亚和太平洋地区，经济增速预计将从去年的6.3%下降至5.9%，这也是该地区的经济增速自1997~1998年亚洲金融危机发生以来首次跌至6%以下。而国际货币基金组织也有类似的预测，预计2019年全球经济增长3.2%，发达经济体为1.9%，新兴市场与发展中经济体为4.1%。发达经济体中，美国为2.6%，但是明年下滑至1.9%；欧元区为1.3%；日本为0.9%。金砖国家中，中国为6.2%、印度为7%、俄罗斯为1.2%、巴西为0.8%、南非为0.7%。全球经济面临下行风险。① 而全球第四大经济体德国在2019年第二季度出现经济萎缩，阿根廷比索和股票市场股价暴跌，引发了对这个南美大型经济体的担忧。全球经济拉响了衰退的警报。② 在此背景下，利用基础设施和互联互通推动世界发展，创造新增长点的方式，提振全球经济增长的动力。这不仅对于新兴市场和发展中经济体来说尤为重要，而且也可以使欧美发达国家从中受益。

加大交通等互联互通建设力度，一方面可以增加就业，提供经济增长点；另一方面也可以通过互联互通建设，打造畅通的物流网络，提升出入境便利化水平，将各国的地缘毗邻优势、经济互补优势转化为务实合作优势、持续增长优势。③ 新兴市场和发展中经济体对基础设施需求很大。2030年之前满足亚洲和前苏联国家未来流动性需求所需要的平均交通投资将达到年均国内生产总值的0.5%~1%。④ 根据国际交通论坛（2016）的预测，在

---

① IMF. *World Economic Outlook*, July 2019, https://www.imf.org/zh/Publications/WEO/Issues/2019/07/18/WEOupdateJuly2019.
② Josh Mitchell, Jon Hilsenrath. Warning Signs Point to a Global Slowdown, *The Wall Street Journal*, August 16, 2019.
③ 新华社评论员：《让互联互通点亮合作的灯火——论习近平主席在"加强互联互通伙伴关系"东道主伙伴对话会讲话》，新华网，http://www.xinhuanct.com/world/2014-11/09/c_1113170973.htm，2014年11月9日。
④ Rozenberg, J., and M. Fay. *Beyond the Gap: How Countries Can Afford the Infrastructure They Need while Protecting the Planet*, World Bank, 2019. https://openknowledge.worldbank.org/handle/10986/31291.

2030年之前走廊沿线经济体的集装箱运输中，南亚（193%）和东南亚（163%）的增长幅度最大，2030年南亚的集装箱运输量比2013年的集装箱港口容量高出93%，东南亚则高出86%。①

尽管近年来亚洲国家大力发展基础设施建设，但基础设施的数量和质量仍不完善，各国之间也存在较大差距，广大发展中国家不仅面临着运输和贸易成本高及资金、技术等多方面的制约，也面临着基础设施需求大且建设能力不足的困境。基础设施建设覆盖地域广大，国家众多，地貌地形多样，地理条件迥异。根据《"一带一路"五通指数研究报告》显示，2017年平均设施联通得分仅为9.71分，在五通中位列最后，在等级划分中也只作为潜力型。② 特别是中亚等内陆国家以及经济发展较为落后的国家，设施联通仍是明显短板。基础设施薄弱、联通能力不足已经成为许多发展中国家经济发展的掣肘。在能源基础设施领域，很多国家面临能源严重不足的状况。在亚洲，有4亿人受到电力短缺的影响③，巴基斯坦部分城市一天仅能供电4~6个小时。交通设施也较为落后。"一带一路"倡议推进之前，泰国只有4 000公里铁路，每小时运行速度仅达30~40公里/小时，严重影响了经济发展和人民生活水平。绝大部分"一带一路"沿线国家的机场密度每1 000平方千米只有0~0.7个。中国有10万公里的高速公路网，而印度尼西亚只有700公里的高速公路④，由于道路不畅导致的交通拥堵更导致了大量的生产力损失和燃料浪费。其他地区也面临着类似的问题。据国际货币基金组织称，在其他

---

① International Transport Forum, *Capacity to Grow: Transport Infrastructure Needs for Future Trade Growth*, 2016. https://www.itf-oecd.org/capacity-grow-transport-infrastructure-needs-future-trade-growth.
② 北京大学"五通指数"课题组：《"一带一路"五通指数研究报告（2018）》，2018年9月7日。
③ Juzhong Zhuang, *Asia Infrastructure Remains Inadequate*, *Public-private Co-operation Essential to Meet Investment Needs*, OMFIF Commentary, Nov. 6, 2017.
④ 吴建民：《研究亚洲——促进和平与繁荣》，载于《印度洋经济体研究》2015年第1期，第9页。

第四章 "一带一路"与全球互联互通伙伴关系

积极响应"一带一路"倡议的地区——比如拉丁美洲和非洲,基础设施普遍缺失是经济增长与发展的最大障碍之一。①

基础设施建设资金不仅缺口较大,融资形式也较为单一。亚洲开发银行报告指出,2016~2030年,亚洲发展中国家基础设施投资需求达26.2万亿美元,相当于亚洲预计GDP规模的5.9%。② 很多发展中国家正处于经济发展的起步阶段,实力有限,投资环境欠佳,人口较少,市场容量不大,融资困难,难以得到世界银行和亚洲开发银行等国际机构的青睐,而私人资本也没有强烈的投资愿望。目前,政府资金在以"一带一路"为代表的互联互通建设者中仍占据绝对主导地位,约占全部基础设施投资的70%,私人资本仅占约20%。③ 由于互联互通涉及大量基础设施项目,投资规模大、门槛高、回收期长、收益利润低,加之民营资本参与项目的政策限制较多,社会私人资本补充资金缺口仍然受到主观、客观上的限制。这也成为很多发展和转型中国家难以突破的发展"瓶颈"。世界银行的一份报告中指出,"缩小发展中国家在基础设施上的差距是减少极端贫困的关键"④。

加大对基础设施建设的投入,在为各国未来发展打下坚实基础的同时,其本身就能够增加就业,形成新的增长点,激发各国经济潜力。此外,共建互联互通伙伴关系除了能够扩大各方对于基础设施的投资和建设、弥补联通设施投资的不足外,还能够提

---

① Hamid Faruqee and S. Pelin Berkmen. The Regional Economic Outlook: Western Hemisphere - Managing Transitions and Risks, *International Monetary Fund World Economic and Financial Surveys*, April 2016, https://www.imf.org/en/Publications/REO/WH/Issues/2017/01/07/~/media/Websites/IMF/imported-flagship-issues/external/pubs/ft/reo/2016/whd/eng/pdf/_wreo0416pdf.ashx.

② Asian Development Bank. *Meeting Asia's Infrastructure Needs*, February 2017, P.11.

③ 李研:《努力实现"五通"交流合作,积极促进"一带一路"建设——党的十九大后"一带一路"倡议新的挑战和对策》,载于《理论与现代化》2018年第2期,第19页。

④ The World Bank. *Spending More and Better: Essential to Tackling the Infrastructure Gap*, Apr. 16, 2016.

升各国的联通水平，同时改善区域、国家内部的互联互通状况。互联互通建设有利于缩短货物及商品运输时间、提高运输效率，鼓励境内外贸易，扩大生产网络，深化区域经济合作。世界银行的一份报告显示，"一带一路"交通基础设施项目带来的设施联通能够使"一带一路"沿线经济体出货时间平均减少1.7%~3.2%，贸易成本减少1.5%~2.8%；其中，中国—中亚—西亚经济走廊沿线国家的运输时间最多将下降约12%。①

在共建"一带一路"合作框架下，近年来全球基础设施缺乏的状况得到了一定程度的改善。世界银行研究组的量化贸易模型结果显示，共建"一带一路"将使"发展中的东亚及太平洋国家"的国内生产总值平均增加2.6%~3.9%。② 这些国家经济的快速发展很重要的原因是中国支持亚洲、非洲、拉丁美洲等地区广大发展中国家加大基础设施建设力度，世界经济发展的红利不断输送到这些发展中国家。而世界银行2019年初的报告也明确指出，"一带一路"倡议的全面实施，可使3 200万人摆脱中度贫困，使全球和"一带一路"经济体的贸易额分别增加6.2%和9.7%，使全球收入增加2.9%。③

未来的全球互联互通伙伴关系发展仍将把基础设施作为重点，而且不仅局限于公路、铁路、港口等传统的基础设施建设，还将推进航空、航天、网络、通信等领域的互联互通。从更广阔的范围来看，这将激发各国的发展潜力，实现经济融合、发展联动，维护全球自由贸易体系和开放型的世界经济。世界基础设施

---

① Michele Ruta, Alen Mulabdic, Siobhan Murray, Nadia Rocha and Francois De Soyres. *How much will the Belt and Road Initiative reduce trade costs*? The World Bank, Oct. 16, 2018, P. 3.

② François de Soyres. *The Growth and Welfare Effects of the Belt and Road Initiative on East Asia Pacific Countries*, World Bank Group, October 2018 Number 4.

③ *Belt and Road Economics. Opportunities and Risks of Transport Corridors*, World Bank Group, June 2019, https：//www.worldbank.org/en/topic/regional－integration/publication/belt－and－road－economics－opportunities－and－risks－of－transport－corridors.

发展需求的规模极其庞大,"一带一路"倡议虽然只是众多方案之一,却也让其他挑战应对之策相形见绌。①

二、体现新时期的大国担当

近年来中国的经济持续快速增长。中国国内生产总值(GDP)2000 年超过意大利,位于世界第六位;2005 年超过英国和法国,位于世界第四位;2008 年超过德国,居世界第三位;2010 年超过日本,居世界第二位。中国与美国的差距逐步缩小。2018 年,美国仍然是全球最大的经济体,GDP 总值约为 20.51 万亿美元,成为全球首个 GDP 超过 20 万亿美元的国家。中国 GDP 总量超过 90 万亿元人民币(约合 13.6 万亿美元),相当于美国 GDP 的比例从 2005 年的 17.9% 上升至 2018 年的 66.4%。与此同时,我国人均国内生产总值不断提高,2018 年接近 1 万美元,这是经济发展的一个里程碑,意味着我国步入中高收入国家行列。同时,中国在工农业产品产量、货物贸易、服务贸易、国际竞争力等方面也都有大幅提升,国际力量对比朝有利于我国的方向发展。中国的发展越来越离不开国际的市场、资源、资金、技术和人才,国际政治、经济、安全形势的发展变化,也紧密牵动着中国经济社会的稳定和发展。中国与世界日益成为联系紧密的命运共同体。

在中国日益走近世界舞台中心的同时,中国与外部世界的关系也进入了深度磨合期,面临的外部环境更为复杂,挑战和风险增多。特别是西方一些人依靠媒体的话语主导权,惯于操控涉华舆论,抹黑中国形象。西方一些媒体尽管无法否认中国经济的发展成就和国际影响力的上升,但在更多情况下仍肆意批评中国的

---

① *The Belt and Road Initiative*, *Views from Washington*, *Moscow*, *and Beijing*, Carnegie – Tsinghua Center for Global Policy, April 8, 2019, https://carnegietsinghua.org/2019/04/08/belt-and-road-initiative-views-from-washington-moscow-and-beijing-pub-78774.

政治制度、社会问题，炒作包括"中国威胁论""中国责任论""中国傲慢论"等形形色色的涉华论调。新一轮"中国威胁论"甚嚣尘上。① 国际上仍有一些看法认为，中国发展将印证"国强必霸"的逻辑。随着中国国力和国际影响力的增强，传统大国和一些周边国家心态失衡，战略焦虑加重，中国将面临更多质疑和挑战。

全球互联互通伙伴关系的提出，会在一定程度上缓解乃至化解国际社会对中国的疑虑。首先，政策沟通是推进互联互通的重要保障，也是形成携手共建行动的重要先导。每个国家在制度法规、宗教信仰、基本国情、政策标准上都各有差异，其利益诉求也各不相同，人员、商品、资金跨境流动的成本高、时间长，这就需要各方积极沟通，达成政策共识，更好地求同存异，为合作营造良好的政策环境，互联互通才能更加畅通。近几年，"一带一路"政策持续推进，政策沟通的渠道更加多样化。通过"一带一路"打造全球互联互通伙伴关系，不是推倒重来、另起炉灶，而是加强对接，实现优势互补。在这一层面，中国同许多国家进行了政策的对接，成效显著。通过这些对接，将众多国家的发展战略纳入"一带一路"建设中来，有助于实现相关战略更好、更全面的发展，扭转了一些国家最初怀疑的态度，大大增强了战略互信。

其次，建立全球互联互通伙伴关系有助于为中国特色大国外交打下良好的民意基础。这是中国尝试广交朋友、克服大国崛起困境的实践。互联互通在理论上涉及主权、政权和治权的让渡、转移和超越等敏感的复杂问题。② 因此，"一带一路"倡议特别

---

① 相关讨论参见刘卫东：《新一轮"中国威胁论"意欲何为?》，载于《红旗文稿》2018 年第 15 期；王俊生：《直面美国新一轮"中国威胁论"》，载于《世界知识》2018 年第 16 期；王聪悦：《厘清和有效应对有关的"中国威胁论"》，载于《世界社会主义研究》2019 年第 1 期。

② 赵可金、翟大宇：《互联互通与外交关系———一项基于生态制度理论的中国外交研究》，载于《世界经济与政治》2018 年第 9 期，第 88 页。

是"五通"能否顺利开展很大程度上取决于中国邻国的反应。中国的互联互通伙伴关系建设着眼全面，旨在与众多签约国开展全方位的合作。通过经济合作可以让世界看到，中国尽管还是一个发展中国家，但在取得举世瞩目的经济成就后，仍然愿意通过"一带一路"倡议与其他各国分享发展带来的好处，把自身的经济成就转化成推动亚洲国家互联互通、经贸合作、金融支持、人心相通等的能力，探索推动国际合作与共赢的各种可能，打造沿线各国共同繁荣的局面。例如在东南亚地区，近年来中国大力推动"高铁外交"，有力带动了这一地区互联互通状况的改善。① 尽管早在20世纪60年代，随着泛亚铁路网的提出，东南亚地区就已经成为亚洲地区重要的铁路枢纽，东盟通道是泛亚铁路网四条通道之一。然而，中国"一带一路"倡议的提出，重新激活和显现了东南亚地区在亚洲基础设施互联互通中的地位和角色，同时也使其成为中国"高铁外交"的一个重点区域。在"一带一路"框架下推进"高铁外交"成为弥补东南亚国家基础设施短板，实现各国合作共赢的重要途径和体现。同时有助于深化中国与东盟之间的战略互信，实现从"利益共同体"到"命运共同体"的转变和升级。②

同时通过在民心相通方面的众多举措，可以赢得对象国的民心和支持。例如，中国国家留学基金管理委员会已为"一带一路"沿线国家的青年学子新设了奖学金和资助计划，帮助他们进入中国顶尖大学就读本科、研究生和语言课程。近年来，来华留学的人数不断增加。同时中国还举办"一带一路"专项双多边交流培训、设立"一带一路"专项奖学金，多策并举，夯实互联互通伙伴国的民意基础。根据当代中国与世界研究院2018年

---

① 任远喆：《"一带一路"与中国在东南亚的"高铁外交"实践》，载于《东南学术》2019年第3期，第140~148页。
② 阮建平、陆广济：《深化中国—东盟合作：从"利益共同体"到"命运共同体"的路径探析》，载于《南洋问题研究》2018年第1期，第8~19页。

发布的《中国国家形象全球调查报告 2016－2017》显示，海外对中国整体形象好感度稳中有升，其中发展中国家对中国的印象总体好于发达国家。中国对全球治理的贡献和国内治理的表现赢得海外好评，尤其是科技和经济领域参与全球治理的表现得到更多认可。相比年长群体，海外年轻人对中国内政外交表现评价更高。其中，"一带一路"倡议的海外认知度逐年提升，在印度尼西亚、巴基斯坦等沿线国家的认知度达到四成以上。

另外，中国快速增强的经济和科技实力也为打造全球互联互通伙伴关系，发挥负责任的大国作用奠定了基础。中国是世界制造业大国，高铁、核电等领域相比其他发展中国家具有极大的技术和产业优势。同时，中国拥有的巨额外资储备也能够为基础设施等优势产能的输出提供良好的资金支持和信誉保障。互联互通需要高科技的支撑，而中国近年来科学技术的迅猛发展有目共睹，为"一带一路"的推进和全球互联互通伙伴关系的发展提供了保障。从历史经验来看，技术创新的过程一直是增进财富和福祉的最大驱动力。① 在科技革新的推动下，人类正在走向第四次工业革命。新一轮科技和产业革命的主要特点是：多种重大颠覆性技术不断涌现，科技成果转化速度明显加快，产业组织形式和产业链条更具垄断性。世界主要国家都加大了以人工智能、大数据、物联网等技术为代表的新兴技术的投资研发。科技能力成为衡量一个国家综合实力的重要指标，大国之间科技竞争日趋激烈。自 20 世纪 50 年代以来，全球产业呈现出"梯度转移"特征，发达国家依托技术优势，主动转出低附加值产业，攫取超额利润。1990 年 97.1% 的专利由发达国家申请，到 2015 年中国成为世界最大的专利申请国，占世界总量比重达到 46.8%，带动整个发展中国家在专利申请量占世界总量比重上超过发达国家。

---

① ［德］克劳斯·施瓦布、［澳］尼古拉斯·戴维斯：《第四次工业革命》，中信出版集团 2018 年中文版，第 7 页。

中国已经在无人机、互联网、云计算、生物医药、共享经济等方面取得了领先世界的成果。根据国家统计局2019年7月23日发布的报告显示，2018年，按折合全时工作量计算的全国研发人员总量为419万人年，是1991年的6.2倍。我国研发人员总量在2013年超过美国，已连续6年稳居世界第一位。我国研发经费投入持续快速增长，2018年达19 657亿元，是1991年的138倍。研发经费投入强度屡创新高，2014年首次突破2%，2018年提升至2.18%，超过欧盟15国平均水平。按汇率折算，我国已成为仅次于美国的世界第二大研发经费投入国家。同时，科学论文成果丰硕，专利发明大幅提升。近年来，由于"摩尔定律"开始失效，以美国为代表的发达国家科技创新能力边际效益递减，科技优势造就的新经济奇迹和竞争优势逐渐减弱，以中国为代表的发展中国家在全球产业结构中的地位明显上升，已经成为维护开放型世界经济、改善全球互联互通的中坚力量。

三、对接国内发展战略

在国际上通过"一带一路"建立全球互联互通伙伴关系同样也有重要的国内动因，有利于推动中国形成对外开放新格局。经过改革开放40年的高速增长，中国经济正在进入"新常态"，增长速度有所下降，传统低成本比较优势明显弱化；国内产能仍然过剩，产业转型升级压力较大；区域发展明显失衡，空间结构布局亟待优化；进出口贸易增速放缓，对外投资数量和水平有待提升。这些都需要有新的思路加以应对。推进互联互通，共建"一带一路"就是新时期中国进一步对外开放的重要举措。

受地理位置、交通条件等因素的影响，经济发展不均衡、对外开放水平参差不齐的现象越来越突出，成为我国发展的一大瓶颈。东部沿海交通便利、资金技术密集，已然跻身发达板块行列；中西部地区受制于自然状况、交通条件和历史原因等因素发展滞后。互联互通伙伴关系的建立，不仅能够有效促进东部发达地区的产业转型升级，还有利于全面提升中西部地区的对外开放程度，为开放程度不高的地区增添新的经济活力，使中西部地区从内陆沿边地区成为开放前沿。这为地方政府的国际活动提供了新的机遇与动力。① 根据2015年3月份发布的《推动共建丝绸之路经济带和21世纪海上丝绸之路的愿景与行动》，在推进"一带一路"建设中，中国将充分发挥国内各地区比较优势，实行更加积极主动的开放战略，加强东、中、西互动合作，全面提升开放型经济水平。西北、西南、东北、沿海等各个地区都有明确的战略分工。这就要求地方政府充分发挥对外事务职能，主动推动对外交流与合作。虽然仍属于中央政府赋权的范畴，而且更多集中于经济文化交流等低政治领域，但地方政府的自主性还是有很大的提升。地方政府依托自身的区位优势，单独制定不同版本的对接方案，为"一带一路"总体规划服务。在一些学者看来，"一带一路"的根本在次国家政府层面，需要有中央与地方、官方与企业、国内与国外统筹考虑的网络化设计。② "一带一路"的持续推进从一定程度上重新调试了中央与地方的关系，赋予次国家政府外交更多战略性的作用和意义，也为中国企业参与更广阔的市场发展提供了新空间。而通过国际上互联互通伙伴关系的建立，还可以倒逼国内改革，进一步释放经济发展的新动能。

在2018年8月27日召开的推进"一带一路"建设工作5周年座谈会上，习总书记指出，5年来，共建"一带一路"大幅提升了我国贸易投资自由化、便利化水平，推动我国开放空间从沿海、沿江向内陆、沿边延伸，形成陆海内外联动、东西双向互济的开放新格局；我们同"一带一路"相关国家的货物贸易额累

---

① 任远喆：《次国家政府外交的发展及其在中国跨境区域合作中的实践》，载于《国际观察》2017年第3期，第107~108页。
② Tim Summers. China's "New Silk Roads": Sub-national Regions and Networks of Global Political Economy, *Third World Quarterly*, Volume 27, 2016, pp. 1628-1643.

计超过 5 万亿美元，对外直接投资超过 600 亿美元。换言之，通过共建"一带一路"，中国的对外贸易投资水平得到大幅提升，正在形成全面开放的崭新格局。由此可见，借助"一带一路"，建立全球互联互通伙伴关系已经开始释放出国内发展的红利。

四、完善全球治理体系

"一带一路"是中国向世界提供的重要公共产品，全球互联互通伙伴关系的建立有助于缓解当前全球治理体系面临的困境。当今世界面临的不稳定性、不确定性突出，多边主义面临危机，全球治理遭遇挑战，大国战略竞争日趋激烈。全球地缘政治风险、经济格局、产业结构等发生深刻调整，发展赤字、和平赤字、治理赤字严峻。世界经济复苏艰难曲折，国际金融市场动荡不稳，全球贸易持续低迷，贸易保护主义、民粹主义等逆全球化思潮明显抬头，经济全球化阻力上升。国际安全形势不容乐观，局部冲突和地区热点问题交织，恐怖主义、难民危机等非传统安全威胁凸显，需要共同应对的全球性挑战不断增多。同时，既有的全球治理体系面临着新的挑战，新兴市场国家和发展中国家在后金融危机时代保持了较高水平的增长，对全球经济增长的贡献已达到 80%[①]，国家力量对比发生深刻变化，但这些国家在世界银行等国际组织的地位与其自身实力并不相匹配。当前的全球治理体系存在结构性缺陷，与世界经济、政治格局的深刻变化不相适应，传统秩序的弊端不断出现。"后冷战时代"在解决全球问题的努力中几乎没有取得任何进展，其中一个重要原因是主要国际参与者之间各方面的关系没有得到适当的管理，没有提升为真正的伙伴关系，而相互疏远却越来越明显。世界正在走向一个多

---

① 陆钢：《一带一路搭建国际合作新平台》，新华网，http://www.xinhuanet.com/world/2017-11/05/c_129733013.htm。

元化和多节点的地球村。①

中国的"一带一路"和全球互联互通伙伴关系着眼于对传统国际规制的补充和完善,有助于增强全球治理体系的有效性、代表性和完善性。国际规制对于大国参与全球治理和引导国际秩序变革意义重大。关于国际规制对于全球治理和国际秩序的重要性,国际关系的传统现实主义和自由制度主义存在不同的认识。现实主义者着重强调国际规制与大国霸权体系之间的关系,认为国际机制反映了国家实力在世界的分配,它建立在主导国对霸权追求的基础之上。② 现实主义者认为霸权国可以建立起有效的国际机制和国际规则,并负责机制运行和规则实施。霸权国缺位,世界就会失序。霸权国或领导者有责任保证提供政治、经济、安全等方面的种种公共物品,并承担其成本,因而霸权国的存在对于国际秩序是非常重要的。而国际机制理论则强调国际规制的广泛性、功能性和持久性。它们认为只要存在政治体系,就存在国际机制,即便是在大国争霸这种最具无政府特征的国际关系领域,国际机制也是重要的因素。③ 国际制度自身也是一种权力,可以独立发挥作用。制度的核心是规则,国际规则可以约束国家损人利己的行为,减少或改变国际体系的无政府状态,最终促进国家之间的合作。

在大国间无战争的时代,参与和引导全球治理主要依靠国际组织及其规则。规则之争是当代全球治理最鲜明的特点。通过掌握国际规则整合力量和优势,是美国不同于以往帝国或霸权国的

---

① Brantly Womack. China's Future in a Multinodal World Order, *Pacific Affairs*, Vol. 87, No. 2, 2014, pp. 265 – 284.

② John J. Mearsheimer. The False Promise of International Institutions, *International Security*, Vol. 19, No. 3, 1994, pp. 5 – 49.

③ Stephen D. Krasner, ed. *International Regimes*, Cornell University Press, 1983, pp. 61 – 114.

第四章 "一带一路"与全球互联互通伙伴关系

治理方式。① 尽管美国在19世纪末就已经成为世界第一大经济体,然而其全球性霸权国的确立是在"二战"结束之后。通过领导建立联合国、国际货币基金组织、世界银行和关贸总协定等一系列国际机制,美国建立并掌控了涵盖政治、经济等方方面面的国际规则网络,获取了持久的制度性权力。"二战"后的国际秩序正是围绕着美国式民主与错综复杂的制度网络而构建的。美国不但是该网络的缔造者,而且不断运用权力维护着这一以它为核心的国际秩序,以实现全球霸权和治理。② 这些国际规制背后的支撑更多的是以美国为代表的西方社会的政治结构与价值理念,通过它们实现了其霸权的收益,构建了所谓的"自由主义国际秩序"。在西方学者看来,"冷战"结束之后,"自由主义国际秩序"逐渐发展成了全球秩序的代名词。

然而,近年来支撑起"自由主义国际秩序"的一整套国际制度和规则却在发生动摇。现有的国际规则体系不能有效地实行治理,导致全球层面秩序紊乱的现象,也就是全球治理的失灵。③ 美国学者理查德·哈斯（Richard Hass）在《失序的世界:美国对外政策与旧秩序危机》一书中就体现出对原有秩序危机的担忧。④ 他认为"二战"后形成的国际秩序在很大程度上已经走向终结,需要构建升级版全球"操作系统"。现有的国际规制已经越来越难以适应当前全球治理的需要,推动国际规制的改革、调整与创新已经成为国际学术界的基本共识。

原有的国际规制主要依赖美国的霸权优势。美国著名战略家

---

① 高程:《新帝国体系中的制度霸权与治理路径——兼析国际规则"非中性"视角下的美国对华战略》,载于《教学与研究》2012年第5期,第57~65页。
② 高程:《从规则视角看美国重构国际秩序的战略调整》,载于《世界经济与政治》2013年第12期,第84页。
③ 秦亚青:《全球治理失灵与秩序理念重建》,载于《世界经济与政治》2013年第4期,第4~12页。
④ Richard Hass. *A World in Disarray: American Foreign Policy and the Crisis of the Old Order*, New York: Penguin Press, January 10, 2017.

伊肯伯里（G. John Ikenberry）坦言，"自由主义国际秩序"实际上是一个"自由主义霸权秩序"。① 进入21世纪，美国的实力相对衰落，中国、俄罗斯、印度、巴西、南非等新兴经济体迅速崛起，形成了世界近代以来最大规模的权力转移。"非西方崛起"成为国际关系格局最显著的变化之一，世界正在走向一个没有超级大国的新型国际体系。美国学者查尔斯·库普乾（Charles A. Kupchan）因此预言将出现"没有主宰者的世界"②，伊恩·布雷默（Ian Bremmer）认为将出现"零国集团的世界"③。很显然，一两个国家就能控制整个国际体系的现象将会越来越罕见，世界正在回归到前现代时期那种相对平衡的权势分布状态。

在阿米塔·阿查亚（Amitav Acharya）看来，"不仅美国霸权业已终结，而且美国领导的自由主义霸权秩序也走向终结"④。国际规制的竞争成为大国博弈的重要角力场。实力相对衰落的美国更加依赖国际规制，巩固自身在国际规制制定中的主导地位，加大对新兴市场国家的规制，极力延缓向新兴市场国家让渡权力。美国对其运用国际规则的战略目标和原则进行重塑，一是降低目前庞大且诸多掣肘的多边机制的管控成本，提高控制国际交易渠道的效率；二是减损竞争对手在规则体系中的收益，增加中国等新兴国家在规则体系中的获益难度，约束其发展势头。⑤ 而以中国为代表的发展中国家和新兴市场也在积极争取有利于自身发展的国际规制，提升在现有国际机制中的话语权。

特别是近年来西方世界内部矛盾加剧，越来越难以维持原有

---

① G. John Ikenberry. *Liberal Leviathan: The Origins, Crisis, and Transformation of the American World Order*, Princeton University Press, 2012, P. 69.
② Charles A. Kupchan. *No One's World: The West, the Rising West, and the Coming Global Turn*, Oxford University Press, 2012.
③ Ian Bremmer. *Every Nation for Itself: Winners and Losers in a G – Zero World*, Portfolio, 2012.
④ Amitav Acharya. *The End of American World Order*, Polity, 2014.
⑤ 高程：《从规则视角看美国重构国际秩序的战略调整》，载于《世界经济与政治》2013年第12期，第88页。

第四章 "一带一路"与全球互联互通伙伴关系

的国际规制。英国经济政策研究中心2016年发布的《全球贸易预警》报告显示,随着世界经济增长显著放缓,全球范围内的贸易保护主义倾向变得日益严重。而作为全球第一大经济体的美国,从2008年到2016年对其他国家采取了600多项贸易保护措施,仅2015年就采取了90项,位居各国之首。美国由此也被该报告认定为限制自由贸易的头号国家。[①] "二战"后建立起来的国际经济规制的主要目标是消除国际经济交往中的壁垒和障碍,而作为体系主导者的美国却在行动上与其背道相驰,实用主义的主张与国际规制设计的初衷渐行渐远。公共产品是国际规制的道义源泉,特朗普强调"美国优先",不愿再提供公共产品,造成公共产品提供的缺失。"特朗普的做法有令美国盟友和伙伴相继离去的风险,使美国面对全球动荡和经济报复,加速美国塑造的世界的崩塌。""世界将重归自助体系"。[②] 美国的全球收缩,可以为多极化世界的构建提供更多可能性,但同时如同美国不负责的干预一样,美国不负责任的收缩,也会导致国际金融市场动荡、地区冲突升级、恐怖主义蔓延等问题,给世界带来新的威胁。

英国"脱欧"、欧洲"新右翼"的崛起以及民粹主义在全球的盛行,全球化进程遭遇了前所未有的挫折和挑战,但是其根本发展方向并未改变。加强各国尤其是主要大国在全球性问题上的协调与合作,已经成为改善全球治理、应对全球性挑战的迫切任务。"谁来设定全球治理的议程""谁来进行国际规制的设计""如何有效实施这些规制"等已经成为当前全球治理的关键问题。推动国际规制向更加公正合理的方向发展,对中国外交来说正当其时。

改革开放40年来中国已经逐步广泛参与现有的全球治理机制,取得了丰富的经验。中国是联合国安理会常任理事国,在国

---

① Simon J. Evenett, Johannes Fritz. *Global Trade Plateaus*: *The 19th Global Trade Alert Report*, CEPR Press, July 3, 2016, http://www.globaltradealert.org/reports/15.

② Steward M. Patrick. Trump and World Order, *Foreign Affairs*, Vol. 96, No. 2, March/April 2017, pp. 52–57.

构建全球伙伴关系网络：历史发展与现实路径

际维和行动、国际人道主义救援行动及国际教科人文交流活动中都扮演着重要角色；连续成功举办了 APEC 领导人非正式会晤、二十国集团峰会、"一带一路"国际合作高峰论坛、金砖国家领导人会议等一系列标志性会议，推动和引领了全球治理体系的变革。中国参加了 100 多个政府间国际组织，签署了 300 多个国际公约。近年来中国的"朋友圈"越来越大，"伙伴网"越来越密，实现了对世界各个地区、不同类型国家的全覆盖。应对全球性挑战需要中国智慧、中国理念和中国方案，世界期盼中国参与全球治理。全球治理中的任何一个领域，没有中国的参与，都难以成功。新兴市场和发展中国家在提升全球治理中的话语权和影响力上与中国诉求一致，发达国家在热点问题、全球性问题上对中国依赖增加，各国普遍看好中国发展前景，这些多元化的诉求拓展了中国战略策略运筹空间。战略新疆域机制、规则的制定还存在巨大的合作空间，也为中国提升发言权和影响力创造了条件。

以建立全球互联互通伙伴关系为目标的"一带一路"倡议是中国首次提出的国际治理新模式，是中国主动为避免"修昔底德陷阱"而开展的国际合作平台，也是中国响应世界多极化、发展机制包容性、全球治理机制有效性诉求的新方案。① 中国自改革开放以来，经济高速发展，国际影响力不断提高。中国道路、中国模式、中国方案不断吸引着全球各国的目光。而深化互联互通、发展互联互通伙伴关系，共建"一带一路"正是中国参与全球治理、为世界贡献中国智慧的重要体现。中国本身也是当前全球治理体系的受益者，提出互联互通理念并不是要推翻或大幅修正当前治理体系，而是对其进行补充和调整。② 中国坚持以尊

---

① 孙祁祥、锁凌燕、郑伟：《"一带一路"与新型全球化：风险及应对》，载于《中共中央党校学报》2017 年第 6 期，第 100～102 页。

② European Political Strategy Center. The Asian Infrastructure Investment Bank：A New Multilateral Financial Institution or a Vehicle for China's Geostrategic Goals，*EPSC Strategic Notes*，Issue 1/2015，P. 4. https：//ec. europa. eu/epsc/sites/epsc/files/strategic_note_issue_1. pdf.

重和不挑战各国政治制度和已存在的区域合作机制为前提,充分发挥现有合作框架的作用,在平等互利的基础上与世界各国分享发展红利,促进共同发展,这更点燃了既希望加快发展又希望保持自身独立性的发展中国家和民族的希望,为广大发展中国家提供了一个全新而有吸引力的发展选择。①

流行性疾病、气候变化、粮食安全、能源安全等全球性危机和挑战需要多边主义共同应对。而《2019年全球风险报告》指出,全球共同应对主要紧迫风险的能力已经降至危机水平。② 作为负责任的大国,中国推进互联互通,发挥中国产能、技术、资金优势,向周边国家提供更多的公共产品,更加积极有为地解决现有全球性挑战。这一行动在当前主导国际秩序的美国和其他西方国家推卸国际责任、不断减少公共产品投入的情况下尤为重要。

推动建立全球互联互通伙伴关系,既能够破解中国发展不平衡的难题、实现经济转型升级,还有利于助推世界经济发展,共享发展红利、实现互利共赢;既有利于塑造良好的国际形象,也有助于应对国际格局变化、发展与周边国家关系、实现和平崛起;既是深化与世界各国互利合作的战略契合点,也是全球发展与全球治理的新的着力点。

第三节 构建全球互联互通伙伴关系面临的挑战

近年来,依托"一带一路"倡议,中国积极推动全球互联互通水平的进一步提升,不断使新的伙伴关系理念转化为务实行

---

① 梁昊光:《"一带一路":内在逻辑、全球定位和学理支撑》,载于《深圳大学学报》(人文社会科学版)2019年第4期,第87页。

② The World Economic Forum. *The Global Risks Report 2019*, 14th Edition, Jan. 16, 2019.

动，完善了全球治理体系，带动广大发展中国家实现共同发展，助力了中国国内新一轮的改革开放。中国的理念和倡议成为新一轮全球化的核心动力。与此同时，经过不断攻坚克难和几年的经验积累可以看到，建立全球互联互通伙伴关系网络是一项艰巨、浩大和长期的任务，进一步推进还面临着许多风险和挑战。

一、大国战略竞争的风险加大

随着中国综合国力的不断上升，国际力量"东升西降"的态势进一步发展，大国之间的较量日益激烈。特别是美国总统特朗普执政以后，大幅度调整了奥巴马时期的内政外交政策，在国际上奉行"以实力求和平"的方针，强化军事力量，推行单边主义，破坏了原有的国际秩序。2017年底至2018年初，美国接连发布《国家安全战略报告》《国防战略报告》《核态势审议报告》等战略文件，将中国视为美国的"战略竞争者"，并在经贸、台湾、南海等问题上采取了一系列损害中方利益的举措，尤其是不顾中方坚决反对，执意挑起中美贸易争端，并不断采取各种升级举动。中美之间的战略竞争愈演愈烈。其中以"一带一路"为代表的中国互联互通计划成为中美双方博弈的焦点，美国各界围绕着"一带一路"的激烈讨论也达到了前所未有的程度。

实际上在6年前"一带一路"倡议提出之初，奥巴马政府并未将其视为美国亚太政策乃至对华关系的关键议题，也没有出台针锋相对的政策主张。无论是2011年发起的"新丝绸之路"倡议、2013年推出的"美国—东盟通过贸易和投资加强连通性的倡议"（USACTI）还是之后的"印太经济走廊"，奥巴马政府在推进"亚太再平衡"战略的同时，还在寻求扩大与中国的合作空间。然而，特朗普执政之后，美国逐渐从战略竞争的视角看待"一带一路"，并相继出台了一系列政策文件，调动各方资源展开针对性的行动，诋毁、抵制甚至妄图取代这一倡议。从某种意义上来看，美国政府逐渐升级的竞争性方案和破坏性行动已经成

第四章 "一带一路"与全球互联互通伙伴关系

为"一带一路"建设的一大阻碍。

特朗普政府对"一带一路"的态度与其对华战略定位同向同源。近年来,"战略竞争"成了特朗普政府对华政策的关键词,也成为其"阻击""一带一路"的思想根源。在2017年11月出台的新版《国家安全战略》中,美国将中国定位为"战略上的竞争对手",其重要依据就是"中国正在实施的基础设施投资与贸易战略将助长其地缘政治野心"。美国认为中国的"一带一路"远远超出了基础设施建设的范畴,而是通过不透明的金融交易让沿线国家欠下巨额债务,从而获得政治优势。凭此判断,美国从以往的谨慎接触变为了拒绝及对立。2017年的首届"一带一路"高峰论坛,美国派出了以白宫国家安全委员会亚太事务高级主任波廷格为代表的团队参加;而2019年并未派出高级别官员出席。近年来,美国智库发布了大量研究报告,对"一带一路"倡议进行全面评估。[1] 美国著名智库"新美国安全研究中心"发布专门的报告,将"一带一路"评价为"权力的游戏","正在侵蚀现有国际秩序的基础"。[2] 由此美国政府具有针对性的举措开始轮番登场。

第一,经济金融上的合作扶持。美国原国防部部长马蒂斯在2018年6月的香格里拉对话会议上提出美国要在这一地区推动"私营部门主导的经济发展",美国将"振兴我们的发展和金融机构,与地区经济合作伙伴更紧密地合作,提供点到点的解决方案,不仅能够制造有形产品,而且还会传授经验和美国的专门技术,确保增长是高价值和高质量的。不做空洞许诺,也不要求放

---

[1] 比较有代表性的例如 China's Belt and Road Initiative. Five Years Later, CSIS, January 25, 2018. Daniel Kliman and Abigail Grace, *Power Play: Addressing China's Belt and Road Strategy*, Center for a New American Security, October 2018. Andrew Scobell, Bonny Lin etc. . *At the Dawn of Belt and Road: China in the Developing World*, Rand Corporation, October 2018。

[2] Danie Kliman and Abigail Grace. *Power Play: Addressing China's Belt and Road Strategy*, Center for a New American Security, October 2018.

弃经济主权"①。2018年7月30日，美国国务卿蓬佩奥出席美国商会"印度太平洋"发展论坛时提供了更为详细的投资计划。②包括新的"帮助合作伙伴获取私人法律和金融咨询服务的交易咨询基金"以及"数字联通性和网络安全合作伙伴关系"。未来美国将向印太地区国家提供1.13亿美元的投资，2500万美元用于推进该地区的数字连接技术，5000万美元用于能源工程，3000万美元用于基础设施建设。这相当于美国与印太地区经济合作的"首付"款。这传递出非常清晰的信号，私营企业是美国与印太地区伙伴国合作的最大资本，美国政府需要为私营企业的进一步投资创造条件，将透明度、反腐败和负责任的融资放在首位。《华盛顿邮报》评论"特朗普政府为亚洲提供了中国投资的替代方案"。③蓬佩奥不仅代表美国政府在很多外交活动中指责中国的"一带一路"带来"债务陷阱"，强调"中国带来的并非总是有利的东西"，还鼓动"一带一路"沿线国家对中国说"不"。

第二，拉紧主要盟友。尽管在很多问题上频频指责盟友，但特朗普政府在联合盟友共同抗衡"一带一路"上还是十分卖力且坚定不移。2017年11月，美国海外私人投资银行（OPIC）与日本国际合作银行（JBIC）建立了合作伙伴关系，共同为地区国家提供基础设施融资等支持。2018年2月，美国海外私人投资银行与澳大利亚政府也签署了类似的谅解备忘录。当时据媒体报道，为抗衡中国不断扩张的影响力，澳大利亚、美国、印度和日本正讨论制定一个联合区域基础设施计划，作为中国"一带一

---

① Remarks by Secretary Mattis at Plenary Session of the 2018 Shangri–La Dialogue Singapore, June 2, 2018, https://dod.defense.gov/News/Transcripts/Transcript-View/Article/1538599/remarks-by-secretary-mattis-at-plenary-session-of-the-2018-shangri-la-dialogue/.

② Michael R. Pompeo, Remarks on "America's Indo–Pacific Economic Vision", July 30, 2018, https://www.state.gov/secretary/remarks/2018/07/284722.htm.

③ Josh Rogin. The Trump Administration Offers Asia an Alternative to Chinese Investment, *The Washington Post*, July 30, 2018.

路"倡议的替代方案。2018年12月，美国政府宣布加入"太平洋地区基础设施项目集团"，联手澳大利亚、日本等国加强在太平洋岛国基础设施建设援助上的影响力，"共同应对中国"。2018年12月31日，特朗普签署了参议院2736号提案——《亚洲再保证倡议法》，在资金方面授权政府未来五年每年拨款15亿美元，用于美国在印太地区的军事、外交和经济参与与捐助等活动，以加强与该地区战略盟友的合作。

第三，进行机构整合。除了融资方面的支持，美国加快了机制建设，力图在国内建立更有效的应对机构。特朗普在2017年的亚太经合组织首席执行官论坛上发表讲话，肯定美国将更新其发展融资机构，支持推动国会立法，将OPIC和美国国际开发署的私营部门活动合并为一个更敏捷、资金更充足的美国发展金融公司。2018年10月，特朗普签署《更好利用投资引导发展法案》（BUILD），正式实现将海外私人投资公司与美国国际开发署的两个部门合并，设立规模更大的"美国国际发展金融公司"（U.S International Development Finance Corp），并为之提供最多600亿美元资金，以推动美国企业在外国获得重要项目与市场，帮助全球贫困地区兴建基础设施和发展经济。

"华为事件"反映了美国对中国经济模式的忧虑。美国施压盟友封杀华为技术有限公司，称这家中国电信巨头构成国家安全威胁。2019年5月3日，32个西方国家的网络安全官员特别在捷克召开了一次"5G安全会议"。大会旨在"提出新的5G安全标准"，并竭力把全球最有竞争力的5G设备供应商华为公司排除出这一标准之外。

第四，直接介入干扰。在行动上，特朗普政府对"一带一路"在建的一些重点项目正在形成越来越多的干扰。根据《纽约时报》报道，2018年缅甸就皎漂港的投资与中国签订了新的协议，压缩了原有的规模，其幕后推手就是美国。美国派出了由经济学家、外交官和律师组成的团队为缅甸政府提供建议。美国国务院声称这是美国政府的试点项目，未来还计划进一步复制、推广，"帮人们了解他们正在进行的项目是否符合其对经济可持续性和未来改善的要求"。毋庸置疑，这是美国从语言到行动逐步升级的直接体现。

如今美国针对"一带一路"的种种干扰和围堵已经从幕后走向台前、从言语变为行动、从战术博弈升级为战略竞争，必须对其破坏性、联动性和长期性进行通盘考虑，未雨绸缪，做好预案。纵然"一带一路"的本质是经济建设及互联互通，但它仍难以避开大国博弈或者说政治博弈的影响。当前中美战略竞争加剧，"文明冲突论""意识形态竞争论""新冷战"等思潮在西方甚嚣尘上，在此背景下美国对"一带一路"的打压势必进一步强化。

具体来看，首先，美国会将基础设施竞争作为其战略优先选项。美国"战略与国际研究中心"（CSIS）2019年4月23日发布名为《更高质量的路——构建美国战略应对全球基建挑战》报告，指出中国正在填补美国在全球基建方面的空白，呼吁美国采取一系列"大胆的举措"，成为"基建狂魔"，领导全球基础设施建设。未来15年全球预计将建设更多的基础设施，美国应采取大胆措施，使自己更具竞争力，以便成为全球基建的领导力量，"没有美国的领导，全球基建项目可能会导致竞争加剧并割裂全球公共物资"①。

其次，利用多边国际机构制定规则来遏制中国"掠夺性"的贷款行为。一直以来，美国政府通过世界银行、泛美开发银行、非洲开发银行、亚洲开发银行等多边机构参与多边融资，这使得其在制定战略防线、批准项目和出台政策等领域拥有很大的话语权。2018年8月，16名美国参议员曾联名写信，呼吁美国

---

① *The Higher Road: Forging a U. S. Strategy for the Global Infrastructure Challenge*, Center for Strategic and International Studies, April 2019.

利用国际货币基金组织最大股东的优势,左右该机构对成员国的救助,从而阻止"一带一路"的推进。尽管之后国际货币基金组织强调机构决策不会受到美国影响,但是美国财长姆努钦在国际货币基金组织年会上还是对其继续施压,强调"国际货币基金组织应当采取更多措施,提高中国基础建设贷款的透明度"[①]。下一阶段,美国必将力图在基础设施建设领域的多边层面巩固战略伙伴关系,加强与盟友之间的协作。

最后,逐步增加国内战略资源的投入。一方面是加大资金的投入。资金短缺是美国与"一带一路"竞争的主要短板,也是决定未来政策可持续性和发挥效果的关键。另一方面,改善和优化现有贷款机构,在美国政府层面应加强对基础设施融资的战略规划、促进国会对关键机构进行长期授权、加强对相关机构的资金支持等。有学者提议应充分利用美国新成立的国际开发金融公司"解放"遇到"债务陷阱"的国家。美国可以利用其发达的金融市场来介入债务问题,代表债务国或购买其债务,提供更长的还款期限。同时充分发掘私营公司在基础设施投资上的潜力,毕竟这是其"替代方案"的关键。

当然,除了美国之外,欧洲一些国家、印度等周边国家也对"一带一路"存有疑虑。大国博弈的思维和理念上认知的差异将在"一带一路"推进过程中长期存在,对中国全球互联互通伙伴关系网络的编织产生阻碍作用。

二、海外利益迅速扩展安全挑战增加

随着"一带一路"建设的扎实推进和全球互联互通伙伴网络的快速发展,中国海外利益的广度和深度进一步拓展,"海外中国"正在形成。庞大的人员和资本是"海外中国"的重要组

---

① Josh Zumbrun. Mnuchin Calls for IMF to Increase Transparency of Surging Chinese Infrastructure Lending, *The Wall Street Journal*, April 20, 2018.

成部分。① "一带一路"建设不能只依靠政府和政策,企业和个人应在其中扮演不可或缺的角色。而如何为这些借助"一带一路"平台"走出去"的非政府主体提供安全保障是海外利益保护的重点。具体来看,"一带一路"推进过程中面临的安全挑战体现在以下三个方面:

第一,人员安全的保护。2018 年中国出境人数近 1.5 亿人次。到 2018 年中国的海外劳务人员有 100 多万,留学人员约 180 万,华侨华人约 6 000 万。他们的安全保障直接关系到"一带一路"的建设效果和推进速度。以海外劳工为例,中国的海外劳工面临的风险大致分为十类:劳务纠纷、工伤事故、当地排华、敌对情绪/对华偏见、所在国政治动乱、自然灾害、群体事件、恐怖主义、法律法规不完善、非法劳工等。"一带一路"沿线国家政治情况、经济制度不同,宗教信仰相异、安全形势复杂,面临的风险级别也有很大差别。② 海外利益保护的另一个重要主体是留学生。2017 年,中国出国留学人数首次突破 60 万大关,达 60.84 万人,同比增长 11.74%,持续保持世界最大留学生生源国地位。③ 2018 年这一数字更是增加到 66.21 万人。随着我国出国留学生人数的不断增加,留学生的安全问题必须引起相应的重视。近年来,多起留学生安全事件引起了社会舆论的广泛关注。如 2016 年日本的"江歌被害案"、2017 年美国的"章莹颖失踪案"等,也将海外留学生的安全问题推向了风口浪尖。

第二,海外资产的安全。根据商务部的统计,中国企业走出

---

① 《谁来保护"海外中国"的安全?》,中国经济网,2018 年 7 月 26 日,http://cen.ce.cn/more/201807/26/t20180726_29864914.shtml。

② 章雅荻:《"一带一路"倡议与中国海外劳工保护》,载于《国际展望》2016 年第 3 期,第 5 页。

③ 《2017 年出国留学、回国服务规模双增长》,教育部网站,2018 年 3 月 30 日,http://www.moe.gov.cn/jyb_xwfb/gzdt_gzdt/s5987/201803/t20180329_331771.html。

去投资的规模不断扩大,目前海外资产达到6万亿美元,仅过去的五年,对外投资就超过了6 600亿美元。① 中国也从过去的资本输入国变成了资本净输出国。2015年,中国对外直接投资实现历史性突破,对外直接投资流量首次位列全球第二位。② 其中,对外金融类直接投资流量242.5亿美元,同比增长52.3%;对外非金融类直接投资1 214.2亿美元,同比增长13.3%。③ 自2002年国家建立对外直接投资统计制度以来,中国对外投资流量已实现连续13年快速增长,年均增幅高达35.9%。④ 2015年中国对外直接投资流量是2002年的54倍。⑤ 截至2016年底,对外直接投资存量超过1.3万亿美元。⑥ 根据联合国贸易与发展组织(United Nations Conference on Trade and Development, UNCTAD)2018年发布的《世界投资报告》显示,中国仍是发展中国家中最大的吸收外资国和对外投资国。根据商务部发布的数据,2018年全年实际使用外资8 856.1亿元人民币,引资规模创历史新高,同比增长0.9%(折合1 349.7亿美元,同比增长3%)。2017年,这一数据为8 775.6亿元。与此同时,中国对外投资全球排名第三,在美国和日本之后。不过,2017年中国对外投资的额度也减少了36%,降至1 250亿美元。⑦ 这是近年来

---

① 《商务部部长:中国已从资本输入国变成资本净输出国》,人民网,2017年10月20日,http://politics.people.com.cn/n1/2017/1020/c1001-29598204.html。
② 《孟庆欣:2015年中国对外直接投资流量首次位列全球第二》,新华网,2016年9月22日,http://www.xinhuanet.com//fortune/2016-09/22/c_129293843.htm。
③ 《2015年度中国对外直接投资统计公报》,中国统计出版社2016年版,第5页。
④ 《中央企业在推进"一带一路"建设中面临的问题及审计对策》,载于《审计研究报告》2017年第21期,第4页。
⑤ 《2015年度中国对外直接投资统计公报》,中国统计出版社2016年版,第6页。
⑥ 《商务部召开例行新闻发布会》,商务部网站,2017年10月12日,http://www.mofcom.gov.cn/xwfbh/20171012.shtml。
⑦ UNCTAD. *World Investment Report 2019*, https://unctad.org/en/PublicationsLibrary/wir2019_overview_en.pdf.

的第一次下降，与全球投资形势低迷一致。根据商务部、国家统计局和国家外汇管理局联合发布的《2018年度中国对外直接投资统计公报》显示，2018年中国对外直接投资1 430.4亿美元，同比下降9.6%。在全球对外直接投资流出总额同比减少29%，连续3年下滑的大环境下，略低于日本（1 431.6亿美元），成为第二大对外投资国。对外直接投资流量和存量稳居全球前三。根据联合国贸易和发展会议2019年1月21日发布报告称，2018年世界各个国家和地区的外国直接投资额较前一年减少19%，降至约为1.188万亿美元。这是该数据连续三年减少，跌至2009年全球金融危机以来的最低水平。① 这一现象也与个别国家投资保护主义盛行有关。一些国家出台了相关的法律法规或举措，加强对外国投资的审查。中国投资者的一些对外投资项目受到了一定影响。庞大的海外资产成为中国海外利益的重要组成部分，也必须要求有更健全的机制来保障这些财产的安全。②

第三，海外机构的保障。中国在境外的企业有3万多家，几乎遍布世界各地。"一带一路"建设大大加快了中国企业"走出去"的步伐。根据商务部数据显示，2019年1~11月，我国企业对"一带一路"沿线的新增投资合计127.8亿美元，对外承包工程新签合同额1 277亿美元，完成营业额746亿美元。③ 截至2019年11月，纳入商务部统计的境外经贸合作区累计投资超过410亿美元，入区企业近5 400家，上缴东道国税费43亿美元，为当地创造就业岗位近37万个。④ 中央企业是"一带一路"建

---

① UNCTAD. *World Investment Report 2019*，https：//unctad.org/en/PublicationsLibrary/wir2019_overview_en.pdf.

② Jean – Marc F. Blanchard. The Security Implications of China's Overseas Investment Boom，*The Diplomat*，April 14，2017.

③ 《前11月我国对"一带一路"沿线国家投资总计127.8亿美元》，新浪财经，2019年12月19日。

④ 《境外经贸合作区防疫发展两不误》，商务部网站，2020年2月18日，http：//www.mofcom.gov.cn/article/yqfkscbg/swbgz/202002/20200202936716.shtml。

设的"主力军"。根据国务院国有资产监督管理委员会(以下简称"国资委")数据,到2019年底,已经有81家中央企业在"一带一路"沿线承担了超过3 400个项目,在基础设施建设、能源资源开发、国际产能合作等领域,中央企业承担了一大批具有示范性和带动性的重大项目和工程,为推动"一带一路"从理念转化为行动,从愿景转变为现实,发挥了重要作用。中国企业走出去的"大势"未变。① 与此同时,"一带一路"倡议的实施和人民币国际化等因素,共同推动了中国金融业的"出海"步伐。根据"一带一路"官网数据显示,截至2018年11月,已有11家中资银行在27个"一带一路"沿线国家设立了71家一级分支机构,中资银行参与"一带一路"建设项目2 600多个,累计发放贷款2 000多亿美元。截至2019年8月,中国银行、中国工商银行、中国农业银行、兴业银行等多家中资金融机构签署了《"一带一路"绿色投资原则(GIP)》,在推动经济建设"走出去"的同时,深化"绿色影响力"。可以看到,海外机构的迅速扩张、海外经营的安全风险对中国建立互联互通伙伴关系提出了更高的要求。

海外互联互通建设的安全保障工作任重道远。随着"一带一路"建设的全面推进,中国的海外利益不断拓展的同时,面临的安全风险也在不断上升。"一带一路"建设的安全保障工作重要性不断凸显。习近平主席在2018年8月参加推进"一带一路"建设工作5周年座谈会时强调,"要高度重视境外风险防范,完善安全风险防范体系,全面提高境外安全保障和应对风险能力,解决好安全保障等关键问题。这要求我们在推动'一带一路'向高质量发展转变的同时,必须全面贯彻落实总体国家安全观,统筹发展和安全两件大事,增强忧患意识,坚持底线思维,做到

---

① 《中国企业"走出去"大势未变》,国务院网站,2018年10月19日,http://www.gov.cn/xinwen/2018-10/19/content_5332323.htm。

居安思危,既要有防范风险的先手,也要有应对和化解风险挑战的高招,为'一带一路'建设走深走实、行稳致远保驾护航"①。习近平主席在2019年1月21日省部级主要领导干部坚持底线思维着力防范化解重大风险专题研讨班开班式上发表重要讲话,专门强调"要加强海外利益保护,确保海外重大项目和人员机构安全;要完善共建'一带一路'安全保障体系,坚决维护主权、安全、发展利益,为我国改革发展稳定营造良好外部环境"。这为未来全球互联互通伙伴关系建设的安全保障提供了思想基础,也是处理海外公共安全问题的基本立足点和出发点。

三、互联互通伙伴多样性带来的挑战

全球互联互通伙伴关系涵盖的范围非常广泛,随着"一带一路"的推进成员不断增加,其多样性带来的复杂性也同样上升。"一带一路"沿线国家大多处在社会转型阶段,发展程度、治理模式、民族关系等方面具有高度的复杂性,国内政治、经济、安全等风险比较突出,对中国海外安全带来了直接的冲击。例如很多国家政党轮替之后缺乏政策延续性,新上台的政党出于政治利益,以前任与其他国家签署的协议为政治筹码,讨价还价,甚至推翻已经签署的协议。这在东南亚地区体现的较为突出。如与缅甸合作的密松水电站、与泰国合作的中泰铁路等,都曾因政局变动导致间断。政局变动使中国很多项目蒙受重大损失,对互联互通建设的顺利开展可能造成冲击,也增加了中国海外利益保护的难度。

近年来,"一带一路"沿线一些国家政局不稳定或者变动导致相关项目被政治化的趋势越来越突出。同时,共建"一带一路"在非洲面临的内部政治风险也在上升。一些国家维护政局稳

---

① 《习近平出席推进"一带一路"建设工作5周年座谈会并发表重要讲话》,国务院网站,2018年8月27日,http://www.gov.cn/xinwen/2018-08/27/content_5316913.htm。

定的压力非常大。

一些国家经济政策不透明,偿债能力不足,合同违约的风险上升,使得海外中国公民和企业遭遇不公平的处罚、歧视性的待遇,投资外汇管限措施存量明显增多,经济利益受损的情况也时有发生。企业"走出去"的经济、金融风险上升。"一带一路"沿线国家有些主权信用等级比较低,深陷主权债务危机,国家经济运行不畅,财政赤字巨大,失业率高居不下,国家长期负债,偿还债务的能力比较低,容易发生金融危机,也不利于中国"一带一路"企业对外投资。根据《中国对"一带一路"沿线地区投资风险分析》,在35个"一带一路"样本国家当中,仅有新加坡一国为低风险(AAA-AA)级别;中等风险级别(A-BBB)包括27个国家;高风险级别(BB-B)则占了35个样本国家中的20%。① 另一篇报告《中国海外投资国家风险评级(2018)》中显示,57个样本国家中高风险级别共包括14个国家,且半数都为"一带一路"沿线国家。② 可见,"一带一路"沿线地区国家的投资风险明显较高。很多西方媒体还借机大肆炒作中国通过"一带一路"推进"债务外交",使其成为国际舆论的热点话题。就此一些学者的研究清晰的表明,"中国是否通过'一带一路'推进'债务外交',已经不是一道数学题,而是一道政治题"③。如今"一带一路"在大部分沿线国家仍然受到热烈的欢迎,证明了这一倡议的持久吸引力。

同时,中国的境外投资中有较大一部分属于资源型投资,在

---

① 王碧珺、刘瑶:《中国对"一带一路"沿线地区投资风险分析》,中国社会科学院世界经济与政治研究所国际投资研究室国际投资研究系列(IIS),2018年3月14日,第3页。
② 中国社会科学院世界经济与政治研究所国际投资研究室:《中国海外投资国家风险评级(2018)》,中国社会科学院世界经济与政治研究所国际投资研究室国际投资研究系列(IIS),2018年1月23日,第19页。
③ 梁海明、冯达旋:《中国通过"一带一路"推行"债务外交"?》,FT中文网,2018年11月20日,http://www.ftchinese.com/story/001080288/ce?archive。

部分国家本就存在冲突，石油、天然气等自然资源领域的合作很有可能会加剧当地武装矛盾，不利于项目的顺利进展。目前互联互通合作较为密切的国家处于国际贸易链中低端，大多人均收入较低，经济结构相对单一，经济增长动力不足，账户经常长期处于赤字状态，① 主权偿付能力较弱，这可能会给投资方带来一定金融风险。

在安全方面，众多互联互通伙伴关系国面临的恐怖主义袭击风险上升。"9·11"事件以来，恐怖主义在全球已经造成了大量人员的伤亡，财产损失达到上万亿美元，对全球的危害非常深重。2018 年，联合国秘书长古特雷斯在《联合国系统实施联合国全球反恐战略的活动》的报告中指出，全球反恐斗争正进入一个新阶段，国际社会不得不应对若干平行而又相互关联的全球恐怖网络。恐怖主义和暴力极端主义团体成员之间借助人工智能、无人机、生化核武器攻击和网络攻击等新技术实现物流、招募和策划等方面信息的交流，将带来新的威胁和挑战。② 恐怖主义和恐怖袭击对海外特别是"一带一路"沿线国家的项目和人员也会带来现实的危险。

2019 年 11 月，经济与和平研究所（IEP）在伦敦发布了全球恐怖主义指数（GTI）。指数显示 2018 年，全球恐怖活动致死人数降至 15 952 人，降幅为 15.2%。恐怖活动致死人数连续第四年出现下降。98 个国家的情况有所改善，40 个国家的情况出现恶化，较上年出现改善的国家的数量达到 2004 年以来之最。恐怖主义依然是一个全球性现象，在不少国家和地区仍然猖獗，甚至在部分地区还出现了恶化。③ 尽管极端组织"伊斯兰国"遭

---

① 中国对外承包工程商会、中国出口信用保险公司：《"一带一路"国家基础设施发展指数报告》，2019 年 5 月 28 日。
② *Activities of the United Nations system in implementing the United Nations Global Counter - Terrorism Strategy*, Report of the Secretary General, April 20, 2018.
③ Institute of Economy and Peace, *Global Terrorism Index* 2019, http://visionofhumanity. org/app/uploads/2019/11/GTI - 2019web. pdf.

第四章 "一带一路"与全球互联互通伙伴关系

遇重大挫败,实体已经被消灭,但是全球恐怖主义呈现出去中心化的趋势,恐怖主义分子加速向原籍国回流,恐怖势力跨区域流动性增强,扩散范围更广。根据联合国负责反恐事务的副秘书长沃龙科夫透露,联合国非常担忧的是外国恐怖战斗人员、返回者和迁往异地者所带来的威胁。这类人员的总人数目前大约为2.4万~3万左右。① 与此同时,恐怖袭击新手段、新样式增多。在全球化、信息化和新兴技术快速发展的背景下,暴恐分子网上与网下勾结、境内与境外通联,暴恐技术扩散和极端思想网络传播结合,威胁程度和广度更大,甚至与大规模杀伤性武器结合,亟须国际社会凝聚反恐共识和形成反恐共举。②

恐怖主义的全球扩展在"一带一路"沿线国家体现得非常明显。"一带一路"通过的东南亚、南亚、中东等都是恐怖主义最猖獗的地区,"一带一路"沿线国家发生的恐怖袭击数量占全球总数的80%以上。此外,2019年斯里兰卡、新西兰等曾被认为是安全形势比较稳定的国家都成了恐怖分子攻击的目标。这些恐袭事件表明,外来恐怖主义势力正在向安保相对薄弱、传统意义上局势相对安全的国家扩散。可以说,"一带一路"沿线同国际恐怖主义多发地带的高度重合给中国的海外公共安全带来了巨大的连带风险。在斯里兰卡的恐怖袭击中,共有6名中国公民遇难。③ 随着共建"一带一路"的进一步推进,中国企业和人员到"一带一路"沿线国家将越来越多,公共安全风险也会越来越大。

恐怖主义直接以中国机构、企业和个人为目标更加突出了。"一带一路"倡议在很多国家建立起来了一些大项目,这些大的项目非常容易成为恐怖组织袭击的目标,借以造成轰动效应,获

---

① Institute of Economy and Peace, *Global Terrorism Index 2019*, http://visionofhumanity.org/app/uploads/2019/11/GTI-2019web.pdf.
② 傅小强:《国际反恐亟须注入新动能》,载于《光明日报》2019年12月31日第16版。
③ 《痛心!斯里兰卡爆炸致6名中国人遇难》,载于《人民日报》2019年5月1日。

取经济利益。例如在巴基斯坦，作为"一带一路"建设的先行先试重要项目，"中巴经济走廊"建设已经进入充实、拓展的新阶段，双方正以产业合作、社会民生和第三方合作等为重点，推动中巴经济走廊高质量发展。然而"中巴经济走廊"建设面临的公共安全风险依然很高。在巴基斯坦恐怖袭击的总量呈下降趋势的同时，针对中国的恐怖主义袭击不降反增。据公开报道，过去两年针对中国的恐怖主义袭击至少有5起。特别是在"一带一路"项目的集中地之一俾路支省，分离势力将中国作为重点袭击目标，接连策划发动袭击。为此，巴基斯坦军方加大了安保力量投入，全力确保"中巴经济走廊"项目的安全。① 可以看出，未来在其他"一带一路"沿线国家，针对中国项目的恐怖主义风险和挑战将持续增加，对海外安全保障工作提出了更高的要求。除了恐怖主义之外，其他非传统安全威胁也非常突出。与传统安全相比，非传统安全具有行为主体更加多样，威胁有更强的社会性、跨国性和全球性，治理难度大等特点。"一带一路"沿线的非传统安全风险不容忽视。海上丝绸之路主要经过南海和马六甲海峡，海上非传统安全与"一带一路"建设利益攸关。南海地区的非传统安全"威胁"包括海盗猖獗、海上恐怖主义袭击、海上武装抢劫与走私等跨国犯罪；台风、地震、海啸等自然灾害；海上搜救、海洋环保、渔业资源枯竭等。这些非传统安全威胁使得南海周边各国都深受其害。近年来的气候变化更是加深了自然灾害的频度、严重性和危害程度。② 中国与东南亚国家在这一方面已经开展了深入的合作。③ 尽管如此，众多的非传统安全

---

① Helen Blackwell. Pakistan Refocuses on Counter-terrorism to Protect China's Investments", IISS, September 19, 2019, https://www.iiss.org/blogs/analysis/2019/09/sa-sia-pakistan-protects-chinese-investments.

② Vinod Thomas and Ramoón Loópez. Global Increase in Climate Related Disasters, *Asian Development Bank Economics Working Papers Series*, No. 466, November 2015.

③ 任远喆、刘汉青：《南海地区非传统安全合作与中国的角色》，载于《边界与海洋研究》2017年第3期，第80~93页。

"威胁"仍是中国互联互通建设的重大挑战。

此外,"一带一路"沿线幅员辽阔,横跨中华文明、伊斯兰文明、西方文明等多个具有悠久历史和民族特色的代表地区。亚洲的儒家文化、佛教文化,中东地区的伊斯兰文化,欧洲的基督教文化等之间存在着碰撞,不同文化环境下的民众也有着不同的理解角度和思维模式。在互联互通项目进行的过程中,往往涉及当地资源的开采和居民的配合。如果不能取得当地民众的认同和理解,项目施工效率往往会大打折扣。"一带一路"沿线国家之间政治、经济、宗教信仰、文化背景差异较大,语言种类众多,尤其部分小语种国家教育普及率低,英语并不普及,对政策沟通、人文交流都造成了很大阻碍。如何有针对性地向每个国家阐明互联互通的建设动机,开展公共外交,加强民心相通,打消中国主导的互联互通是否会损害本国利益的疑虑,仍是一个难题。

与此同时,在很多伙伴国舆情民意变动加快。一些国家地方势力和反对派势力相互勾结,将中国海外项目作为政治筹码,向中央政府施压。近几年来,一些"一带一路"沿线国家,出现了一些反华的声音。有些是游行示威,有些是通过媒体发泄对于中国项目的不满。中国有多个重大项目因所在国负面舆情而遭受挫折。很多在"一带一路"沿线的反华、排华活动,是由于早期私人资本、私人企业进入到这些国家之后,与相关方面出现了一些矛盾,同时这些矛盾又被当地的反政府势力,包括反对党,还有西方国家主导的非政府组织利用,煽动民众、引导民意,使民众对于中资企业产生不好的印象。

为了应对上述挑战,中国不断加大投入,提升海外风险防控能力,与伙伴国合作共同打造海外风险防控体系。然而,迄今为止海外公共安全维护的意愿和能力之间也存在着巨大的鸿沟,资源和手段远远不足,软硬实力建设比较滞后,体制机制还不完善。这也是制约"一带一路"推进速度的关键一环。因此,中国需要发展复合型的手段来应对不断增长的海外风险挑战。① 近年来，中国已经初步形成了官方和民间共同参与的海外利益保护工作机制，构建起应对海外公共安全问题从风险评估、监测预警到应急处置三位一体的科学体系，有力保护了中国企业、公民等非政府主体在海外的公共安全和正当权益。这是党的十八大以来中国特色大国外交发展的重要成就之一。

经过六年的发展，中国的"一带一路"建设成效显著，全球互联互通伙伴关系网络逐渐编织起来。各国在建设过程中不断发掘共同点和利益契合点，减少分歧增加互信，为构建新型国际关系、构建人类命运共同体而努力。以互联互通带动理念融通代表了世界的发展趋势，也是伙伴关系外交在新时期理念创新和实践发展的必由之路。当然，全球互联互通伙伴关系不可能一蹴而就，在推动建立全球互联互通伙伴关系的过程中仍然存在挑战和风险。能否真正跨越自然和人为的种种障碍，决定着互联互通的未来。为此，中国要继续从政策沟通、设施联通、贸易畅通、资金融通、民心相通五大领域入手深化互联互通合作，探寻与其他国家的利益契合点，增进相互理解和信任，消除广大联通合作国家对建设互联互通伙伴关系的疑虑和担忧，关注推进过程中可能遇到的挑战和风险，并做好相应的应对准备。

大国战略竞争比拼的是耐力和定力。"一带一路"近年来取得的举世瞩目的成就，体现了这一倡议顺应全球化的历史潮流，顺应全球治理体系变革的时代要求，也顺应各国人民过上更好日子的强烈愿望。来自美国和其他方面的任何阻挠、攻击和诋毁都难以真正奏效，这是我们必须有的战略自信。如今"一带一路"上的博弈正是中美互动的缩影，将对两国关系的发展产生巨大的影响。如何创造一种良性竞争的氛围，实现互利合作对中美两国

---

① Timothy R. Heath. *China's Pursuit of Overseas Security*, Rand Corporation, October, 2018.

第四章 "一带一路"与全球互联互通伙伴关系

乃至整个世界都尤为重要。美国一些理性的声音也提出"一带一路"并不是地缘政治和"债务陷阱",缺席"一带一路"使美国被孤立,呼吁白宫理智客观地看待"一带一路"倡议,不应该以有色眼镜对其抱有敌意。西方国家可以通过更紧密地参与,协助共建"一带一路"。尽管这些声音在当前美国的国内外环境下显得曲高和寡,但也反映出精英阶层对愈演愈烈的中美竞争的担忧,及对中美实现良性互动的期待。

加强第三方合作同样非常重要。根据发改委提供的数据,截至 2019 年 6 月,中方已与法国、日本、意大利、英国等 14 个国家签署第三方市场合作文件,建立第三方市场合作机制,共同为企业搭建合作平台、提供公共服务。这体现出了"一带一路"合作的开放性与包容性,有助于中国企业与各国企业优势互补,也有助于分散"一带一路"的经济风险,对冲来自美国的战略压力。日本是中国"一带一路"建设关键的合作伙伴,其日益积极的态度使得中日共同推进"一带一路"有了现实条件。目前两国在泰国等地的合作正在稳步推进,将发挥重要的示范作用。日本、意大利包括英国、德国等西方国家对"一带一路"建设的持续参与,将打破美国试图构建的反"一带一路"同盟体系,倒逼两国合作的实现。与有关方面共同推动第三方市场合作沿着高质量发展方向不断前进将是下一步互联互通伙伴关系发展的重点。

尽管当前中美关系的竞争性占据了主导面,但是两国关系非常复杂,深度的相互依赖与合作需求依然存在。例如在很多国际安全议题上,两国之间还有广泛的共同利益。近期在阿富汗问题上两国的磋商就比较富有成效,在打击恐怖主义和跨国犯罪等问题上双方也保持着密切的沟通。目前中美两国关系还处在重构的过渡阶段,在达到新的平衡之后,中美战略上的良性竞争和共同进化可以实现。"一带一路"作为过渡阶段的"试金石"和"风向标"将在中美竞争与合作中继续发展,同时美国也应是未来全球互联互通伙伴网络的重要一员。

在对待"一带一路"问题上,美国国内也并非"铁板"一块,尤其是企业界对于加入"一带一路"倡议有很高的热情。从"一带一路"倡议提出伊始,美国商业界尤其是涉及基础设施建设业务的美国企业就对此表现出很大兴趣,试图从"一带一路"中寻找新的赢利空间。过去几年来,通用电气公司、卡特彼勒公司等美国企业对"一带一路"尤为关注,并已经从"一带一路"合作中获利。2019年6月12日,美国参议院金融委员会下设的"国际贸易、关税和全球竞争力"小组委员会也专门就"中国的'一带一路'倡议"举行听证会,探讨"一带一路"对于美国商业、金融等方面的影响。① 美国耶鲁大学高级研究员史蒂芬·罗奇(Stephen Roach)表示,"一带一路"倡议及其相关的基础设施建设项目对美国企业具有"天然吸引力",中美两国可在"一带一路"框架下加强合作。② 未来提升美国企业对于"一带一路"的参与力度有巨大的空间和广阔的前景。

针对"一带一路"和互联互通伙伴关系的国际舆论也趋向客观。2019年,31个国家137家智库发表涉及"一带一路"的倡议报告980多篇,比2018年增加31%,相较于往年,客观公正发声更多。包括美国在内的许多重要国际智库越发清晰地认识到,"一带一路"倡议是促进共同发展、实现共同繁荣的合作共赢之路。③ 美国前助理国务卿丹尼尔·拉塞尔领衔撰写《为"一带一路"倡议导航》,报告基于美国亚洲协会同"一带一路"相关国家的政策研讨和实地调研,积极评价"一带一路"倡议的

---

① Subcommittee on International Trade, Customs, and Global Competitiveness hearing, "China's Belt and Road Initiative", June 12, 2019, https://www.finance.senate.gov/hearings/chinas–belt–and–road–initiative.

② 《专访:"一带一路"对美国企业有天然吸引力——访耶鲁大学高级研究员罗奇》,新华网,2019年4月22日,http://www.xinhuanet.com/world/2019–04/22/c_1124398726.htm。

③ 《共建一带一路这一年》,载于《人民日报》2020年1月17日第17版。

初衷和重要意义,承认了"一带一路"倡议在推动基础设施互联互通、促进各国经济增长方面发挥的积极作用,同时对有关建设提出了意见和建议。① 国际舆论环境的改善为互联互通伙伴"朋友圈"的持续扩大创造了良好的氛围。

此外,我们在全球互联互通伙伴关系的建立过程中,也要不断增强风险防范和海外利益保护的能力。在工作体制和运行模式上加强顶层设计。"一带一路"建设涉及各个部门、各个层次,这就要求在海外公共安全保护中需要继续加强各部门之间的沟通协调,建立协同机制。相关部门定期研究一些海外公共安全保护的重要问题及重要工作,把高风险的国家和地区纳入公共安全防范的重点考量范围。强化利益融合,在互惠互利的基础上,根据不同国家国情立足当前,考虑长远,综合施策,谋求完善长期、有效的公共安全保护机制。同时,还要切实调动地方政府的积极性,发挥他们在海外公共安全体制机制建设中的独特作用。

未来高质量共建"一带一路",加强海外公共安全保护还需要更多地传递中国声音,强化舆论引导和议程设置能力。在第二届"一带一路"国际合作高峰论坛上,习近平主席强调中国不会单独实施这项倡议,将邀请外国和私营部门伙伴更多地参与进来,呼吁为基建项目筹集更多的多边和商业融资。同时,习近平主席提到"坚持一切合作都在阳光下运行,以零容忍态度打击腐败","坚持开放、绿色、廉洁理念,不搞封闭排他的小圈子"。这澄清了国际舆论对于"一带一路"的误解,让西方国家的"歪曲"和"抹黑"不攻自破。当然鉴于"一带一路"建设的长期性、复杂性,我们对于未来共建"一带一

---

① Daniel R. Russel and Blake Berger. *Navigating the Belt and Road Initiative*, Asia Society, June 2019, https://asiasociety.org/sites/default/files/2019-06/Navigating%20the%20Belt%20and%20Road%20Initiative_2.pdf.

路"面临的公共安全风险需要切实重视起来，尤其要跟踪和关注出现的一些新问题、新挑战，未雨绸缪，下好"先手棋"，切实保障新一阶段的"一带一路"建设行稳至远。坚持以共商、共建、共享为原则，推动"一带一路"建设，构建全球互联互通伙伴关系，是我国今后相当长时期对外开放和对外合作的总规划，也是人类命运共同体理念的重要实践平台。这一进程是一项庞大复杂的世纪工程，需要凝聚各方智慧、达成共识、形成合力、化为行动，形成政府与企业、中央与地方、中国与伙伴国共同防范风险、分担风险的局面。只有这样，"一带一路"这个"百年大计"才能行稳致远，中国的伙伴关系网络才能不断壮大，在新时代推动我国形成对外开放的新格局，更好地体现中国的大国担当。

第四节　本章小结

全球互联互通伙伴关系的提出和发展是构建全球伙伴关系网络的重要实践，体现了新时期中国伙伴关系外交的多样性和针对性。构建全球互联互通伙伴关系是顺应时代潮流和世界发展趋势的重要举措，是推动各国实现联动增长、走向共同繁荣的有力举措。全球互联互通伙伴关系秉持了平等、和平、包容的伙伴关系外交的价值取向，本着相互的尊重、相互信任的态度，平等协商、求同存异、管控分歧、扩大共识，这是伙伴精神的彰显。这一理念正在得到越来越多的国家和国际组织的积极响应，受到国际社会的广泛关注，成为推动构建人类命运共同体的重要路径。

目前，共建"一带一路"已经勾勒出谋篇布局的"大写意"，正在转而描绘精雕细琢的"工笔画"。在已完成的"五大方向""六路六廊多国多港"的顶层框架主导下，未来"一带一路"将进入更为全面、深入、具体合作的关键时期,将面临新的机遇、风险和挑战。继续拓展伙伴关系外交的宗旨,加快全球伙伴关系网络的构建是把握机遇,应对风险和挑战的关键。在这一过程中,中国要发挥核心的带动作用,吸引更多的国家成为全球互联互通伙伴,以互联互通实现世界的共同发展。

第五章

海洋强国建设与蓝色伙伴关系

"冷战"结束之后,国家之间政治经济文化等方面的交往日益密切,全球化进程不断深入,作为全球化的重要枢纽,海洋在国际交往中扮演着重要角色。稳定的海洋秩序是国际关系向好发展的重要保障,国际社会致力于实现有效的全球海洋治理。而现实情况是,一方面受传统安全问题的影响,大国海上博弈长期化,难以建立政治互信;另一方面受非传统安全问题的影响,如气候变化、灾难救助、海盗等,各国需要增加互信,联手应对共同威胁。可以看出,全球海洋治理体系面临着诸多困境,亟须进行变革,增添新动力。简而言之,全球海洋治理问题上的主要议题包括:海洋资源开发与利用、海洋环境保护与气候变化、非传统海洋安全问题(海上自然灾害、海盗、海上恐怖主义、非法捕鱼、走私、贩毒、偷渡等)。这些议题与传统安全议题相互交织,共同影响,构成了当前世界海洋形态的基本图景。

2012年党的十八大明确指出:"提高海洋资源开发能力,发展海洋经济,保护海洋生态环境,坚决维护国家海洋权益,建设海洋强国。"这是中国政府首次将海洋强国提升到国家大战略的层面。习近平同志在2013年中共中央政治局第八次集体学习时强调"建设海洋强国是中国特色社会主义事业的重要组成部分。党的十八大作出了建设海洋强国的重大部署。实施这一重大部署,对推动经济持续健康发展,对维护国家主权、安全、发展利

第五章 海洋强国建设与蓝色伙伴关系

益,对实现全面建成小康社会目标、进而实现中华民族伟大复兴都具有重大而深远的意义"。在之后的六年时间里,中国的海洋强国建设从顶层设计、理念创新、实践发展和国际认同等各个方面都取得了巨大的进展。习近平同志在党的十九大报告中明确指出要坚持陆海统筹,加快建设海洋强国。毋庸置疑,中国逐渐走出了一条有自身特色的海洋强国建设之路,正在为健全全球海洋治理体系、稳定全球海洋秩序和推动海洋命运共同体的构建做出越来越大的贡献。中国提出的"蓝色伙伴关系"是海洋强国建设的重要组成部分,是伙伴关系外交在海洋领域的生动体现。

第一节 海洋强国建设的中国路径

海权的概念及围绕海权形成的一整套完整的思想脉络和理论体系是当代国际关系和战略学研究的核心内容之一。纵观西方海洋大国的兴衰,海权理论是其拓展海上利益、维护海洋权益、维持大国地位的内在根基,没有完善的海权思想和海权理论就很难成为真正的海洋大国、海洋强国。21世纪海洋在国际政治、经济、军事、科技竞争中的战略地位明显上升,围绕着海权的理论争论和战略竞争不断发展。一大批新兴海洋国家的迅速崛起,打破了原有的海洋权力结构,也力图创造新的海权叙事;原有海洋强国一方面抱残守缺试图维护原有的海洋秩序,另一方面也不得不提出新的海洋战略,应对海洋权力结构的变化。[1]

中国是当前海洋秩序变化的最大"施动者"。2012年提出"海洋强国"的宏伟战略目标之后,中国一直向实现中华民族海

---

[1] 美国: *A Cooperative Strategy for 21st Century Seapower*, March 2015. 澳大利亚: *Australia's Maritime Strategy*, The Parliament of the Commonwealth of Australia, 2004; *The Maritime Strategy for the Australian Defence Force*, 以及每年一度的防务白皮书都会有所涉及。

洋强国梦的目标坚定迈进。中国的海洋强国建设是在对中国传统海洋思想的继承和发展的基础上，对西方传统海权理论的创新和超越，已构成了国家大战略中不可或缺的关键一环。然而西方国家对于中国的海洋强国建设却多有指责和质疑，往往从传统海权的竞争性和冲突性内涵来审视中国对于原有海洋秩序的冲击和调适。从海权的本源和演变出发对中国的海洋强国建设进行新的叙述正当其时。

一、认识海权概念的不同路径

对于海洋权力的论述古已有之。一直以来，学术界对海洋权力存在不同的认识，就此衍生出来不同的概念。最为常见的是"sea power"和"maritime power"两种说法。不同的学者对海权概念的理解有很大差异。英国著名的海洋战略家杰弗瑞·蒂尔（Geoffrey Till）认为 sea power 就是广义上 maritime power 的"同义词"。[1] 与此相反，另一位著名的战略家埃里克·格拉夫（Eric Grove）则喜欢将关于 sea power 的讨论局限在军事领域。[2]

从严格的学术角度来看，sea power 和 maritime power 两者有一定的联系，又存在明显的区别。前者更侧重于强调国家拥有的海上军事能力。根据《牛津英语辞典》在线解释，海权（sea power）有两个层面的含义：一是指民族或国家具有对海洋的国际权力或影响；二是指国家在海战上拥有的力量和功效。而最新版的《牛津英语辞典》则直接将海权界定为"一个国家的海军力量，特别是作为一种战争武器"[3]。美国学者认为从狭义角度讲，sea power 就是进行远程干涉的海军，等同于战舰、潜艇、航

---

[1] Geoffrey Till. *Seapower: A Guide For The Twenty – First Century*, Abingdon: Frank Cass, 2004.
[2] Eric Grove. *The Future of Sea Power*, Annapolis, MD: Naval Institute Press, 1990, P. 3.
[3] Angus Stevenson Edited. *Oxford Dictionary of English*, Oxford University Press, 2014.

第五章 海洋强国建设与蓝色伙伴关系

空母舰和海军其他舰艇。① 因此，sea power 非常类似于 naval power，也就是突出海军力量带来的权力。当然，在关于 sea power 的传统研究中也往往会提到一些非军事的海上船只发挥的作用，例如历史上商船往往带有很强的军事能力，但是在现代战略研究中，这些因素已经从 sea power 中逐渐减弱。就像格拉夫所说，"传统的海军权力建立在强大的商业船队上的观点已不再适用"②。

maritime power 范围则更广，从本质上讲，是建立在国家政治、经济、军事和技术等之上对海洋的影响力。这首先跟 maritime 这个词有很紧密的联系。根据《理解现代战争》一书作者的界定，maritime 的首要主题围绕着人类同海洋之间所有的关系。因此，maritime power 这个概念包括所有海军力量和活动，以及非军事的海上活动，例如商业运输和渔业。它也包括那些其他所有可以直接影响国家或组织利用海洋的资源和能力，包括路基航空母舰、海岸炮和导弹，空间系统如通信和侦察卫星，有效的海上运输保险以及其他一些非海军因素。③

尤其是对传统海洋强国英国来说，maritime power 更能准确描述其历史定位。英国海军将军威廉提出"海洋大国（maritime power）不只关注军事力量，而是指国家运用海洋的能力。像英国这样一个国家，依靠海洋提高经济力量，进行进出口贸易；造船和修复行业也是国家很大、很重要的生产力潜力的一个方面；渔业和对离岸资源开发，这些都是海洋大国的范畴"④。

---

① Sam J. Tangredi. Globalization and Sea Power: Overview and Context, in *Globalization and Maritime Power*, edited by Sam J. Tangredi, Washington: National Defence University Press, 2002, pp. 1 – 5.
② Eric Grove. *The Future of Sea Power*, pp. 3 – 4.
③ David Jordan, James D. Kiras, David J. Lonsdale, Ian Spell, Christopher Tuck and C. Dale Walton. *Understanding Modern Warfare*, Cambridge University Press, 2008, P. 125.
④ Admiral Sir William Staveley KCB. Maritime Power – Changing Concepts, *The RUSI Journal*, Vol. 129, Issue1, 1984, P. 9.

总的来说，maritime power 比 sea power 范畴要更大，一定程度上来讲 maritime power 可以涵盖 sea power。两者之间的联系也显而易见。历史告诉我们，海洋大国必须建立强大的海军力量来维护自己在海上的利益，并保障权力的投射。海军力量几乎是海洋大国的首要指标。尽管两者关系紧密，但是"一个拥有强大海权的国家并不一定是海洋大国"①。海权一定要求拥有无可匹敌的海军力量，但是要成为海洋大国必须拥有更大范围进入海洋、利用海洋资源、实现经济发展的能力。这种能力的实现为国家在海洋权力结构和权力关系中提供了优势地位。因此，海洋大国的海权强调的是一种整体性、复合型的能力，是走向世界大国的必由之路。与此相关联的还有 marine power 和 ocean power 两个概念。在国际政治类学术文献中，这两个词出现的频率并不高，通常用于经济、能源、环保等领域，是指对国家或企业对海洋生物、海洋能源和资源等方面的使用。

在西方学者对海权的学术论著中，主要分为两个传统流派。一种是军事战略学派。以马汉和美国战略界为代表，侧重于探讨海权在战略与军事层面的意义，发掘海军和海战作为提高国家实力的能力。在《海军战略》等一系列著作中，马汉详细分析了海权的构成要素、主要特点和历史经验，而且将海权纳入了国家大战略的范畴中来，对于美国海洋战略形成和海洋霸权的建立起到了至关重要的影响。尽管他的论述有历史论据的支撑，但从本质上来看，属于政治科学的范式。

马汉以英国为例讨论了海权的构成要素，包括地理位置、自然地理形态、国家领土大小范围、人口数量、民族性、政府的性质和政策。在他第二本著作中，尽管没有直接对海权进行新的阐

---

① Geoffrey Kemp. Maritime Access and Maritime Power: The Past, The Persian Gulf and the Future, *in Sea Power and Strategy in the Indian Ocean*, edited by Alvin J. Cottrell and Associates, California: Sage Publications Inc., 1981, P. 26.

第五章 海洋强国建设与蓝色伙伴关系

释,但是将海权描述为"很棒的、充满神秘色彩……复杂的有机体系……需要付出很大的努力进行研究"①。而他的第三本书主要是从历史角度探讨海权对美国海军发展的借鉴意义。可以说1890年他的第一本书基本上奠定了他海权思想的理论框架。马汉对海权的理解尽管可以扩展到"一个民族依靠海洋或利用海洋强大起来的所有事情",但是其核心还是对海军的战略性运用。而他的海权思想最大的特点是对"制海权"（command of the sea）和"海洋控制"（sea control）的崇尚,但是他"并没有清晰地将海权同这两点区分开来,好像他们就是同义词"②。在他那个年代,海军是用来进行殖民和攻占领土的重要武器,也是构成海权的基本要素。同时,他还强调 国国土面积的大小并不重要,重要的是该国海岸线的长度和港口的位置,这才是衡量海权需要考虑在内的。③ 马汉的海权学说影响是划时代的。在他之后,美国海军战争学院延续了马汉的思想,出版了一系列研究马汉海权思想的著作,形成了海权研究的"美国学派"。④ 这一学派的基本研究范式延续了政治科学的路径。马汉的传记作家罗伯特·西格（Robert Seager）就强调,马汉不认为自己是一名历史学家,而是从政治科学的角度界定自己的作品。⑤ 从"冷战"时期莱曼的制海权理论,再到"冷战"结束后美国海军出台的一

---

① Alfred T. Mahan. *The Influence of Sea Power Upon the French Revolution and Empire, 1793 – 1812*, Boston, MA: little, Broun, 1892, P. 372.

② John Gooch. Maritime Command: Mahan and Corbett, *in Sea Power and Strategy*, edited by Colin S. Gray and Roger W. Barnett, Annapolis: Naval Institute Press, 1989, pp. 31 – 32.

③ Mahan. *The Influence of Sea Power Upon History 1660 – 1783*, London: Methuen, 1965, pp. 35 – 42.

④ J. B. Hattendorf, ed.. *The Influence of History on Mahan*, Newport: Naval War College Press, 1991; J. N Hattendorf and L. C. Hattendorf. *A Bibliography of the Works of Alfred Thayer Mahan*, New Port: Naval War College Press, 1986; R. Seager and D. Macguire. *The Letters and Papers of Alfred Thayer Mahan*, Annapolis: Naval Institute Press, 1977.

⑤ D. Lambert. *Letters and Papers of Professor Sir John Knox Laughton, 1840 – 1915*, Aldershot: Navy Records Society, 2003.

系列战略报告，都带有马汉的影子。

海权军事战略学派的影响不仅限于美国，这一传统在英国也得到了进一步发展。朱立安·科贝特（Julian Corbett）将海权的战略理论同复杂的历史事件结合起来，建立了属于英国的海权战略。科贝特在著作中表示并没有统一的海权理论，而将注意力放在海洋战略的特点和海战的目的上面。① 制海权是科贝特海权理论的核心："掌控海上通道，无论因为商业目的还是军事目的，才能描绘出海权的战略维度。"② 与马汉不同，科贝特强调对于制海权的综合运用，不仅是海战和对外扩张，而且将海权视为实现外交目标的途径。而另一位英国战略学家里奇蒙德（Herbert W. Richmond）延续了科贝特的概念，他提出海权拥有者可以派遣部队、运送货物，通过国家之间的海域，达到自己的目标，而阻止对手这样做。③ 他不单单强调海权的战略维度，也从历史文化角度解读海权。他们两位的海权思想根植于英国的地缘环境，对于英国来说，必须成为海洋强国，"失去对海洋的控制，大英帝国将会失去一切"④。美国海军对两位英国学者的观点也非常重视，在"冷战"结束之后还专门就相关专题组织讨论会。除了美英等国之外，德法等国对于海权理论也有不同的叙述，他们更多是从海陆复合型国家的角度对如何实现海洋与陆地的战略平衡进行思考，也带有很大的启发性。⑤

在军事战略派成为当今海权研究主流叙事的同时，西方还有许多历史学家强调从海洋与人类生存的关系角度思考海权，可以

---

① John Gooch. Maritime Command: Mahan and Corbett, *in Sea Power and Strategy*, P. 37.
② J. S. Corbett. *Some Principles of Maritime Strategy*, London: Longman, 1911.
③ Herbert W. Richmond. *Seapower in the Modern World*, Oxford: Oxford University Press, 1946.
④ J. S. Corbett. *Some Principles of Maritime Strategy*, London: Longman, 1911, P. 39.
⑤ 陈新丽、冯传禄：《法国海权兴衰及战略研究述略》，载于《太平洋学报》2016 年第 9 期，第 55~63 页。

第五章 海洋强国建设与蓝色伙伴关系

称之为历史文化学派。很多欧洲历史学家常常从这个角度进行分析。历史学家们从 2500 年前就开始使用海权这个概念了。在他们看来,古希腊可能是最早提出海权这个词的,古希腊人的做法对现代意义的海权产生了重大影响。[①] 希罗多德、修昔底德等历史学家都从海权角度探讨了雅典和斯巴达海权国家属性和陆权国家属性的根本不同。在历史学家眼中,海权是国家对海洋做出的全部反应。在这些国家里,海洋占据着决定性的位置,关系到民众的生活、商业、艺术和语言。海洋强国拥有海洋英雄、海洋仪式,在日常演讲中使用海洋语言,海洋融入了国民生活的方方面面。对他们来说,战略性海权并不是选项,而是必备品。简单来说,离开海洋他们就难以生存。雅典、迦太基、威尼斯和英国就是典型的例证。

在历史学派看来,分析的关键不是如何运用海上行动或者从海上行动的方法,而是强调国家利用海洋实现经济上的生存。从这个角度来看,海军在海洋战略中的功能就是寻求一种战略地理和军事力量之间的和谐来实现经济利益。海军的规模和形态是功能性的,保证国家维护领土完整,保卫海洋商业公司,重视为了贸易和商业进行的威慑。这是一种国家基于海洋的能力,塑造海上和陆上的行动,是关于利用海洋增强国家安全的效果和结果。

历史学家认为海权就是一种文化现实,在历史发展不同时期被屡次重新解读和构建。而政治学家和战略学家则将海权视为一种政策选择,一种可以控制海洋的战略。两者共同之处在于都关心如何利用海权,不同之处则在于海权的释义。在方法论和认识论上两者也有区别。历史学家的特点是系统性地研究海权可以作为分析工具的某个时期或者某个区域,从而得出一些可能性的结论,这也许对现实并无实际意义。例如法国年鉴学派的历史研

[①] Arnaldo Momigliano. Sea Power in Greek Thought, *The Classical Review*, Vol. 58, No. 1, May 1944, pp. 1 – 7.

究，布罗代尔的《菲利普二世时代的地中海和地中海世界》就是其中的代表。在此书中，作者从总体历史的思想出发，努力把16世纪后半期即西班牙国王菲利普在位时期（1556～1598年）的地中海世界作为一个整体来加以考察。在作者笔下：地中海不再是一个毫无生机的海洋，而是一个充满激情和生命的历史人物。① 而军事战略学派则将海权的战略维度运用到了极致，带有强烈的现实指导意义。他们更关注海洋战略的适用性，而不是海洋真正的含义。可以说，从马汉以来的军事战略学家在一定程度上改变了海洋权力的本意，削弱了海洋作为历史文化主体的整体性及合作性，使其成为大国战略博弈和霸权争夺的场所。

"冷战"结束之后，西方国家完全主导了海洋，在一些西方学者看来，"海权从来没有像今天这样无处不在"②。在众多西方学者研究中，海权开始更多地向军事方面倾斜，海权的竞争也从制海权向权力投射转变。③ 另外，随着海洋在国际政治中重要性的上升，海洋权力越来越多的成为衡量一个国家综合实力的核心指标。这又需要跳出军事战略性海权的叙事方法，从政治、经济和军事等综合的角度来考量。正如印度著名的海权战略家所说："从类型上看，海权带有很强的活力，需要灵活的吸收一些新的元素来推动国家利用海洋发展自己的国家利益。"④ 莫德尔斯基和汤普森在《全球政治中的海权》一书中归纳了海权发展的历史规律，对海权的分析逐步上升到国际体系的高度。他们认为在

---

① ［法］费尔南·布罗代尔：《菲利普二世时代的地中海和地中海世界》，商务印书馆2013年版。除此之外，例如 Frederic Chapin Lane. *Venice，A Maritime Republic*，JHU Press，1973；Lincoln Paine. *The Sea and Civilization：A Maritime History of the World*，Vintage，2013。

② Andrew Lambert. Sea Power, in George Kassimeris and John Buckley eds, *The Ashagate Research Companion to Modern Warfare*, Ashagate Publishing Group, 2010, P. 83.

③ Colin Gray. *The leverage of Sea Power：The Strategic Advantage of Navies in War*, New York：Free Press, 1992; G. Till. *Seapower：A Guide for the Twenty-First Century*, London：Frank Cass, 2004.

④ Vijay Sakhuja. *Asian Maritime Power in the 21st Century：Strategic Transactions China, India and Southeast Asia*, Singapore：ISEAS Publishing, 2011, P. 18.

第五章 海洋强国建设与蓝色伙伴关系

为期约100年的每个长周期内都会出现一个海上霸权国,其存在对于维持国际秩序起了决定性的作用。保罗·肯尼迪(Paul Kennedy)等战略家也将海权与大国的兴衰结合在一起考量。与此相应,还有一部分学者纠正只有海洋强国才拥有海权的错误看法,指出海权是一个相对概念,几乎所有的国家都拥有海权,但彼此存在差异。不少人开始转向研究澳大利亚、印度尼西亚等中等强国的海权特征。在蒂尔看来,传统军事战略学派强调的控制海洋不再是单纯地利用海洋为本国利益服务,而是保证除敌国外的每个国家都可以安全利用海洋,航行自由具有很重大的意义。这与传统排他性的"主导海洋"有很大区别。与此同时,海上的无序往往是陆地上无序的延伸,各种非传统安全尤其是新型非政府行为体带来的安全威胁都是巨大的。他们的所有行动都有可能损害以海洋为基础的全球体系。① 这些新的因素的出现对海洋权力结构造成了很大冲击,也决定了海权国家需要有新的海上行动的逻辑:全球化时代主要的海洋国家必须跳出传统竞争新海权的叙事,回归历史文化意义上的包容性海权,共同创造一种新的海洋秩序。

二、传统西方海权视角下的中国海洋强国建设

在漫漫历史长河中,西班牙、葡萄牙、荷兰、英国、美国等西方列强都曾是显赫一时的海洋强国或海上帝国,其海上崛起的背后都有一套与之匹配的理论体系作为支撑。荷兰成为"海上马车夫"与胡果·格劳秀斯(Hugo Grotius)提出的"海洋自由"密不可分;约翰·塞尔登(John Selden)则用"所有权"来支持英国在海上的排他性权利主张。19世纪以来美国在海上的快速崛起及其霸权地位的确立深受马汉"海权思想"的影响。

---

① Geoffrey Till. New Directions in Maritime Strategy? Implications for the U.S Navy, *Naval War College Review*, Autumn 2007, pp. 31–36.

美国海上帝国的理论基础更加强调制海权、海军作战方式等，更加具有竞争性、进攻性和扩张性，都是为了维护美国的国际利益，为其霸权地位服务。①

总的来说，以美国为代表的西方海洋强国建设的传统路径带有很强的现实主义色彩，强调"制海权""海洋控制"及军事力量的核心作用。一直以来海权往往同世界秩序和大国兴衰结合在一起考量。海洋强国建设的竞争性属性一直根植于西方学者的基因之中。

对于中国的海上力量增长和海洋强国建设的理解西方学者也难以跳出竞争性海权的窠臼。早在1984年，美国海军军官大卫·穆勒（David Muller）就专门撰写了《作为海洋强国的中国》一书，重点从中国海军发展及其在中苏关系紧张时期的作用进行了分析。② 随着21世纪初中国的迅速崛起，西方现实主义理论家普遍强调中国正在追求传统的海权身份。③ 2012年海洋强国战略提出之后，迅速成为显学。不过西方学术界对这一战略的内涵认识差异很大。2016年3月，美国"海军分析中心"（CNA）专门以"中国的海洋强国"为主题召开了研讨会。尽管中国从政府到学术界多次强调"海洋强国"的非军事和综合属性，但大部分学者并不相信海权建设的"中国例外论"。知名的海洋问题专家麦德伟（Michael McDevitt）在其报告中强调中国的海洋强国建设需要强大的海军和先进的海洋执法力量，造船业、渔业等民用力量也是其中重要的构成要素。④

---

① 扬震、周云亨、郑海琦：《美国海权思想演进探析》，载于《国外社会科学》2016年第5期，第99~109页。

② David G. Muller. *China as a Maritime Power*, Westview Press, 1984.

③ Peter Howarth. *China's Rising Sea Power：The PLA Navy's Submarine Challenge*, New York：Routledge, 2006; Christian Bedford, The View from the West：Chinese Naval Power in the 21st Century, *Canadian Naval Review*, Vol. 5, No. 2, 2009, pp. 34-35.

④ Michael McDevitt. *Becoming a Great "Maritime Power"：A Chinese Dream*, CNA, June 2016.

第五章　海洋强国建设与蓝色伙伴关系

韩国退役海军上校尹硕俊更是直接指出"中国要恢复中央帝国的地区秩序"①。而在美国海军学院的一些教授看来,"中国的海洋强国战略是实现中国梦的重要组成部分,这一海洋战略强调海军力量和海军战略,带有很强的军事属性,可以用马汉的海权理论进行解释"②。

结合世界历史上海权大国的兴衰经历,西方学者普遍认为中国的海洋强国建设将会加剧同现在的海洋霸权国——美国之间的竞争。现实主义语境下的权力转移在海洋秩序的分析中多有涉及。西方学者关心中国海洋强国建设的出发点还是美国的海洋霸权维护。从区域性海洋强国向全球性海洋强国的转变是海洋强国建设的应有之义,也将触发中美之间激烈的竞争。麦德伟就预测到 2025~2030 年之间中国将成为全球性的海洋强国,而美国政府对此的政策选择并不多。市场和政府的支持将会决定其造船业和海洋科技的发展速度,而对海洋权益的维护推动着海军、海上民用执法力量等方面的能力提升。③ 美国不甘接受其全球海洋主导地位的削弱,而中国谋求海洋力量的全面发展,在海洋规则上提升话语权,并坚决维护主权权益,这成为亚太地区海洋热点问题频发、大国战略竞争加剧的根本性原因。

在此背景下,中国海洋强国建设的理论体系构建显得尤为重要。2012 年提出"海洋强国"的宏伟战略目标之后,中国一直向实现中华民族海洋强国梦的目标坚定迈进。中国的海洋强国建设是在对中国传统海洋思想的继承和发展的基础上,对西方传统海权理论的创新和超越,已构成了国家大战略中不可或缺的关键一环。

---

① SukjoonYoon. Implication of XI Jinping's "True Maritime Order", *Naval War College Review*, Summer 2015, Vol. 68, No. 3, pp. 58 – 59.

② Toshi Yoshihara and James Holmes. *Red Star Over the Pacific*:*China's Rise and the Challenge to U. S. Maritime Strategy*, Second Edition, Naval Institute Press, December 2018.

③ Michael McDevitt. *Becoming a Great "Maritime Power"*:*A Chinese Dream*, P. 113.

三、中国海洋强国建设的理论体系及其超越

在很长一段时间里，海权一词都是中国地缘战略研究的"舶来品"。改革开放之后的第一代地缘战略学者主要还是从宏观的地缘战略理论入手，研究中国的地缘特性与战略选择，海权是其中重要的分析视角之一；21世纪初，随着西方海权著作不断被翻译出版和海权思想的全面引入，专门的海权研究成果大量出现，例如《中国海权战略参照体系》《论海权与中美关系》等代表性专著和一大批学术论文相继发表。这些成果注重借助西方的海权理论分析中国的战略现实，并对中国的海权发展提供思考。近年来，随着中国海洋强国战略的提出和"一带一路"倡议的推进，又掀起了新一轮海权研究热潮。这一轮研究有一个明显的新特点，紧密结合国际环境的变化和中国的实际情况，尝试跳出西方海权理论框架的束缚，撰写新的符合中国特点的海权叙事，学术研究独立性和自觉性大大提高。《21世纪的海权：历史经验与中国课题》《2049年的中国海上权力》等著作就是其中的代表。

尽管如此，中国海洋强国建设的实践还是远远走在了对海权理论进行创新的前面。党的十八大以来，中国在海洋经济发展、海洋安全维护、海洋科技创新等方面取得了一系列举世瞩目的成绩，并提出了要建设"海洋经济发达、海洋科技先进、海洋生态健康、海洋安全稳定、海洋管控有力的新型海洋强国"的宏伟目标。① 全方位发展海洋能力，构建现代化的海洋体系已经成为中国发展战略的重要一环。习近平总书记指出："海洋是高质量发展的战略要地，向海而兴、向海图强。中国走向崛起的最大优势在海洋、最大潜力在海洋、最大希望在海洋"②。进一步经略海

---

① 中共国家海洋局党组：《实现中华民族海洋强国梦的科学指南——深入学习习近平总书记关于海洋强国战略的重要论述》，载于《求是》2017年第17期，第25页。
② 《做好经略海洋这篇大文章——三论学习贯彻习近平总书记参加山东代表团审议时的重要讲话精神》，载于《大众日报》2018年3月11日。

洋要求我们跳出传统西方海权观念的束缚，建立起中国特色的海洋强国发展路径和理论体系。十八大以来中国海洋强国建设的理论体系有以下四个方面的特点：

第一，中国的海洋强国建设走的是复合型的发展道路。中国的海洋强国体现了一种综合、全面提升利用海洋能力的战略运筹。习近平总书记指出，经过多年发展，我国已经建立起比较完整的海洋产业体系，海洋科学技术取得重大突破，海洋资源开发能力持续增强，海洋法律法规体系逐步健全，海洋综合管理体制初步确立，维护海洋权益能力明显增强，海洋事业总体上进入了历史上最好的发展时期。这些成就为我们建设海洋强国打下了坚实基础。可以看出，中国海洋强国的基础是相当广阔、多元和综合性的，并不单单依靠海军力量的增强。时任国家海洋局局长的刘赐贵撰文指出，"中国特色海洋强国的内涵应该包括认知海洋、利用海洋、生态海洋、管控海洋、和谐海洋等五个方面"[①]。这五个方面体现了我们对于海洋资源、海洋能力和人海关系的全面认识，而不局限于海上军事实力的提升和海洋控制。

与西方传统海权思想形成的历史背景和文化土壤相比，中国的海洋强国建设是在和平与发展的时代背景下，饱含中国传统文化的深厚底蕴，需要从大战略角度加以审视。无论海权的地位曾经多么显赫，充其量不过是实现大战略目标的手段，海权应该服务于国家战略，而不是战略服务于海权。中国的海洋强国建设要建立起海权与国家战略间科学、创新性的关系，坚持陆海统筹，从自己国家的实际情况出发，体现自身特点。中国建设21世纪的海洋强国战略并非仅仅是简单的传统意义上的海权大国战略，而是要在发展蓝色经济、推动海洋科技进步、保护海洋生态环境、完善海洋法治体系等方面贡献出中国智慧。这是我们得以走

---

① 刘赐贵：《建设中国特色海洋强国》，载于《光明日报》2012年11月26日。

向海外、经略海洋的起点和基础。①

第二,中国的海洋强国建设走的是一条和平、合作之路。历史上海洋强国的崛起大多以硬实力为后盾,凭借海上实力主张海洋权利、塑造海洋秩序,往往伴随着军事威慑、军备竞赛乃至军事冲突。即便是打着"外交"的旗号,殖民主义和帝国主义时代大国也常常推行"炮舰外交",以实现对海上霸权的维护。而新时代中国坚持和平发展的海洋合作观,主张建设"和平安宁、合作共赢"的新型海洋外交,旗帜鲜明地反对殖民主义和帝国主义的"炮舰外交"。习近平总书记强调:"我们要着眼于中国特色社会主义事业发展全局,统筹国内国际两个大局,坚持陆海统筹,坚持走依海富国、以海强国、人海和谐、合作共赢的发展道路,通过和平、发展、合作、共赢方式,扎实推进海洋强国建设。"② 2014年6月20日,李克强总理在出席"中国希腊海洋合作论坛"发表演讲时表示,"我们愿同世界各国一道,通过发展海洋事业带动经济发展、深化国际合作、促进世界和平,努力建设一个和平、合作、和谐的海洋"。"21世纪海上丝绸之路"的建设正是顺应了时代发展潮流,具有和平、发展、合作、创新、开放等特征。

在中国海洋强国建设的过程中,西方舆论经常"炒作"不同版本的"中国威胁论",认为中国要谋求新的"海上霸权",把地理大发现500年以来西方"国强必霸"的逻辑用在了中国身上。然而党的十八大以来,以习近平同志为核心的党中央,作出了中国将继续奉行独立自主的和平外交政策、始终不渝走和平发展道路的战略抉择。这是中国海洋强国建设的思想根源和实践指

---

① 朱锋、秦恺:《中国海洋强国治理体系建设:立足周边、放眼世界》,载于《中国海洋大学学报》(社会科学版)2019年第3期,第8页。
② 《习近平:进一步关心海洋认识海洋经略海洋 推动海洋强国建设不断取得新成就》,人民网,2013年月31日,http://cpc.people.com.cn/n/2013/0731/c64094-22399483.html。

第五章　海洋强国建设与蓝色伙伴关系

南，要求我们的海洋强国建设绝不追求和形成新的海上霸权，而是要在平等的基础上，传承和弘扬开放包容的传统，将海洋打造为我们同世界交流合作的大平台，为世界和平友谊添砖加瓦。

中国的海洋强国建设打破了"国强必霸"的海洋大国崛起的传统模式，既立足于本国国情，又离不开世界的和平稳定与共同发展，同时又坚定不移维护自己的主权安全发展利益。这就要求其他海洋大国也跳出竞争性海权的窠臼，一起走上和平、合作的道路，共同维护世界和平，推动共同发展。中国海洋强国建设是新型国际关系的重要实践，产生的世界意义也正在于此。

第三，中国的海洋强国建设走的是"结伴而不结盟"的新路。中国外交的伙伴关系理念在海洋强国建设中得以充分展现。在 2017 年 6 月召开的联合国海洋大会上，中国政府正式提出"与各国、各国际组织积极构建开放包容、具体务实、互利共赢的蓝色伙伴关系，共同应对全球海洋面临的挑战"。这是伙伴关系外交在海洋领域的独特运用，体现了海洋强国建设的全球关怀。在全球海洋治理进展滞后、动力不足的总体背景下，蓝色伙伴关系的构建对提高多元主体治理意愿、调动多渠道治理资源和促进治理行动的协同增效具有重要意义，是为健全全球海洋治理体系贡献的"中国方案"。①

"一带一路"建设体现了独特的海洋强国之路。新时期不断推动"一带一路"倡议的高质量发展，正是对海洋强国中国特色和全球伙伴外交理念的有力彰显。与"21 世纪海上丝绸之路"沿线各国开展全方位、多领域的海上合作，目标就是共同打造开放、包容的合作平台，推动建立互利共赢的蓝色伙伴关系，铸造可持续发展的"蓝色引擎"。② 随着越来越多的海上合作设想变

---

① 朱璇、贾宇：《全球海洋治理背景下对蓝色伙伴关系的思考》，载于《太平洋学报》2019 年第 1 期，第 51 页。
② 《"一带一路"建设海上合作设想》，新华网，2017 年 6 月 20 日，http://www.xinhuanet.com/politics/2017-06/20/c_1121176798.htm。

为现实，越来越多的国家开始走上这条"结伴而不结盟"的新路。

第四，中国海洋强国建设的最终目标是构建海洋命运共同体。21世纪人类进入了"海洋世纪"。各国海洋利益迅速扩大，安全视野不断扩展，利益融合不断加快。海上的无序往往是陆地上无序的延伸，各种非传统安全尤其是新型非政府行为体带来的安全威胁都是巨大的。他们的所有行动都有可能损害以海洋为基础的全球体系。① 海洋利益的兼容性体现得越来越突出。这些新的因素的出现对海洋权力结构造成了很大冲击，也决定了海权国家需要有新的海上行动的逻辑，那就是全球化时代主要的海洋国家必须跳出传统竞争新海权的叙事，回归历史文化意义上的包容性海权，共同创造一种新的海洋秩序。

海洋命运共同体的提出体现了中国对海洋本质的认识和对未来海洋秩序的贡献。2019年4月23日，习近平总书记在会见应邀出席中国人民解放军海军成立70周年多国海军活动的外方代表团团长时，面向世界首次提出"海洋命运共同体"的重要理念。他指出："海洋孕育了生命、联通了世界、促进了发展。我们人类居住的这个蓝色星球，不是被海洋分割成了各个孤岛，而是被海洋联结成了命运共同体，各国人民安危与共。""大家应该相互尊重、平等相待、增进互信，加强海上对话交流，深化海军务实合作，走互利共赢的海上安全之路，携手应对各类海上共同威胁和挑战，合力维护海洋和平安宁。"这是人类命运共同体思想在海洋领域的生动体现，反映了中国海洋强国建设的价值追求，也为推动新形势下全球海洋治理体系朝着更加公正合理的方向发展，为可持续利用和保护海洋指明了方向。

总的来看，党的十八大以来，从构成、特点、途径和目标等

---

① Geoffrey Till. New Directions in Maritime Strategy? Implications for the U.S Navy, *Naval War College Review*, Autumn 2007, pp. 31–36.

几个方面，海洋强国建设的中国路径已基本形成。海洋大国的海洋叙事能力一直是影响海洋事务的一个持久性因素，海洋叙事能力也是中国海洋强国的重要体现。① 中国系统性海洋强国理论体系的构建有力补充了传统的海洋叙事和海权逻辑，指导着中国的海洋强国建设政策和实践，成为世界了解、认识中国和平发展的一扇窗口，也为其他国家尤其是海洋国家的发展提供了重要借鉴。

第二节 蓝色伙伴关系与全球海洋治理

海洋占地球面积的7/10，其有调节气候、提供氧气的功能，且海洋中存在大量的资源，良好的海洋环境是海洋持续造福于人类的保证。从全人类的视角来说，人类从海洋中获取了生物、矿物、水、可再生能源、空间等各种资源。但由于人类不合理地开发利用海洋，导致了海洋污染、渔业资源过度捕捞等生态问题。从国家的视角来说，随着海洋经济的发展，海洋的战略地位在各国的战略版图中不断提升，各国在海洋上的博弈也日趋激烈，海洋领土争端、海洋划界、海洋资源分配等政治问题影响了国家间关系的走向。海洋所面临的生态问题和政治问题都需要得到解决，国际社会也一直致力于全球海洋问题的治理。近年来，中国深度参与全球海洋治理，践行人类命运共同体理念，构建多层次的蓝色伙伴关系，在海洋环境保护、海洋科技创新与应用、海洋公共产品共享、海洋安全维护等领域开展深层次国际合作。

一、全球海洋治理的困境

目前的全球海洋治理体系基本是以联合国为中心建立起来

---

① 牟文富：《海洋元叙事：海权对海洋法律秩序的塑造》，载于《世界经济与政治》2014年第7期，第68~85页。

的。"二战"后，国际社会在联合国的框架下探讨应对海洋环境面临挑战的方法，在各方的努力下，国际社会于1982年达成了《联合国海洋法公约》（以下简称《公约》），这为海洋治理奠定了法律制度基础。罗伯特·弗里海姆（Robert L. Friedheim）指出："可以将该《公约》视为管理海洋的框架，或是骨架，它不是一套完整的权威制度。它是一部宪法，因为它阐述了海洋管理的基本结构，而且给后人留下可共遵循的实际管理规则。它提出了一些重要但并不总是好解释的原则，它建立了有限数量的机构，主要是为了防止或解决争端。"① 该《公约》设立国际海底管理局、大陆架界限委员会、国际海洋法法庭三个专门机构来应对海洋事务。联合国秘书处法律事务厅下属的海洋事务和海洋法司的职责是就《公约》所涉及的海洋问题提供咨询意见。

在联合国的框架下，各国政府为应对海洋问题开展合作，但收效甚微。伦诺克斯·希德（Lennox Hinds）指出："五十年来联合国海洋治理计划主要是为主权国家及主权国家的活动设定的，相比于投资规模，治理并没有取得与合理预期相符的效果。"② 这是因为国家利益与全球利益互相冲突，主权国家在海洋治理中面临着集体行动的困境。全球治理中存在国家利益与全球利益的二元悖论，"主权民族国家体系与全球治理的内在要求存在冲突，即国家利益与全球利益、民族意识形态与全球价值观之间的二元悖论，导致全球治理机制的责任错位"③。国家参与海洋开发的程度不同，因此在分担海洋治理责任时有着不同的利益诉求，利益诉求的不同导致各国在应对海洋问题时难以达成一个让各方都可以接受的标准。主权国家在海洋问题上达成一致行

---

① Robert L. Friedheim. Ocean Governance At the Millennium: Where We Have Been – Where We Should Go, *Ocean & Coastal Management*, Vol. 42, Issue 9, September 1999, P. 751.
② Lennox Hinds. Oceans Governance and the Implementation Gap, *Marine Policy*, Vol. 27, Issue 4, July 2003, P. 349.
③ 卢静：《全球治理：困境与改革》，社会科学文献出版社2016年版，第5页。

动的难度之大从《联合国海洋法公约》达成的"拉锯式谈判"及其规定的模糊性就可以体现。国际社会分别在1958年、1960年、1973年召开了三次联合国海洋法会议,第三次海洋法会议到1982年该《公约》达成时才结束,持续了9年时间,各方共举行11期16次会议。达成的《公约》中的规定太过笼统,不能保证各国采取切实有效的行动,甚至其中的模糊条款还产生了负面效应。《公约》生效后产生了一定负面效应:"第一,《公约》关于划界原则模糊的规定导致国际海洋划界争端的加剧;第二,《公约》对专属经济区规定的不完善导致海上冲突的法律争议加剧;第三,《公约》对许多问题未做明确规定使得'剩余权利'问题的消极影响开始显现,当前最为突出的问题是在海洋和平利用以及海上反恐问题上引发的争议。"[①]

全球海洋治理体系是以联合国为中心建立起来的,一直以来西方国家占据绝对的话语权。而近年来,随着经济全球化的发展,以"金砖五国"为代表的部分发展中国家和新兴经济体实力不断增强,在全球治理体系中的作用日益凸显。与此同时,美国等部分西方大国却因实力的相对衰落在全球治理中呈现"不作为",甚至是逃避治理责任的姿态。以气候治理为例,国际社会曾就气候治理达成《京都议定书》,但美国以不符合美国利益为由拒绝批准该《议定书》;加拿大于2011年退出《京都议定书》;新西兰、日本等国家明确表示不参加《京都议定书》第二承诺期。2017年特朗普正式成为美国总统以来,美国退出一系列条约组织说明美国逃避全球治理责任。"美国已退出《跨太平洋伙伴关系协定》(TPP)、《巴黎气候协定》《伊朗核协议》、联合国教科文组织、联合国人权理事会、《维也纳外交关系公约》涉及的国际法院管辖问题议定书,启动退出万国邮政联盟的程

---

① 刘中民:《〈联合国海洋法公约〉生效的负面效应分析》,载于《外交评论》2008年第3期,第82~89页。

序，特朗普多次威胁退出世界贸易组织。"① 美国的"退群"行动使国际秩序进入了一个更加混乱、多变的时代。

从海洋安全的角度来讲，美日等国的海洋政策不利于海洋的和平稳定发展。"特朗普政府执政以来，美国一味地将中国在南海的岛礁建设视为'军事化'行为，并因此强化了在南海地区的'航行自由行动'，提出了地缘战略力量重新组合的'印太战略'。特朗普政府的南海政策不仅挑衅了中国的主权与安全，也加剧了南海地区的紧张局势。"② 日本政府在2018年出台2018~2022年《海洋基本计划》的绪论部分指出，"包括日本领海和专属经济区在内，日本周边海域局势日益严峻，日本的海洋利益面临前所未有的威胁和风险。从日本到中东，欧洲，澳大利亚和美国大陆的海上交通线对我国来说很重要，但近年来影响这些交通线的稳定运行的威胁和风险已经出现"③。该《计划》通过渲染日本所面临的海洋威胁为自己的海洋政策转变寻找借口，而这一政策转变无疑会加剧海洋局势紧张。"综观新《海洋基本计划》中的政策规划及日本近来在涉海事务上的具体表现，其在观念上强调'日本优先'、行动上重视'武装对抗'的态势已日趋明显。日本打着确保航行自由、维护所谓共同'普世价值观'的幌子，持续以冷战思维、零和思维处理同周边国家的海洋关系。"④

在海洋非传统安全方面，近年来，海洋的可持续发展面临着严峻挑战。过度捕捞、向海洋排放有害物质导致海水成分发生变化，海洋生物多样性减少，海洋生态可持续性降低。国家开发利

---

① 任琳：《谁制造了"全球治理之殇"》，载于《世界知识》2018年第21期，第50~51页。
② 朱锋：《特朗普政府的南海政策及中美海上安全挑战》，载于《当代美国评论》2018年第3期，第1页。
③ Japan Cabinet. *The Basic Plan on Ocean Policy*, May 15, 2018, P. 4, https://www8.cao.go.jp/ocean/english/plan/pdf/plan03_e.pdf.
④ 谢若初：《日本新〈海洋基本计划〉解析》，载于《东北亚学刊》2018年第6期，第28页。

用海洋资源的能力不同导致在制定海洋规范时难以形成统一的标准,从而导致部分地区海洋资源的滥用,这给海洋生态带来损害。"据统计,每年有 600 万到 1 200 万吨塑料进入海洋。污染严重且普遍存在,甚至在最偏远的沿海地区和每个海洋栖息地都发现了塑料碎片。迄今已发现近 700 种海洋物种的生存受到海洋碎片的影响,主要表现方式为生物食入碎片及被碎片缠绕。"[1]海洋生态的可持续性关乎地球的可持续发展,国际社会高度重视海洋生态治理。如何创造一种海洋生态保护方面的伙伴关系成为国际社会关注的焦点。2012 年 6 月,联合国可持续发展大会在巴西里约热内卢举行。会议参加人数多、规格高,同时充分调动了国际组织和民间团体的力量。会议最终签署了《21 世纪议程》等重要的政府间协议,提出环境保护、生物多样性和防治荒漠化的主张,提醒各国关注环境与发展的关系,使环保的概念深入人心。全球海洋治理在会上也成为各方讨论的焦点。"'里约+20'峰会以来,多利益攸关方伙伴关系成为国际社会高度重视的发展途径。在海洋领域,以海洋垃圾、蓝色经济、综合管理为主题的伙伴关系发展迅速,通过促进主体间广泛的沟通和协作,形成一种非正式治理模式,对政府间治理起到支持、补充和促进落实的作用。"[2] 2015 年,联合国成立 70 周年之际,《变革我们的世界:2030 年可持续发展议程》(*Transforming our World: The 2030 Agenda for Sustainable Development*)获得通过,该《议程》中的目标 14 为"保护和可持续利用海洋和海洋资源以促进可持续发展"[3],并细化为 7 个子目标,且制定了三大可行性措施。《变革我们的

---

[1] Joanna Vince. Plastic Pollution Challenges in Marine and Coastal Environments: From Local to Global Governance, *Restoration Ecology*, Vol. 25, Issue1, January 2017, P. 1.

[2] 朱璇、贾宇:《全球海洋治理背景下对蓝色伙伴关系的思考》,载于《太平洋学报》2019 年第 1 期,第 54 页。

[3] United Nations. *Transforming our World: The 2030 Agenda for Sustainable Development*, 2015, P. 26, https://sustainabledevelopment.un.org/content/documents/21252030%20Agenda%20for%20Sustainable%20Development%20web.pdf.

世界：2030年可持续发展议程》将全球海洋治理上升到新高度。从2015年到2030年，国际社会要用这15年的时间去实现海洋的健康可持续性发展，而目前海洋可持续发展面临着严峻挑战，海洋治理体系亟须完善。

二、中国的海洋合作实践与蓝色伙伴关系倡议的提出

中国在全球海洋治理领域的参与有悠久的历史，一直是海洋治理体系的积极参与者和建设者。改革开放40年来，中国的海洋合作不断向前推进，并取得了丰硕的成果，这为蓝色伙伴关系的提出创造了理念先导和实践基础。面对复杂多样的周边海洋环境，特别是在海洋非传统安全领域，中国一直努力同相关国家建立伙伴关系，增强机制建设，共同应对非传统安全威胁。

海洋领域的合作一直是中国与其他大国合作的重要切入点。中美海洋合作历史久远。在2012年第四轮中美战略与经济对话战略对话具体成果清单中，双方就加强海洋领域的前沿合作达成了一致意见，通过了《2011~2015年中国国家海洋局与美国国家海洋和大气管理局海洋与渔业科技合作框架计划》，共同制定了《印度洋、南大洋海洋气候观测、再分析与预测》项目实施计划，"双方确定了海洋在气候变化中的作用、数据交换与服务、海洋灾害预警预测及其应急管理、海洋生态系统与全球碳循环研究、海洋高新技术研发与应用、海洋政策、管理以及国际海洋事务合作等8个优先合作领域"[①]。中美通过海洋论坛、联合实验室以及在有关海洋治理的组织的框架下进行合作，从而推动两国的海洋事业取得进展，为全球海洋治理作出贡献。随着海洋治理面临愈加严峻的形势，中美双方在战略与经济对话中越来越重视

[①] 《中美确定未来海洋与渔业科技合作重点领域和方向》，中国政府网，2012年5月14日，http://www.gov.cn/gzdt/2012-05/14/content_2136954.htm。

探讨海洋治理的议题，第七轮、第八轮对话中，因双方涉及海洋治理的问题较多，"海洋合作"在具体成果清单中作为一大项内容被单独列举出来，这表明了中美双方对海洋治理的重视程度。第七轮对话中，双方表达了"加强蓝色经济合作的愿望，包括通过 APEC 和其他论坛分享信息和经验；两国计划积极参与'海洋垃圾全球伙伴关系'；支持推进两国海事安全机构间的双边交流，中国海警局、中国海事局和美国海岸警卫队计划在 2015 年开展高层和船艇互访，以交流观点和最佳做法，深化相互理解与合作"[1]。中美双方还专门举办了在第七轮中美战略与经济对话框架下举行的中美"保护海洋"特别会议。第八轮对话中提到双方"计划派高级别官员参加 2016'我们的海洋'会议，决定共同推动会议议程中关于可持续渔业、主要海洋保护区、减少海洋酸化和海洋污染等全球性挑战的讨论；选取厦门、威海、旧金山和纽约作为首批姊妹城市，分享其在垃圾管理方面的最佳实践，以减少和防止海洋垃圾"[2]。

2018 年 5 月，美国进步中心（The Center for American Progress）发布了题为《蓝色未来：梳理中美海洋合作的机遇》的报告，通过中美海洋对话确定了两国在海洋资源管理和可持续发展方面的合作途径。报告肯定了中美在海洋保护方面有着广泛的共同利益，并提出尽管当前中美关系的演进使得两国在海洋领域的合作愈发困难，两国在一些议题上还存在分歧，但是需要建立起"蓝色对话"来明确双方的利益共同点和分歧，以及短期、中期和长期的首要任务。报告建议中美两国应该建立海洋科学合

---

[1] 《第七轮中美战略与经济对话框架下战略对话具体成果清单》，中国政府网，2015 年 6 月 26 日，http://www.gov.cn/xinwen/2015-06/26/content_2884379.htm，访问时间：2019 年 7 月 3 日。

[2] 《第八轮中美战略与经济对话框架下战略对话具体成果清单》，中国政府网，2016 年 6 月 8 日，http://www.gov.cn/xinwen/2016-06/08/content_5080374.htm，访问时间：2019 年 7 月 3 日。

作研究机制、就海洋问题保持一定政府间对话并创建海洋合作记叙。① 中美同为海洋大国，都为促进人类对海洋的探索认知、开发利用和保护养护做出了积极的贡献，在全球海洋治理方面有广泛的共同利益。未来中美两国在全球海洋治理领域的合作会成为伙伴关系新的增长点。

海洋领域的合作同样是中国和希腊全面战略伙伴关系的重要内容。2014年李克强总理访问希腊，出席中希海洋合作论坛，双方共同宣布2015年为"中希海洋合作年"，并将成立中希政府间海洋合作委员会，加强在海洋科技、环保、减灾防灾和海上执法等领域的务实合作。中希海洋合作年是我国首次以海洋合作为主题举办的双边友好年，是落实"21世纪海上丝绸之路"战略的重要工作之一，有利于推动中希及中欧海洋合作迈向新高度和"21世纪海上丝绸之路"向欧洲自然延伸。2014年7月，习近平主席在前往拉美途中在希腊过境访问，中希两国就增进海洋领域的合作进行会谈，在港口合作方面达成一系列共识。2019年11月10～12日，习近平主席对希腊进行国事访问，其间专门参观了比雷埃夫斯港。该港口是中希海洋合作和"一带一路"建设的典范。自2010年中国企业正式参与运营，比雷埃夫斯港交出了十分亮眼的"成绩单"：全球排名从93位跃升至32位，坐上地中海第一大港的交椅，对希腊的直接经济贡献超过6亿欧元。习近平主席的希腊之行，签署了投资等政府间合作文件以及港口、金融、能源等领域商业协议，进一步升级中希贸易投资、基础设施等领域的务实合作，也为中希全面战略伙伴关系增添了新的动力。

中国同俄罗斯共建"冰上丝绸之路"是近年来海洋外交的重要实践。2003年5月，中俄两国签订了《中华人民共和国政

---

① *Blue Future: Mapping Opportunites for US – China Ocean Cooperation*, Center for American Progress, May 21 2018.

府和俄罗斯联邦政府关于海洋领域合作协议》,《协议》"明确了双方在海洋环境状况研究、利用海洋及其资源有关活动对环境影响的研究和评价、海洋生物多样性研究和保护等方面的合作内容。同时也明确了合作的形式:互派专家、学者及科学代表团;共同举办研修班、学术研讨会和会议;联合申请国际招标项目并承担其实施等"①。2013年,中俄签订了《中华人民共和国交通运输部和俄罗斯联邦运输部关于海上航行安全和保护海洋环境合作谅解备忘录》,该《备忘录》的签署标志着中俄在海上航行安全和海洋环境领域的合作进入新阶段。北极航道合作属于中俄海洋合作的重要组成部分,中俄两国重视北极地区的治理。中国积极探索、开发和建设北极,参与北极的各项治理事物,尤其重视北极航道的商用价值。俄罗斯十分重视北极的战略地位,2013年,俄罗斯公布了《2020年前俄罗斯联邦北极地区发展和国家安全保障战略》,该战略划分为六个部分,第二部分指出"维护北极地区的和平,促进各国在该区域的合作;保护北极独特的生态系统"②。中俄双方领导人重视在北极航道的合作,2015年,《中俄总理第二十次定期会晤公报》中指出"加强北方海航道开发利用合作,开展北极航运研究"③。"2017年5月,普京总统在'一带一路'国际合作高峰论坛上提出,希望中国能利用北极航道,把北极航道同'一带一路'连接起来。"④ "2017年7月,习近平主席在莫斯科会见俄罗斯总理梅德韦杰夫时表示要开展北极航道合作,共同打造'冰上丝绸之路',落实好有关互联互通

---

① 马苹、李靖宇:《关于中俄两国加强海洋合作的战略推进构想》,载于《东北亚论坛》2014年第5期,第65页。
② ACTICS. *Basics of the State Policy of the Russian Federation in the Arctic for the Period Till 2020 and for a Future Perspective*, March 30, 2009, http://www.arcticsearch.com/Russian + Federation + Policy + for + the + Arctic + to + 2020.
③ 《中俄总理第二十次定期会晤联合公报》,中国政府网,2015年12月18日,http://www.gov.cn/xinwen/2015-12/18/content_5025320.htm。
④ 关雪凌、杨博、刘漫与:《"冰上丝绸之路"与中俄参与全球经济治理的新探索》,载于《东北亚学刊》2019年第3期,第31页。

项目。"① 中俄共建"冰上丝绸之路"是两国海上合作经验积累的结果，为两国加强海上合作提供了制度化的平台，有助于双方加强中央和地方政府及非政府行为体之间的合作，从而从各个层面推进"冰上丝绸之路"的建设。"冰上丝绸之路"为中俄两国发展海洋合作奠定了物质基础，有助于扩大两国在海洋能源、海洋科技、海洋安全、海洋环境等领域的合作规模，有助于两国共建海洋文明，为各国在"蓝色伙伴关系"倡议下进行务实合作提供了范例。亚马尔液化天然气项目是中俄共建"海上丝绸之路"的代表性成果，2017年12月，亚马尔液化天然气项目的第一条生产线投产，这是中俄在北极地区开展的最大规模的能源合作项目。

2018年1月，中国政府发布《中国的北极政策》白皮书，其中指出"可持续是中国参与北极事务的根本目标。中国愿依托北极航道的开发利用，与各方共建'冰上丝绸之路'。中国支持各利益攸关方共同参与北极治理和国际合作。支持'北极—对话区域'、北极圈论坛、'北极前沿'、中国—北欧北极研究中心等平台在促进各利益攸关方交流合作方面发挥作用"②。该白皮书的发布将"冰上丝绸之路"推向了世界，世界各国可遵循"共商共建共享"的原则参与到"冰上丝绸之路"的合作中去。

中国在南海地区展开的海洋合作和进行的机制建设是伙伴关系思想在周边外交中的生动体现。自2010年以来，在美国等域外国家的强势介入下，南海问题不断升温，海上危机事态时有发生。特别是特朗普执政以来，不断加大对南海问题的军事介入力度，使得南海地区安全形势更加复杂脆弱。传统的地缘战略博弈日益成为南海问题的"核心话语"。随着中国"一带一路"倡议

---

① 《冰上丝绸之路》，中国一带一路网，2019年2月20日，https://www.yidaiyilu.gov.cn/zchj/slbk/80077.htm。
② 《中国的北极政策》，中国政府网，2018年1月26日，http://www.gov.cn/xinwen/2018-01/26/content_5260891.htm。

第五章　海洋强国建设与蓝色伙伴关系

的提出和推进，以及中国东盟关系的发展，南海地区局势总体保持稳定。如何延长这种稳定合作的态势，寻找维护南海地区长期和平与稳定的"路线图"已成为各国的利益汇合点。推进海上务实合作，加强南海地区的机制化建设变得更加迫切。推动南海沿岸国的合作机制构建，将南海建成和平之海、友谊之海、合作之海，不仅是南海沿岸国履行《联合国海洋法公约》和联合国2030年可持续发展议程的义务，也对推动"中国—东盟命运共同体"建设具有重要意义，有助于"一带一路"倡议在中国周边地区行稳至远，也是全球伙伴关系网络构建的重要一环。

2001年"9·11"事件的爆发成了南海沿岸国合作的转折点。"9·11"事件之后南海地区安全形态进入了以非传统安全威胁主导地区安全的时期。在这一时期，恐怖主义活动与海上武装抢劫、海盗等活动频发，严重威胁到了南海地区安全与社会稳定。① 中国与东南亚国家在海上安全领域的合作正是在这一背景下展开的。

2002年中国同东盟各国签署的《南海各方行为宣言》（以下简称《宣言》）是南海合作的里程碑。《宣言》指出在全面和永久解决争议之前，有关各方可探讨或开展合作，可包括以下领域：（1）海洋环保；（2）海洋科学研究；（3）海上航行和交通安全；（4）搜寻与救助；（5）打击跨国犯罪，包括但不限于打击毒品走私、海盗和海上武装抢劫以及军火走私。《宣言》的签署大大缓和了地区安全形势，增进了各国间的互信，也为南海地区的非传统安全合作提供了政治保障。自此之后，中国同南海相关国家在非传统安全领域的合作明显加速。中国与东盟国家以南海为平台，在互利共赢的基础上建构的一系列双边和多边的合作机制与准则，极大促进了东亚区域合作的进程。在整个东亚国家

---

① 葛红亮：《非传统安全与南海地区国家的策略性互动》，载于《国际安全研究》2015年第2期，第142页。

乃至整个亚太国家的区域合作建设过程中,南海起着地缘核心的作用。

2010年,伴随着美国亚太战略的持续推进,南海地区竞争态势不断加强,各国在非传统安全领域的合作也受到了一定影响,不过各国推动合作的意愿并未减弱,中国更是该领域合作最积极的推动者和引领者。2011年7月20日,在印度尼西亚巴厘岛举行的落实《宣言》高官会就落实《宣言》指针案文达成一致,随后召开的中国—东盟外长会予以核准,为推动落实《宣言》进程、推进南海务实合作铺平了道路。非传统安全合作是务实合作的重要体现。此后在11月召开的"中国—东盟领导人峰会"上,中国宣布设立30亿元人民币的中国—东盟海上合作基金,推动双方在海洋科技与环保、互联互通、航行安全与搜救以及打击海上跨国犯罪等领域的合作。在已有的合作项目中,非传统安全几乎占了3/4以上,为建设"中国—东盟海洋伙伴关系"发挥了重要作用。①

2013年7月,外交部部长王毅在文莱出席东盟地区论坛外长会时指出,中国和东盟海洋合作潜力巨大,双方应继续深化在防灾救灾、打击跨国犯罪、海上安全等非传统安全领域合作,为论坛发展不断注入活力和动力。② 2014年,中国与东盟共同推动东盟地区论坛通过了《加强海空搜救与合作协调声明》及签署《灾害管理合作谅解备忘录》,共同推动了非传统安全合作的机制化建设。10月在泰国举行的落实《宣言》第8次高官会上,各方就"早期收获"内容达成一致,包括批准"准则"磋商的第一份共识文件,分别设立中国—东盟国家技术部门之间的"海

---

① 康霖、罗亮:《中国—东盟海上合作基金的发展及前景》,载于《国际问题研究》2014年第5期,第27—36页。
② 《王毅出席东盟地区论坛外长会时强调深化非传统安全合作稳步推进预防性外交》,新华网,2013年7月2日,http://news.xinhuanet.com/world/2013-07/02/c_116377559.htm。

上联合搜救热线平台"及中国—东盟国家外交部之间的"应对海上紧急事态高官热线",举行中国—东盟国家海上联合搜救沙盘推演,推广卫星系统在南海导航和搜救中的应用等。① 在2015年7月进行的联合工作组会议上,各国就上述两条热线运作达成一致并即将开始运行。2016年4月27日,中国与东盟国家在新加坡举行了落实《宣言》第11次高官会,各方讨论并通过了2016~2017年落实《宣言》的工作计划,表达了尽早建立航行安全与搜救、海洋科研与环保、打击海上跨国犯罪三个技术合作委员会的共同意愿。在2016年7月12日所谓的"裁决"出台之后,并没有影响各方合作的信心,对于《南海各方行为准则》的磋商也进一步加快。在已有的磋商成果中,以"早期收获"为代表的海上非传统安全合作获得了最大程度的共识。2017年5月17~18日,落实《南海各方行为宣言》第14次高官会在贵阳举行,各方就全面有效落实《宣言》、加强海上务实合作以及"南海行为准则"磋商等议题进行了坦诚、深入的探讨,取得了积极成果,同时审议通过了《建立三个技术委员会步骤非文件》、外交高官热线平台试运行结果,并更新了2016~2018年工作计划。在2018年6月召开的第15次高官会上,各方肯定了当前南海形势总体稳定的良好势头,重申全面、有效落实《宣言》的重要性,一致同意在业已形成的"准则"框架基础上进一步推进"准则"磋商,尽快形成单一磋商文本草案,作为下步商谈的基础。中国在2018年11月东亚领导人系列会议期间提出了未来三年内完成"准则"磋商的时间表,受到东盟国家和国际社会的欢迎。

尽管从历史上看,在不同时期非传统安全合作的程度和涉及领域各有不同,存在着不平衡、难同步等问题,但在非传统安全

---

① 《落实〈南海各方行为宣言〉第八次高官会在泰国举行》,新华网,http://news.xinhuanet.com/world/2014-10/29/c_1113028991.htm。

问题上，各国之间的共同利益远大于分歧。对中国而言，可借助非传统安全合作适度缓解与东南亚相关国家的传统安全困境。"在中国看来，在广泛的合作海洋机制仍然无法建立的情况下，中国可能会同意在许多功能领域开展更广泛的、实质性的海洋合作，尤其在非传统安全领域。"① 各国在战略互信不足的情况下依然可以推进非传统安全合作，发挥联动示范效应，促进政治层面的国家间信任机制的建立以及危机预防管控机制的良性运作。正是在良好的合作氛围下，中国与东盟安全合作也迈出重要一步。中国与东盟国家自 2015 年起开始探讨并着手准备开展海上联合军事演习。经过三年酝酿和筹备，中国同东盟十国于 2018 年 10 月在南海海域举行了首次海上联合军演，将中国—东盟海上安全合作推向新阶段，也为建立新的地区安全架构提供了有益经验。

　　蓝色伙伴关系理念的提出将中国的海洋外交和国际海洋合作推上了新的台阶。2017 年 5 月，国家海洋局与国家发展改革委联合发布的《"一带一路"建设海上合作设想》中明确提出了"蓝色伙伴关系"。"中国政府秉持和平合作、开放包容、互学互鉴、互利共赢的丝绸之路精神，致力于推动联合国制定的《2030 年可持续发展议程》在海洋领域的落实，愿与 21 世纪海上丝绸之路沿线各国一道开展全方位、多领域的海上合作，共同打造开放、包容的合作平台，建立积极务实的蓝色伙伴关系，铸造可持续发展的'蓝色引擎'。"②《设想》还提出，使我国与"一带一路"参与国家进一步深化合作，在全球海洋治理体系中的话语权和影响力日益凸显。中国将进一步关心海洋、认识海洋、经略海洋，提高海洋资源开发能力，保护海洋生态环境，扎实推进海洋

---

① Li Mingjiang. China and Maritime Cooperation in East Asia: Recent Developments and Future Prospects, *Journal of Contemporary China*, No. 19, March 2010, P. 291.
② 《"一带一路"建设海上合作设想》，中国政府网，2017 年 6 月 20 日，http://www.gov.cn/xinwen/2017-06/20/content_5203985.htm。

强国建设。同年6月,在联合国首届"海洋可持续发展会议"上,中国在国际舞台正式提出了建设"蓝色伙伴关系"的倡议。

自"蓝色伙伴关系"提出以来,该方案得到多国的积极响应,中国已同多个国家明确建立了"蓝色伙伴关系"。2017年9月21日,"中国—小岛屿国家海洋部长圆桌会议"在福建平潭举行,中国同斐济、马尔代夫等12个岛国签订了《平潭宣言》,就中国同12个岛国"共建蓝色伙伴关系、构建蓝色经济发展合作机制、开展海岛生态环境保护、加强海岛及周边海域防灾减灾、提升海洋技术发展水平"① 五方面内容指明了方向。海洋对岛屿国家的发展意义重大,岛屿国家高度重视蓝色海洋建设。以太平洋岛国为例,太平洋岛国论坛领导人于2014年批准了"太平洋地区主义框架"(Framework for Pacific Regionalism),框架中的愿景部分如下:"我们的太平洋愿景是建立一个和平、和谐、安全、社会包容和繁荣的地区,以便所有太平洋人民都能过上自由,健康和富有成效的生活。"② 2017年,论坛领导人将"蓝色太平洋"计划视为实现愿景的核心推动力。在同年举行的联合国大会上,论坛主席强调"蓝色太平洋"计划要致力于改善赖以生存的海洋环境。太平洋共同体在《太平洋共同体战略计划2016-2020》中强调伙伴关系对海洋治理的重要作用。"太平洋共同体将拓展伙伴关系,以加强在跨地域的合作及在主要领域的经验共享。共同体将继续强化现有的伙伴关系,包括太平洋区域组织理事会(Council of Regional Organizations of the Pacific),构建新型关系,加强地区合作机制建设,以应对发展的挑战。"③ 太平洋岛国在海洋治理中重视蓝色海洋、伙伴关系等理念,这与中国提出的

---

① 《平潭宣言》,中国政府网,2017年9月21日,http://www.mnr.gov.cn/zt/hy/xysjd/hhgz/201709/t20170921_2102066.html。

② Pacific Islands Forum, *Framework for Pacific Regionalism*, July 2014, P.3, http://www.forumsec.org/wp-content/uploads/2017/09/Framework-for-Pacific-Regionalism.pdf。

③ Pacific Community, *Pacific Community Strategic Plan 2016-2020*, 2015, P.7.

"蓝色伙伴关系"具有逻辑的内在一致性,从而为双方合作奠定了坚实基础。

2017年11月3日,中国和葡萄牙签订《中华人民共和国国家海洋局与葡萄牙共和国海洋部关于建立"蓝色伙伴关系"概念文件及海洋合作联合行动计划框架》,中国国家海洋局局长王宏指出:"葡萄牙是欧盟国家中第一个与我国正式建立蓝色伙伴关系的国家。中方愿与葡方建立长期而牢固的合作关系,联合开展海洋科学技术研究与创新合作,共同探索蓝色经济发展的有效模式,共同寻求应对全球气候变化、保护海洋生态环境的做法经验。"①

2018年7月16日,中国同欧盟签署了《中华人民共和国和欧洲联盟关于为促进海洋治理、渔业可持续发展和海洋经济繁荣在海洋领域建立蓝色伙伴关系的宣言》,"通过建立'蓝色伙伴关系',双方将携手推动完善全球海洋治理体系、发展可持续性蓝色经济和促进可持续渔业治理,共同应对气候变化、海洋生态环境保护、海洋资源养护和可持续利用所面临的挑战,一道努力实现2030年可持续发展议程目标"②。欧盟在地理上被北海、大西洋、地中海、黑海、波罗的海等环绕,其大多数成员国都是沿海国,海洋是欧盟赖以存在的基础。欧盟积极推进全球海洋治理体系的改革,其中扩大"海洋伙伴关系"是其参与海洋治理的风向标。"海洋综合战略框架指令(maritime strategy framework directive)下的新政策倡议、综合海洋政策(integrated marine policy),共同渔业政策(common fisheries policies)的改革,离岸能源政策(the offshore energy policy)和蓝色增长战略(the blue growth strategy)都是致力于实现基于生态系统管理(ecosystem based management)这一新型海洋治

---

① 《王宏与葡萄牙海洋部部长维托里诺共同签署文件 建立长期牢固伙伴关系 打造国际海洋合作示范》,载于《北海区海洋经济资讯》2017年第11期。
② 《中欧签署〈宣言〉建立蓝色伙伴关系》,中国政府网,2018年7月20日,http://www.mnr.gov.cn/dt/ywbb/201810/t20181030_2291064.html。

理方法目标的方式。"① 该治理方法尽力实现整合规划和连贯管理,涉及国家行为体、超国家组织和民间社会等多层次的互动及多层次制度的建构。为更好地实践这种治理方法,欧盟重视"伙伴关系"的重要作用。2016 年 10 月,欧盟委员会和欧盟高级代表制定了关于我们未来海洋的联合议程,提出了针对海洋治理的15 大项、50 小项行动。其中第三大项明确指出发起海洋治理的"海洋伙伴关系"② 倡议。欧盟委员会 2019 年发布的评估海洋治理两年进程的报告指出,"欧盟已与主要的海洋治理参与者建立了双边伙伴关系。欧盟于 2018 年 7 月与中国签署了第一个海洋伙伴关系,预计将于 2019 年与加拿大签署合作协议"③。欧盟在海洋治理领域具有丰富的实践经验,"欧盟是区域海洋治理的先行者,在渔业资源的养护和可持续利用海洋环境保护和污染防治等方面积累了丰富的经验;欧盟通过在某些方面以较高标准遵守《联合国海洋法公约》和海洋法方面的其他国际协定,谋求树立它在国际社会中忠实履行国际义务的良好形象,增加其参与国际海洋事务的正当性和话语权,进而提升它在国际海洋事务中的地位"④,这为"蓝色伙伴关系"的推进奠定了良好基础。欧盟提出"海洋伙伴倡议",中方提出"蓝色伙伴关系",这说明双方在海洋治理领域有很多共识和一致的追求。

2019 年 9 月 5 日,首届中国—欧盟海洋"蓝色伙伴关系"论坛在比利时首都布鲁塞尔举行。这是继 2017 年双方共同举办

---

① Katrine Soma, Jan van Tatenhove, Judith van Leeuwen. Marine Governance in a European Context: Regionalization, Integration and Cooperation for Ecosystem-based Management, *Ocean & Coastal Management*, Vol. 117, November 2015, P. 1.

② European Commission. *International Ocean Governance: An Agenda for the Future of Our Oceans*, November 2016, P. 2, https://ec.europa.eu/maritimeaffairs/sites/maritimeaffairs/files/list-of-actions_en.pdf.

③ European Commission. *Improving International Ocean Governance – Two years of progress*, March 2019, P. 2, https://eur-lex.europa.eu/legal-content/EN/TXT/PDF/?uri=CELEX:52019JC0004&from=EN.

④ 刘衡:《介入域外海洋事务:欧盟海洋战略转型》,载于《世界经济与政治》2015 年第 10 期,第 60~80 页。

"中国—欧盟蓝色年"和2018年双方正式签署《在海洋领域建立蓝色伙伴关系的宣言》后,中欧在海洋合作领域取得的又一重要进展,标志着新时期中欧海洋"蓝色伙伴关系"走深走实,展现了中欧在全球海洋治理中的责任与担当。在论坛上,自然资源部党组成员、国家海洋局局长王宏表示,中欧双方将在应对气候变化、海洋生物多样性养护、防治海洋污染、海洋事务国际规则制定等方面进行充分沟通,在已有共识的基础上,采取一致行动,共同落实联合国2030年可持续发展目标。同时,中欧双方将在立足于海洋合作的基础上,进一步扩大中国和欧盟在政治、经济、科技、文化等多个方面的利益交集,为深化中欧全面战略合作伙伴关系贡献"蓝色力量"。

中国驻欧盟使团团长张明大使则表示,在中国和欧盟之间,海洋一直都是促进合作的载体。2018年,中欧双边贸易额超过6 820亿美元,其中60%都是通过海运实现的。此外,无论是对海洋的研究、开发、保护还是治理,中国和欧盟都承担着共同的国际责任,也有加强务实合作的现实需求。相信"蓝色伙伴关系"的发展,将彰显中欧合作互利共赢、共同构建人类命运共同体的本质,赋予中欧全面战略伙伴关系更加丰富的内涵和色彩。[①]

2018年9月,中国同塞舌尔签订《中华人民共和国自然资源部与塞舌尔共和国环境、能源和气候变化部关于面向蓝色伙伴关系的海洋领域合作谅解备忘录》,"两国将成立海上合作联委会,共同举办研讨会、培训班、建设海洋合作平台,加强在海洋科学研究、海洋经济发展、海洋生态保护和修复等领域的合作"[②]。塞舌尔属非洲岛国,整个非洲有40个临海国家,占非洲国家总数

---

① 《张明大使在首届中欧蓝色伙伴关系论坛闭幕式上的致词》,中华人民共和国驻欧盟使团网站,2019年9月7日,http://www.chinamission.be/chn/stxw/t1695408.htm。

② 《中国自然资源部与塞舌尔环境、能源与气候变化部签署海洋领域合作文件》,中国政府网,2018年9月4日,http://www.mnr.gov.cn/dt/ywbb/201810/t20181030_2291400.html。

的70%以上，其周边被海上主要航道所环绕，非洲大陆90%的出口靠海运①，海洋对非洲的发展至为重要。非洲国家近年来开始重视海洋治理，在2015年举行的非洲部长级环境会议上，"各国部长决定以《2050年非洲海洋整体战略》和《2063年愿景》为基础，发展统一的非洲海洋治理战略，战略的制定遵循一系列广为接受和认可的原则，例如生态系统方法、预防方法、污染者付费原则"②。2016年10月，非盟海事安全特别峰会通过《洛美宪章》，其中第三章第12款内容为海洋治理部分，指出"每一缔约方应当确保基于更好的信息共享、有效交流、高效行动基础的海洋善治"③。《洛美宪章》是非洲各国参与海洋治理的里程碑式文件，说明各方意识到现行海洋治理体系需要从传统的单一行为体治理模式转向多方行为体共同参与的善治。"目前，以毛里求斯、南非等为代表的非洲国家已经逐步意识到了其蓝色经济的发展潜力，未来中非在海洋经济领域的利益重叠区将不断扩大。"④非洲国家在海洋治理中的理念同中国政府提出的"蓝色伙伴关系"的构建高度契合一脉相承，中非在海洋治理中可进行务实合作，以地区性的合作推动全球海洋治理体系的完善。

三、蓝色伙伴关系对全球海洋治理的贡献

蓝色伙伴关系的建立首先有助于化解海上的安全困境。开放

---

① Africa Center for Strategic Studies. Maritime Security: Crucial for Africa's Strategic Future, March 4, 2016, https://africacenter.org/spotlight/maritime–safety–security–crucial–africas–strategic–future/.

② The United Nations Environment Programme. *Concept Note for Development of an Ocean Governance Strategy for Africa*, October 19, 2015, P. 3, https://wedocs.unep.org/bitstream/handle/20.500.11822/10916/oceangovernance_wg1_2_developingafricanoceangovernance.pdf?sequence=1&amp%3BIsAllowed=.

③ African Union. *African Charter on Maritime Security, Safety and Development in Africa (the Lomé Charter)*, 2016, P. 13, https://au.int/sites/default/files/treaties/33128–treaty–0060–_lome_charter_e.pdf.

④ 贺鉴、王雪：《全球海洋治理视野下中非"蓝色伙伴关系"的建构》，载于《太平洋学报》2019年第2期，第74页。

包容、积极务实是蓝色伙伴关系的核心，也是缓解海上紧张局势的根本之道。近年来在亚太地区众多海洋争端问题有不断升温的趋势，这与美国的强势介入和印太战略的逐渐推进密不可分。美国总统特朗普在2017年11月召开的"亚太经合组织"峰会上，明确提出了"印太地区"的战略概念，试图将美国在西太平洋区域的军事安全战略框架延伸到印度洋和南亚区域，从而形成一个从东北亚、东南亚、南太平洋到印度洋的战略性的联结，跨区域构建一个对中国进行战略性限制的宏观军事安全框架。无独有偶，日本首相安倍晋三复出初始，于2012年12月再次提出构建由美国、日本、印度和澳大利亚四国组成的"民主安全菱形"，并在2016年8月在内罗毕举行的第六届东京非洲发展国际会议上提出"自由开放的印太战略"。这被视为日本在中国影响力不断增强的背景下试图构建地区秩序的努力。[①] 而澳大利亚也在其发表的《外交白皮书》中努力与美国的"印太战略"相衔接。显然，一个以中国为假想制约目标的"印太战略"开始显现其基本框架。可以看出，这是一种结构性对抗的框架，带有明显的"冷战式对抗与竞争"的样式。正如俄罗斯外长拉夫罗夫所批评的，"印太战略要遏制中国。印太框架容易引起分歧，并且试图重新分配现有结构。应有必要建立起一个更具包容性的架构"。如果这种以同盟关系为基础的安全结构被定型并在亚太海洋安全框架中发挥主导性作用，则将给整个区域的国家间关系造成对抗与冲突，地区安全局势造成紧张和动荡。

而中国以"一带一路"为载体，努力打造全球伙伴关系网络，倡导"和平合作、开放包容、互学互鉴、互利共赢"的丝路精神，坚持"共商、共建、共享"的原则，是破除多年来亚太地区大国博弈和海上安全困境的重要思路和有效途径。未来亚

---

① Kei Koga. Japan's Indo – Pacific Question: Countering China or Shaping A New Regional Order", *International Affairs*, Vol. 96, No. 1, 2020, P. 49.

太地区安全合作必须破除"零和博弈"的"冷战思维",打破同盟安全和霸权思维,积极倡导共同安全、综合安全、合作安全、可持续安全的亚洲安全观,建设开放、包容和灵活多样的立体化的安全合作架构。一直以来,中国都是亚太地区海上非传统安全合作的重要倡议者、积极参与者和机制建设者。对于中国来说,海上非传统安全合作应成为中国海洋强国战略的道义制高点,成为中国同相关国家合作的战略抓手,成为中国提供地区公共产品的重要路径。习近平主席指出:"加强海上互联互通建设,推进亚洲海洋合作机制建设,促进海洋经济、环保、灾难管理、渔业等各领域合作,使海洋成为连接亚洲国家的和平、友好、合作之海。"① 在当前亚太地区海洋秩序转换之时,中国可以携手周边国家,以非传统安全为切入点构建合作共赢的海洋伙伴关系,共同克服海洋合作中存在的障碍。

蓝色伙伴关系还有助于调动国家参与海洋治理的积极性。从 2018 年创记录的碳排放量来看,无论是致力于达成具有法律约束力的统一减排目标的《京都议定书》,还是依"自主贡献"原则达成的《巴黎协定》,都没有给气候治理带来成效。而海洋问题同气候问题同属于全球性问题,各国针对公海问题的《海洋生物多样性养护和可持续利用的具有法律约束力的国际文书建议草案》的"拉锯式"谈判历程就足以说明达成海洋治理多边条约的棘手。"对这一草案的讨论从 2004 年就开始了。国际协定谈判预备委员会第四次会议根据联合国 2015 年 6 月 19 日通过的第 69/292 号决议的要求,于 2017 年 7 月 20 日向联合国大会提交了最终建议性文本。"② 各国围绕多边协议的达成存在利益博弈的过程,蓝色伙伴关系可大大减少利益博弈的程度,从而为多边协

---

① 习近平:《迈向命运共同体 开创亚洲新未来——在博鳌亚洲论坛 2015 年年会上的主旨演讲》,载于《人民日报》2015 年 3 月 29 日。
② 庞中英:《在全球层次治理海洋问题——关于全球海洋治理的理论与实践》,载于《社会科学》2018 年第 9 期,第 8 页。

议的达成创造有利条件。中国是在大力发展 21 世纪海上丝绸之路之际提出蓝色伙伴关系倡议的，蓝色伙伴关系有助于更好地建设海上丝绸之路，这也是践行"人类命运共同体"倡议的重要举措。而"人类命运共同体"关注人类的共同利益，蓝色伙伴关系可以看成贯彻"人类命运共同体"理念的具体措施，其所关注的是缔结伙伴关系各方的共同利益。《变革我们的世界：2030 年可持续发展议程》中将"伙伴关系"视为实现可持续发展目标的必要手段。"本着加强全球团结的精神，在所有国家、所有利益攸关方和全体人民参与的情况下，恢复全球可持续发展伙伴关系的活力，尤其注重满足最贫困最脆弱群体的需求。"①蓝色伙伴关系的理念强化了各国之间的共同利益，一定程度上消解了各方的利益博弈和冲突，有助于调动各国积极性，为海洋治理提供建设性的方案。

　　蓝色伙伴关系可调动多层次的治理主体参与到全球海洋治理中去。随着国际交往深度和广度的延伸以及"全球本地化"的发展，越来越多的超国家行为体如国际组织和次国家行为体如城市在国际事务中发挥着日益重要的作用，当主权国家因利益的"二元悖论"不能就全球性问题达成一致意见时，非国家行为体凭借其在国际事务中的"脱嵌性"往往能推动全球性问题的解决，这一点由城市推动跨国气候网络的形成，从而推动全球气候治理的发展就可以体现。城市之间为应对气候问题形成"气候领导城市团体（C40）、地方环境倡议国际委员会的城市气候保护项目（ICLEI's CCP）、国际太阳能城市倡议（ISCI）、气候变化中性网络（The Climate Neutral Network）等"跨国气候网络。②

---

① United Nations. *Transforming our World*: *The* 2030 *Agenda for Sustainable Development*, 2015, P. 4, https://sustainabledevelopment.un.org/content/documents/21252030%20Agenda%20for%20Sustainable%20Development%20web.pdf.
② 李昕蕾、任向荣：《全球气候治理中的跨国城市气候网络——以 C40 为例》，2011 年第 6 期，第 37~46 页。

第五章 海洋强国建设与蓝色伙伴关系

蓝色伙伴关系是多层次全方位的海洋治理模式，国际组织、国家、地方政府、社会组织甚至是个人等各种主体均可参与到治理中去，这为海洋治理的有效实施创造了条件。国际社会为海洋治理制定的政策法规受制于国家层面的实施情况，因国家利益与全球利益存在二元悖论；国家层面制定的政策法规受制于地方政府的实施情况，因地方政府受制于行业主体、地区组织等相关利益群体。这"三重制约"导致现行的有关全球海洋治理的政策法规在实施过程中遭遇多重困境。若要尽量减少"三重制约"的影响，国际组织、国家、地方政府之间要建立起足够的磋商和合作机制，供各方充分交流意见，充分了解彼此的利益关切点，从而通过"整合式谈判"的方式使各方利益需求得到最大限度的满足。蓝色伙伴关系鼓励各层级行为体通过建立磋商合作机制参与到海洋治理中去，这与海岸带综合管理（IIntegrated Costal Management，ICM）模式所遵循的治理理念具有内在的一致性。"在过去的50年里，海岸带管理从各种概念和实践发展成为海岸带综合管理（ICM）系统，这是由于人类对海岸带和海洋生态系统、陆地海洋和人类的互动、人类对环境的影响的了解和认知有所提高，人类日渐意识到减轻/解决复杂的海岸带治理和管理挑战需要更加系统化和整体化的管理方法。"[①] 东亚地区努力将这一理念转化为实践时，形成了东亚海洋环境管理伙伴关系（PEMSEA）计划，该计划为东亚地区国家提供定制化的服务，致力于恢复、保护和保持区域国家沿海生态系统的健康水平。在东亚海洋环境管理伙伴关系计划的推动下，东亚多个国家建立了海岸带综合管理示范区，为提升该区域沿海生态环境而努力，促

[①] Chua, T. - E., L. M. Chou, G. Jacinto, S. A. Ross, and D. Bonga. ed. *Local Contributions to Global Sustainable Agenda*: *Case Studies in Integrated Coastal Management in the East Asian Seas Region. Partnerships in Environmental Management for the Seas of East Asia (PEMSEA) and Coastal Management Center (CMC)*, Quezon City, Philippines, 2018, P. 525.

进了沿海地区的可持续发展。该伙伴关系计划致力于提升双多边组织、非政府组织、地方计划、基金等，致力于实现海洋可持续发展的各层次治理主体参与海洋治理的有效性。因能够调动国家政府、地方政府及社会组织等多方行为体，该计划可促进各行为体之间的有效沟通，从而推进计划的有效实施。PEMSEA 可以在多个场所推动对话，以东亚海洋大会为例，它可以推动政府部长、地方政府代表、学者专家、企业家代表等就海洋问题进行交流，各方可在大会上提出海洋治理的建设性方案供大家讨论，若大会上难以达成有效成果，各方还可以在 PEMSEA 的框架下继续深入讨论，直至有效行动方案的达成。

蓝色伙伴关系的构建有助于整合资源，改善海洋治理的碎片化。"碎片化"的现象在全球治理领域变得越来越普遍。"碎片化即多种政策领域呈现由不同特征（组织、制度、隐含规范）、不同覆盖范围（公共、私有）、不同空间范围（双边、多边）、不同主导问题（从具体的政策领域到普遍关注的问题）构成的各种国际制度的拼凑化特征。"① 随着国际政治地区化、全球化的进程，海洋治理也从单一性的国家治理向地区治理、公海治理的方向发展，因利益认知的不同，这三层次的治理主体及各层次不同主体之间所持有的治理目标存在差异，各主体为实现各自目标进行博弈，从而导致治理权力分散、治理制度架构分散、治理评估机构分散等问题，这种"碎片化"的治理状态难以在海洋领域达成切实有效的治理方案。"众所周知，分散性的以单个部门为基础的海洋管理是造成海洋健康恶化的主要原因。所设目标与实际达成的差距和目标的重叠阻碍了海洋管理目标的实现。针对海洋管理分散造成的问题，公共、私营和非营利实体已开始采

---

① Frank Biermann, Philipp Pattberg, Harro van Asselt, Fariborz Zelli. The Fragmentation of Global Governance Architectures: A Framework for Analysis, *Global Environmental Politics*, Vol. 9, No. 4, November 2009, P. 16.

用和实施基于生态系统的更加系统的管理方法,该方法考虑到生态系统内各部分的关系和人类的多重作用。"[1] 蓝色伙伴关系则为各行为体建立更加系统的海洋治理方法提供了可行性。首先,要改善目前海洋治理的"碎片化"状态,必须要对现行的治理机制进行科学化的评估。蓝色伙伴关系框架下的智库、高校等学术机构在调研的基础之上,指出现行治理机制中存在的问题,并提出改善现行治理机制的意见。其次,系统的海洋治理方法的形成需要听取学界和政界等各方的意见,蓝色伙伴关系则为各方发表自己的建设性意见搭建了平台,促进各方进行有效交流,形成既科学又能满足各方需求的治理方法。最后,治理方法的形成是动态完善的过程,动态完善需要有效的信息输入和输出。蓝色伙伴关系的构建有助于不同国家及各国的科研机构展开联合行动,为海洋治理体系的完善提供科学的信息。

经济实力的增强让中国的国际话语权不断提升,进入"新时代"的中国在全球治理的舞台上发挥着日益重要的作用。"蓝色伙伴关系"倡议的提出是中国为全球海洋治理提出的中国方案,其符合全球海洋治理的发展趋势。"蓝色伙伴关系"是对现行海洋治理体系的有效补充,能够激发多层次的治理主体参与海洋治理的活力,也能够推动更加完善的海洋治理体系的形成。

第三节 海洋强国建设的未来与伙伴关系的构建

2019年是新中国成立70周年。70年来中国的海洋事业不断发展壮大,尤其是党的十八大以来海洋强国建设的理论建构和实

---

[1] Julia A. Ekstrom, Oran R. Young, Steve D. Gaines, Maria Gordon and Bonnie J. McCay. A Tool to Navigate Overlaps in Fragmented Ocean Governance, *Marine Policy*, Vol. 33, Issue 3, May 2009, P. 532.

践发展已经走出了一条有中国特色的海洋大国崛起之路。当前世界正处于百年未有之大变局，中国特色社会主义进入新时代，海洋强国建设也迈入了新的阶段，面临着前所未有的历史机遇与严峻挑战。总结几百年来海洋大国兴衰的历史经验，顺应当前国际环境变化的趋势，结合新时代中国发展战略的宏伟蓝图，未来的海洋强国建设首先要处理好同海上霸权国——美国之间的关系，力争实现两国海上"竞争性共存"。美国是全球性的海洋强国，也是海上霸权国，是中国海洋强国建设发展方向和推进速度的关键影响因素。近年来，中国海上崛起引起了美国越来越深的疑虑，尽力阻挠中国的海洋强国建设成为美国重要的战略目标。奥巴马政府的"亚太再平衡"一定程度上来讲是对中国海洋强国建设的战略对冲，而特朗普政府更是直接将中国视为战略竞争对手，逐步成型的"印太战略"体现了对华战略防范的升级。特朗普从竞选时就开始的雄心勃勃的重建海军计划是其痴迷于维护海上霸权的直接体现，而对"一带一路"的全方位"阻击"更是进一步挑动中美海上竞争的敏感神经。

尽管当前中美海上竞争性的一面更加突出，但是中美关系非常复杂，深度的相互依赖与合作需求依然存在。首先，中国独特的海洋强国建设之路可以破除传统"霸权转移""陆海相争"的迷思。两国之间已经建立起来的多个海上危机管控机制可以"筑底"，而从双边到多边、从传统到非传统领域的交流合作让两国海上关系"上不封顶"。目前中美关系还处在重构的过渡阶段，在达到新的平衡过程中，良性竞争和共同进化仍然可期。海洋强国建设过程中两国的竞争与合作已成为过渡期中美关系的风向标。

其次，要用发展与合作消弭分歧，实现海洋维权与海上合作的"建设性融合"。党的十八大以来，在以习近平同志为核心的党中央坚强领导和正确指引下，我国边海工作实现三大转变：由安全为主向安全与合作并重转变，由陆地为主向陆海统筹转变，由规则执行者向规则制定者转变。① 在维护海洋权益方面取得了一系列举世瞩目的成就。海洋权益的维护是海洋强国建设的重中之重,也是衡量中国特色海权理论实践成效的试金石。面临日趋复杂敏感的海洋维权形势,需要在平衡维权与维稳关系的同时,用海上合作夯实维权的共同利益基础。

"一带一路"建设在相当长的一段时期内都是海上合作的首要平台,"丝路精神"更是海洋强国建设的思想引领。2017年颁布的《"一带一路"建设海上合作设想》为海上合作提供了具体的路径,很多项目已经从设想变为现实,从愿景变为行动。伴随着第二届"一带一路"国际合作高峰论坛的成功召开,"一带一路"建设进入了深耕细作、高质量发展的新阶段,以海上丝绸之路建设为统领的海上合作也需要与时俱进,开拓创新。深化利益融合,打造合作的共同体是中国外交的成功经验,也是海洋维权的治本之策。

引领海洋合作机制建设应成为海洋强国的时代担当。近年来在南海地区,中国不断提倡并引领构建新的南海地区合作机制,这成为海洋合作机制建设的典范。在2017年博鳌亚洲论坛年会南海分论坛开幕式上,时任外交部副部长刘振民清晰地阐述了中国对于建立相关合作机制的构想。他指出:"南海沿岸国可以在防灾减灾、海上搜救、保护海洋环境和海洋生物多样性、海洋科学研究、海上航行安全等领域进行具体、务实、机制化的合作。""有关合作机制应与现有中国和东盟各国的双边合作机制以及中国和东盟国家在《南海各方行为宣言》框架下的多边磋商机制相辅相成、并行不悖,将是对宣言和现有双边和多边机制的补充,并为开展相关技术合作提供新的平台。另外,该合作机制宗

---

① 海民:《我国边界海洋问题与中国特色的边海外交》,载于《边界与海洋研究》2018年第6期,第5页。

旨在于加强务实合作，增进互信，不涉及解决争议。"① 这一倡议体现出未来中国将积极推动南海非传统安全合作的机制建设，体现了引领者的角色。

正如在南海地区一样，在海洋安全合作机制上，需要从非传统安全领域出发，培育互信，增强共识，循序渐进。不仅夯实传统太平洋、印度洋上的安全合作机制，也要拓展在深海、极地等疆域上的合作平台。在海洋经济、海洋科技等方面，要秉持共商、共建、共享的理念，不断扩展蓝色伙伴关系，在深度参与现有机制的同时，依托"一带一路"，打造新的合作亮点。

海洋合作的制度化发展不仅有利于地区安全与稳定，更有助于弱化南海地区现存的秉持"同盟安全观"的传统安全合作机制效用，降低其对中国国家安全带来的压力。同时，在处理与域外大国关系方面，应强调机制的包容性，鼓励在亚太海域存在航运、经贸利益的其他域外国家建设性参与，谨防美国、日本、澳大利亚等国家将非传统安全问题政治化。同时要充分照顾参与各方的舒适度。结合东亚区域合作进程的特殊性，增强机制的多元性、包容性和可持续性，建立起以沿岸国为核心、以中国—东盟为次核心、以域外国家建设性参与为辅助的多层次合作体系，遵循地区合作的传统经验，注重聆听域内各国诉求，尊重域内各国的利益关切。引领不是主导，更不是以大欺小。要充分照顾到东盟各国参与合作的舒适度，秉持共商、共建、共享的原则，不能试图谋求大国主导地位以及建立更具等级和科层化的结构。

再次，加快发展综合国力，实现海上硬实力的"软呈现"。中国的海洋强国建设需要有强大的国家实力作为支撑。中国在世界海洋权力格局中的地位不断上升，也和近年来经济实力的不断

---

① 刘振民：《稳步推进南海沿岸国合作——在博鳌亚洲论坛 2017 年年会南海分论坛上的演讲》，外交部网站，2017 年 3 月 25 日，http://www.fmprc.gov.cn/web/gjhdq_676201/gjhdqzz_681964/sgwyh_682446/zyjh_682456/t1448859.shtml。

增强密不可分。如今对于海洋强国的衡量标准更加立体化。海洋强国不仅是军事力量强大的国家,而且是经济产业领先的主导国。一个海权国家要成就世界性的地位,不仅需要有足够强大的海军,而且还必须是世界科技的创新国,主导世界经济的领先产业。21世纪的海洋强国需要包括军事、海洋科技、法律、强大的商业等多个要素。因此,依托国家长期的发展战略,增强海上硬实力必然是中国海洋强国建设的核心。

然而世界政治的新特点和中国独特的海洋强国建设之路要求这种硬实力更多以"软"的方式进行呈现。中国发展海权一定要同发展外交结合起来,改变传统的以军事为代表的海洋战略手段,海洋外交及海洋经济等手段越来越大有可为。国家战略配置的方方面面需要力争达到平衡,避免战略上偏废。一直作为竞争性海权主体的海军,也可以通过更多地参加海上非传统安全合作、进行舰艇互访、开展海军外交等方式实现功能的转换。英国知名海权战略学家蒂尔就曾指出,能否抓住这一趋势带来的契机,将是全球化时代每个海洋大国必须面临的课题。[1]

长远来看,作为海洋强国的中国需要培育符合自身战略传统的海洋战略文化。文化在建构和发展国家身份过程中发挥着非常重要的作用。美国海军战争学院巴内特(Roger Barnett)教授就直言不讳地指出:"如果一项新的海洋战略可以成功的话,那么它必须同海军的战略文化取得共鸣。"[2] 当然,他集中讨论的是海军战略中的文化因素,而在更加宏大的海洋强国建设中文化因素同样不容忽视。海洋战略文化源于从古至今国家、人民与海洋之间的互动关系,以及国家的历史文化传统。14、15世纪,东西方面对海洋作出了不同的选择,也造就了后来几百年的世界政治

---

[1] Geoffrey Till. New Directions in Maritime Strategy? Implications for the U. S Navy, *Naval War College Review*, Autumn 2007, P. 36.

[2] Roger W. Barnett. Strategic Culture and Its Relationship to Naval Strategy, *Naval War College Review*, Winter 2007, P. 26.

西强东弱的图景。资本扩张是当时海权发展的根本动力。而随着中国的崛起，东西方地缘政治板块正在重新走向平衡，新的海上权力格局正在出现。中国长期受农耕文明影响，历史上海洋意识薄弱，重陆轻海，使中华民族错失了海洋大发展的机遇。如今面临新一轮海洋发展契机，中国需要有自身的海洋战略文化为支撑，进一步实施海洋强国战略。这一文化应该汲取中国传统文化中的精髓，符合中国的国家特性，并源于长期的海洋领域实践。其中的核心要素应该包括和平发展、陆海统筹、合作共赢等内容。同时，海洋问题的多样性、复杂性和长期性决定了各国是一个命运、责任、利益紧密相连不可分割的整体，这正是命运共同体理念在海洋领域的现实写照，也应是中国海洋战略文化中的核心要义。

中国是亚太地区海洋权力结构变动以及新的海洋秩序生成的主要推动力，随着这一进程的持续发展，我们面临的战略压力还将增加。党的十八大之后，中国在海洋强国建设上取得了一系列成就。随着涉海机构的协调加强，海上执法能力与海军力量建设快速发展，海洋开发能力和手段得到了极大提升，蓝色海洋伙伴的提出和推进更是体现了独特的海洋强国之路。战略理念的转化是政策调整的基础。中国坚持综合性和合作性的海权观，倡导海上伙伴关系理念，推动海上合作，强调海洋外交的重要性，彰显命运共同体意识，这正是对海洋历史文化传统的回归，是对"马汉陷阱"的超越。在未来的海洋强国建设中，中国需要在处理同海洋霸权国关系的过程中保持战略定力，强化共同利益；准确把握不同海洋枢纽国和支点国的差异性，充分照顾它们的舒适度；提倡并引领构建新的海上合作机制，并处理好同原有机制之间的关系；以非传统安全为切入点，展开务实合作，累积互信；继续深入推进"一带一路"倡议，维持好地缘政治与地缘经济之间的平衡。更重要的是要让中国的海洋文化、海洋理念得到更大范围的认可，塑造21世纪海洋权力新的话语体系。

在整个海洋强国建设过程中，积极构建蓝色伙伴关系是重要的路径。中国正通过共建海上通道、发展海洋经济、利用海洋资源等方式扩大海洋合作，将海上"朋友圈"越扩越大。未来中国将继续扮演积极引领者的角色。蓝色伙伴关系的构建不应只是聚焦务实性合作，更应是命运共同体意识的彰显。海洋的属性决定了各国是一个命运、责任、利益紧密相连不可分割的整体，这为海洋合作奠定了基础，中国的"21世纪海上丝绸之路"建设正是这一理念的生动代表。"21世纪海上丝绸之路"代表的和平、合作、共赢应该成为蓝色伙伴关系建立的理念支持，为推动各国的海洋合作提供持续的新动力。

第四节 本章小结

中国的海洋强国建设正处于关键的历史时期，在面临前所未有的机遇的同时，挑战和不确定因素也会一直存在并不断增多。回顾历史上海陆国家争霸的教训及中国对海洋身份不懈追求的过程，随着中国不断地和平崛起和综合实力的增强，目前的中国可以更加积极主动地推进自己的海洋战略，并在一定程度上塑造未来全球和地区的海洋秩序。在众多战略手段的选择中，构建蓝色伙伴关系无疑体现出了与时俱进、开放包容的理念，既根植于中国的传统文化，符合中国的国家利益，也契合国际社会对于全球海洋治理变革的追求。

从伙伴关系理念的不断创新和实践路径的不断发展过程中，我们可以看到中国已经站上了一个更加广阔的舞台，承载着各国人民更多的关注和国际社会更高的期待。正如习近平主席在庆祝中华人民共和国成立70周年大会上所强调的："社会主义中国巍然屹立在世界东方，没有任何力量能够撼动我们伟大祖国的地位，没有任何力量能够阻挡中国人民和中华民族的前进步伐。"中国正在通过改变自己，影响世界。党的十八大以来，中国发展取得了历史性成就、发生了历史性变革，中华民族迎来了从站起来、富起来到强起来的伟大飞跃，比历史上任何时候都更接近民族复兴的伟大目标。在这一进程中，中国将继续弘扬伙伴精神，沿着对话而不对抗、结伴而不结盟的国与国交往新路坚定前行，不断扩大同各国的利益汇合点，不断提升伙伴关系的含金量，不断拓展全球朋友圈，为推动构建新型国际关系和人类命运共同体谱写新的篇章。

附录

附录 1

中国全球伙伴关系网络的建立与发展

时间	国家/地区	伙伴关系的建立	伙伴关系发展历程
1993年11月	巴西（美洲）	战略伙伴关系：1993年11月，江泽民主席访问巴西，两国领导人就建立中国与巴西长期稳定、互利的战略伙伴关系达成共识	2012年6月，两国关系提升为全面战略伙伴关系
1994年9月	俄罗斯（欧洲）	面向21世纪的建设性伙伴关系：1994年9月，中俄签署《中俄联合声明》，宣布决心建立"面向二十一世纪的建设性伙伴关系"	1996年4月24~26日，俄罗斯总统叶利钦与江泽民主席在北京签署了第三个《中俄联合声明》，双方正式宣布建立平等信任、面向21世纪的战略协作伙伴关系。2011年6月，建立平等信任、相互支持、共同繁荣、世代友好的全面战略协作伙伴关系。2019年6月，习近平主席和普京总统共同宣布发展新时代全面战略协作伙伴关系

265

续表

时间	国家/地区	伙伴关系的建立	伙伴关系发展历程
1996年11月	印度（亚洲）	面向21世纪的建设性合作伙伴关系：江泽民主席1996年11月28日至12月1日对印度进行国事访问，双方确立面向21世纪的建设性合作伙伴关系	2005年4月，温家宝总理访印，双方签署《联合声明》，宣布建立面向和平与繁荣的战略合作伙伴关系。2014年9月，习近平主席对印度进行国事访问，双方发表《关于构建更加紧密的发展合作伙伴关系的联合声明》
1996年12月	巴基斯坦（亚洲）	面向21世纪的全面合作伙伴关系：1996年12月，江泽民主席对巴进行国事访问。双方决定建立面向21世纪的中巴全面合作伙伴关系	2005年4月，温家宝总理访巴，中巴睦邻友好合作条约"，宣布建立更加紧密的战略合作伙伴关系。2015年4月，习近平主席应邀对巴基斯坦进行正式访问。中巴双方发表《中华人民共和国和巴基斯坦伊斯兰共和国建立全天候战略合作伙伴关系的联合声明》
1996年12月	尼泊尔（亚洲）	面向21世纪的世代友好的睦邻伙伴关系：1996年12月，两国建立面向21世纪的世代友好的睦邻伙伴关系	2009年12月，尼总理尼帕尔访华，双方发表《联合声明》，决定在和平共处五项原则基础上，建立和发展世代友好的全面合作伙伴关系。2019年10月12日，国家主席习近平在加德满都会见尼泊尔总统班达里，两国元首共同宣布，双方将本着同舟共济、合作共赢精神，建立中尼面向发展与繁荣的世代友好的战略合作伙伴关系

续表

时间	国家/地区	伙伴关系的建立	伙伴关系发展历程
1997年5月	法国（欧洲）	全面伙伴关系 从1997年5月15日起，应中华人民共和国主席江泽民的邀请，法兰西共和国总统雅克·希拉克对中国进行国事访问，双方发布《中法联合声明建立全面伙伴关系》	2004年1月26日至29日，在中法建交40周年之际，应法兰西共和国总统希拉克先生的邀请，中华人民共和国主席胡锦涛先生对法国进行了国事访问。中法两国同意，面对新世纪国际形势深刻和复杂的变化，在继续贯彻1997年联合声明的基础上，巩固、发展、充实中法全面战略伙伴关系
1997年10月	美国（美洲）	建设性战略伙伴关系：1997年，江泽民主席应邀对美国进行国事访问。中美双方发表联合声明，同意在三个联合公报的原则基础上处理两国关系，共同致力于建立中美建设性战略伙伴关系	2001年10月，江泽民和布什总统在上海亚太经合组织会议期间举行会谈，双方同意致力于发展中美建设性合作关系。2009年4月，胡锦涛主席与奥巴马总统在二十国集团领导人第一次金融峰会期间举行会晤，双方同意共同致力于发展二十一世纪积极合作全面的中美关系。2011年1月，胡锦涛主席访美，两国发表联合声明指出，中美致力于共同努力建设相互尊重、互利共赢的合作伙伴关系
1997年11月	加拿大（美洲）	面向21世纪的全面合作伙伴关系：1997年11月，江泽民主席对加进行国事访问，双方一致同意建立"中加面向21世纪的全面合作伙伴关系"	2005年9月，胡锦涛主席对加进行国事访问，会见了加总督克拉克森，与加总理马丁举行会谈，双方一致同意将中加关系提升为战略伙伴关系

续表

时间	国家/地区	伙伴关系的建立	伙伴关系发展历程
1997年12月	墨西哥（美洲）	跨世纪的全面合作伙伴关系：1997年12月，中国和墨西哥决定建立跨世纪的全面合作伙伴关系	2003年12月，温家宝总理访墨，两国建立战略伙伴关系。 2013年6月习近平主席访墨期间，两国元首共同宣布将双边关系提升为全面战略伙伴关系
1998年4月	欧盟	面向21世纪的建设性伙伴关系：1998年4月，朱镕基总理在伦敦出席第二届亚欧首脑会议期间，与欧盟轮值主席国英国首相布莱尔和欧盟委员会主席桑特举行了首次中国一欧盟领导人会晤，并发表联合声明，就中欧建立面向21世纪长期稳定的建设性伙伴关系达成共识	2001年，中欧双方建立全面伙伴关系。 2003年，中欧建立全面战略伙伴关系
1998年10月	英国（欧洲）	全面伙伴关系：1998年朱镕基总理与布莱尔首相实现互访，双方发表联合声明，宣布建立中英全面伙伴关系	2004年5月，温家宝总理对英进行正式访问，两国发表联合声明，宣布建立中英全面战略伙伴关系。 2015年10月19日至23日，应伊丽莎白二世女王邀请，习近平主席对英国进行国事访问。中英两国发表《中英关于构建面向21世纪全球全面战略伙伴关系的联合宣言》，开启持久、开放、共赢的中英关系"黄金时代"

续表

时间	国家/地区	伙伴关系的建立	伙伴关系发展历程
1998年11月	韩国（亚洲）	面向21世纪的中韩合作伙伴关系：1998年11月，韩国总统金大中访华，双方宣布建立面向21世纪的中韩合作伙伴关系	2003年7月，韩国总统卢武铉访华，双方宣布建立中韩全面合作伙伴关系。2008年5月，韩国总统李明博访华，双方宣布建立中韩战略合作伙伴关系
1998年11月	日本（亚洲）	友好合作伙伴关系：1998年11月，江泽民主席对日本进行国事访问，中日双方发表联合宣言，宣布面向21世纪，建立致力于和平与发展的友好合作伙伴关系	2008年5月，胡锦涛主席访问日本，双方发表联合声明，就全面推进战略互惠关系达成广泛共识
2000年4月	南非（非洲）	伙伴关系：2000年4月两国元首签署了《中华人民共和国与南非共和国关于伙伴关系的比勒陀利亚宣言》，宣布成立高级别国家双边委员会	2004年6月，曾庆红副主席访南期间，双方确立了平等互利、共同发展的战略伙伴关系。2010年8月，祖马总统对南非共和国关于建立全面战略伙伴关系的北京宣言》，将双边关系提升为全面战略伙伴关系

续表

时间	国家/地区	伙伴关系的建立	伙伴关系发展历程
2000年11月	老挝（亚洲）	全面合作伙伴关系：2000年11月，国家主席江泽民对老挝进行国事访问，这是中国国家元首首次访老，具有里程碑意义。访问期间，两国发表了《关于双边合作的联合声明》，确定发展两国长期稳定、睦邻友好、彼此信赖的全面合作关系	2009年9月，中共中央总书记、国家主席胡锦涛与访华的老挝人民革命党中央委员会总书记、国家主席朱马里·赛雅颂达成共识，决定把中老关系提升为全面战略合作伙伴关系。2017年11月，中共中央总书记、国家主席习近平同老挝党中央总书记、国家主席本扬一致同意共同构建中老具有战略意义的命运共同体。2019年4月，中共中央总书记、国家主席习近平同老挝党中央总书记、国家主席本扬签署《关于构建中老命运共同体行动计划》
2001年4月	委内瑞拉（美洲）	战略伙伴关系：2001年4月，江泽民主席对委内瑞拉进行国事访问，确立了两国进一步深化各领域互利合作，推动中国与委内瑞拉共同发展的战略伙伴关系	2014年7月，在对委内瑞拉进行国事访问期间，习近平主席同马杜罗总统共同宣布将中委关系提升为全面战略伙伴关系
2003年6月	蒙古（亚洲）	睦邻互信伙伴关系：2003年6月，胡锦涛主席对蒙古进行国事访问，双方宣布建立中蒙睦邻互信伙伴关系，并发表联合声明	2011年6月，蒙古总理巴特包勒德对中国进行正式访问，双方宣布建立战略伙伴关系，并发表联合声明。2014年8月，习近平主席对蒙古进行国事访问，双方发表联合宣言，将中蒙关系提升为全面战略伙伴关系

续表

时间	国家/地区	伙伴关系的建立	伙伴关系发展历程
2003年10月	东盟	战略伙伴关系：2003年10月8日，中国领导人在印度尼西亚发表《中华人民共和国与东盟国家领导人联合宣言》中指出，中国将与东盟建立面向和平与繁荣的战略伙伴关系	2017年11月13日在菲律宾马尼拉举行的第20次中国—东盟领导人会议同意发表《中国—东盟战略伙伴关系未来方向2030年愿景》，以规划双方关系未来方向
2003年12月	埃塞俄比亚（非洲）	全面合作伙伴关系：2003年12月，双方建立全面合作伙伴关系	2017年5月，在北京举办"一带一路"国际合作论坛期间，埃塞俄比亚总理海尔马里亚姆·德萨莱尼访华，中国与埃塞俄比亚两国关系升级为全面战略合作伙伴关系
2004年2月	阿尔及利亚（非洲）	战略合作伙伴关系：中阿两国于2004年2月4日发表《中华人民共和国和阿尔及利亚民主人民共和国新闻公报》，宣布建立中阿战略合作关系，两国关系实现质的提升	2014年2月24日，中国和阿尔及利亚同时发表《中国关于建立全面战略伙伴关系的联合公报》，正式宣布阿尔及利亚成为阿拉伯国家中第一个与中国建立全面战略伙伴关系的国家，两国关系由此进入了全面深入发展的新阶段

271

续表

时间	国家/地区	伙伴关系的建立	伙伴关系发展历程
2004年5月	德国（欧洲）	具有全球责任的伙伴关系：2004年5月双方宣布在中欧全面战略伙伴关系框架内建立具有全球责任的伙伴关系，并建立两国总理年度会晤机制	2010年7月双方发表《中德关于全面推进战略伙伴关系的联合公报》，并同意建立政府磋商机制。2014年3月28日至30日，习近平主席对德进行国事访问，分别同高克总统、默克尔总理会谈，双方主席对德进行国事访问，分别同高克总统、默克尔总理会谈，双方发表《关于建立中德全方位战略伙伴关系的联合声明》
2004年5月	意大利（欧洲）	全面战略伙伴关系：2004年5月，中意两国建立全面战略伙伴关系	2019年3月，习近平主席对意大利进行国事访问，双方发表了"关于加强全面战略伙伴关系的联合公报"
2004年6月	波兰（欧洲）	友好合作伙伴关系：2004年6月，国家主席胡锦涛对波兰进行国事访问，两国元首共同签署了《中华人民共和国和波兰共和国联合声明》，将中波关系提升为友好合作伙伴关系	2011年12月，波总统科莫罗夫斯基访华，两国共同签署《中波关于建立战略伙伴关系的联合声明》。2016年6月，习近平主席对波兰进行国事访问，两国关系提升为全面战略伙伴关系
2004年6月	罗马尼亚（欧洲）	全面友好合作伙伴关系：应罗马尼亚总统扬·伊利埃斯库的邀请，中华人民共和国主席胡锦涛于2004年6月12日～14日对罗马尼亚进行国事访问，两国宣布建立全面友好合作伙伴关系	

续表

时间	国家/地区	伙伴关系的建立	伙伴关系发展历程
2004年6月	匈牙利（欧洲）	友好合作伙伴关系：2004年6月10日，中国国家主席胡锦涛和匈牙利总统马德尔在布达佩斯签署了《中华人民共和国和匈牙利共和国联合声明》，一致同意将双边关系提升为友好合作伙伴关系	2017年5月，匈牙利总理欧尔班·维克多应邀来华出席"一带一路"国际合作高峰论坛，并对华进行正式访问。双方签署《中华人民共和国和匈牙利关于建立全面战略伙伴关系的联合声明》
2004年9月	阿盟	新型伙伴关系：2004年9月中阿合作论坛首届部长级会议为中阿关系确立了"平等、全面合作的新型伙伴关系"	2010年5月，在中国天津召开的中阿合作论坛第四届部长级会议提出"建立全面合作、共同发展的中阿战略合作关系"，标志着中阿关系进入了全面提质升级的新阶段。2018年7月，习近平主席在中阿合作论坛第八届部长级会议开幕式上宣布建立全面合作、共同发展、面向未来的中阿战略伙伴关系。中阿战略伙伴关系的内涵不断丰富
2004年11月	阿根廷（美洲）	战略伙伴关系：2004年11月，胡锦涛主席和基什内尔总统实现互访，中阿建立战略伙伴关系，双边关系进入全面发展的新阶段	2014年7月，习近平主席对阿根廷进行国事访问，中阿宣布建立全面战略伙伴关系

273

续表

时间	国家/地区	伙伴关系的建立	伙伴关系发展历程
2004年11月	智利（美洲）	全面合作伙伴关系：2004年11月，两国建立全面合作伙伴关系	2012年6月，两国建立战略伙伴关系。2016年11月，习近平主席对智利进行国事访问，两国宣布建立全面战略伙伴关系
2005年2月	牙买加（美洲）	共同发展的友好伙伴关系：2005年2月，中牙两国建立"共同发展的友好伙伴关系"	2019年11月，牙总理霍尔尼斯正式访华并出席第二届中国国际进口博览会。访问期间，两国领导人共同将中牙关系提升为战略伙伴关系
2005年4月	孟加拉国（亚洲）	全面合作伙伴关系：2005年4月，温总理访孟，两国发表政府公报，确立长期友好、平等互利的全面合作伙伴关系，并将2005年确定为中孟友好年	2010年3月，哈西娜总理访华，胡锦涛主席、温家宝总理和吴邦国委员长会见。中孟两国政府发表联合声明，宣布建立和发展更加紧密的全面合作伙伴关系。2016年10月，习近平主席对孟加拉国进行国事访问，双方宣布将两国关系提升为战略合作伙伴关系
2005年4月	斯里兰卡（亚洲）	全面合作伙伴关系：2005年4月，温家宝总理访斯期间，两国宣布建立真诚互助、世代友好的全面合作伙伴关系	2013年5月，斯总统拉贾帕克萨来华进行国事访问，双方决定将中斯关系提升为真诚互助、世代友好的战略合作伙伴关系

续表

时间	国家/地区	伙伴关系的建立	伙伴关系发展历程
2005年4月	印度尼西亚（亚洲）	战略伙伴关系：2005年4月，两国共同发表《中国和印尼关于建立战略伙伴关系的联合宣言》	2013年10月中国国家主席习近平在雅加达同印度尼西亚总统苏希洛举行会谈。双方共同决定把中国和印尼关系提升为全面战略伙伴关系
2005年4月	菲律宾（亚洲）	和平与发展的战略性合作关系：2005年4月，胡锦涛主席对菲进行国事访问期间，双方"一致认为中菲关系已经进入建立和平与发展的战略性合作关系的黄金时期"，两国领导人确认建立和平与发展的战略性合作关系	2007年1月，温家宝总理对菲进行正式访问，双方发表了联合声明，愿共同全面深化中菲致力于和平与发展的战略性合作关系。2018年11月，习近平主席对菲进行国事访问，两国领导人一致决定建立全面战略合作关系
2005年4月	尼日利亚（非洲）	战略伙伴关系：2005年4月，中尼两国元首就双方建立战略伙伴关系达成共识	2009年中国尼日利亚举行首次战略对话
2005年5月	克罗地亚（欧洲）	全面合作伙伴关系：应中华人民共和国国务院总理温家宝的邀请，克罗地亚总理伊沃·萨纳德阁下于2005年5月26日至30日对中华人民共和国进行正式访问，双方发表《中华人民共和国和克罗地亚共和国关于建立全面合作伙伴关系的联合声明》	2019年4月李克强总理对克罗地亚进行正式访问，双方发表了《中华人民共和国政府和克罗地亚共和国政府联合声明》，为下一步双边合作以及加强在"16+1合作"框架下各领域合作指明了方向

续表

时间	国家/地区	伙伴关系的建立	伙伴关系发展历程
2005年7月	哈萨克斯坦（亚洲）	战略伙伴关系：2005年7月中哈两国宣布建立战略伙伴关系	2011年6月，中哈两国发表《中哈关于发展全面战略伙伴关系的联合声明》，宣布发展全面战略伙伴关系。2019年9月，哈萨克斯坦共和国总统卡西姆若马尔特·克梅列维奇·托卡耶夫对中国进行国事访问，双方领导人决定发展中哈永久全面战略伙伴关系
2005年11月	西班牙（欧洲）	全面战略伙伴关系：2005年11月胡锦涛主席访问西班牙期间，两国建立全面战略伙伴关系	2018年11月，习近平主席访问西班牙，双方同意提升双边战略合作水平，发展全面战略伙伴关系
2005年12月	葡萄牙（欧洲）	全面战略伙伴关系：2005年12月温家宝总理访问葡期间，两国领导人宣布建立全面战略伙伴关系	应葡萄牙共和国总统德索萨邀请，习近平主席于2018年12月4日至5日对葡萄牙进行国事访问。访问期间，双方一致决定本着相互尊重、平等相待、互利共赢原则，从战略高度和长远角度出发，共同努力，加强合作，进一步提升两国关系发展水平，推动中葡全面战略伙伴关系发展迈上新台阶
2006年1月	希腊（欧洲）	全面战略伙伴关系：2006年1月19日至21日希腊共和国总理卡拉曼利斯访问中国期间，两国建立起全面战略伙伴关系	应希腊共和国帕夫洛普洛斯总统邀请，习近平主席于2019年11月10日至12日对希腊进行国事访问。访问期间，双方发表了"关于加强全面战略伙伴关系的联合声明"

续表

时间	国家/地区	伙伴关系的建立	伙伴关系发展历程
2006年6月	阿富汗（亚洲）	全面合作伙伴关系：2006年6月，卡尔扎伊总统对华进行国事访问，中阿签署《睦邻友好合作条约》，发表《联合声明》，宣布建立全面合作伙伴关系	2012年6月，卡尔扎伊总统访华并出席上海合作组织北京峰会。中阿发表《联合宣言》，同意建立战略合作伙伴关系
2006年11月	非盟	新型战略伙伴关系：2006年11月4~5日，中非合作论坛北京峰会隆重举行。会议通过了《中非合作论坛北京峰会宣言》和《中非合作论坛——北京行动计划（2007~2009年）》，奠定建立和发展政治上平等互信、经济上合作共赢、文化上交流互鉴的中非新型战略伙伴关系	2015年12月4~5日，中非合作论坛约翰内斯堡峰会隆重举行，峰会回顾了论坛成立15年来中非友好关系和务实合作取得的成就，审议通过了《中非合作论坛约翰内斯堡峰会宣言》和《中非合作论坛——约翰内斯堡行动计划（2016~2018年）》，双方同意将中非新型战略伙伴关系提升为全面战略合作伙伴关系
2008年6月	越南（亚洲）	全面战略合作伙伴关系：2008年5月30日至6月2日，应中国共产党中央委员会总书记、中华人民共和国主席胡锦涛的邀请，越南共产党中央委员会总书记农德孟对中国进行正式友好访问。双方发表了《联合声明》，确定建立全面战略合作伙伴关系	2017年11月10日至13日，习近平主席访问越南。两党两国领导人相互通报了各自党和国家情况，就双边关系及共同关心的国际地区问题深入交换意见，并就新形势下进一步深化中越全面战略合作伙伴关系达成了重要共识。双方还发表了《中越联合声明》

277

续表

时间	国家/地区	伙伴关系的建立	伙伴关系发展历程
2008年10月	丹麦（欧洲）	全面战略伙伴关系：2008年10月，丹麦首相安诺斯·福格·拉斯穆森出席第七届亚欧首脑会议并正式访华，两国共同发表《中华人民共和国政府和丹麦王国政府关于建立全面战略伙伴关系的联合声明》，丹麦成为首个与中国建立全面战略伙伴关系的北欧国家	2017年，两国共同发布《中丹联合工作方案（2017~2020）》，加强双方经济社会发展战略对接
2008年11月	秘鲁（美洲）	战略伙伴关系：2008年11月，中秘建立战略伙伴关系	2013年4月，两国关系提升为全面战略伙伴关系。2016年秘鲁总统访华期间，中秘双方发表"关于深化全面战略伙伴关系的联合声明"
2009年8月	塞尔维亚（欧洲）	战略伙伴关系：2009年8月，塞尔维亚总统塔迪奇对中国进行国事访问，双方共同发表《中塞关于建立战略伙伴关系的联合声明》。中塞宣布建立战略伙伴关系	2016年6月，应塞尔维亚总统尼科利奇邀请，国家主席习近平对塞尔维亚进行国事访问。访问期间，两国元首共同签署了《中华人民共和国和塞尔维亚共和国关于建立全面战略伙伴关系的联合声明》，将中塞关系定位提升为全面战略伙伴关系
2010年10月	土耳其（亚洲）	战略伙伴关系：2010年10月，温家宝总理访问土耳其，两国之间建立起了战略伙伴关系	

续表

时间	国家/地区	伙伴关系的建立	伙伴关系发展历程
2010年11月	安哥拉（非洲）	战略伙伴关系：2010年11月，中安建立战略伙伴关系	
2010年12月	柬埔寨（亚洲）	全面战略合作伙伴关系：2010年12月，中柬两国建立全面战略合作伙伴关系	2019年4月，两国签署《构建中柬运命共同体行动计划》，双边关系进入新的发展阶段
2011年5月	缅甸（亚洲）	全面战略合作伙伴关系：2011年5月，中缅双方决定建立全面战略合作伙伴关系	2020年1月17~18日，习近平主席对缅甸进行国事访问。双方一致同意以建交70周年为契机，弘扬中缅传统"胞波"情谊，深化两国全面战略合作伙伴关系，打造中缅命运共同体，推动中缅关系进入新时代
2011年6月	乌克兰（欧洲）	战略伙伴关系：2011年6月20日，中国国家主席胡锦涛同乌克兰总统亚努科维奇在基辅签署《中乌关于建立战略伙伴关系的联合声明》，两国决定建立战略伙伴关系	
2012年1月	阿联酋（亚洲）	战略伙伴关系：2012年1月，国务院总理温家宝对阿联酋进行正式访问，中阿建立战略伙伴关系	2018年7月，习近平主席对阿联酋进行国事访问。基于两国传统友好关系和两国共同愿望，开启双方深化各领域合作，两国元首一致决定，进一步提升双边关系水平，建立全面战略伙伴关系

续表

时间	国家/地区	伙伴关系的建立	伙伴关系发展历程
2012年3月	爱尔兰（欧洲）	互惠战略伙伴关系：2012年3月，爱尔兰总理肯尼访华，双方发表《中华人民共和国和爱尔兰关于建立互惠战略伙伴关系的联合声明》	
2012年4月	泰国（亚洲）	全面战略合作伙伴关系：2012年4月，中泰两国建立全面战略合作伙伴关系	
2012年6月	乌兹别克斯坦（亚洲）	战略伙伴关系：2012年6月，中国与乌兹别克斯坦建立战略伙伴关系	2016年6月，习近平主席在塔什干与乌兹别克斯坦总统卡里莫夫举行会谈，双方建立全面战略伙伴关系
2013年3月	刚果共和国（非洲）	全面合作伙伴关系：2013年3月29日，习近平主席在布拉柴维尔同刚果共和国总统萨苏举行会谈。两国元首一致表示，将共同致力于建立和发展中刚团结互助的全面合作伙伴关系	2016年7月萨苏总统访华期间，中刚关系提升为全面战略合作伙伴关系
2013年3月	坦桑尼亚（非洲）	全面合作伙伴关系：2013年3月，习近平主席对坦桑尼亚进行了国事访问。中坦双方一致同意构建互利和发展互利共赢的全面合作伙伴关系	

续表

时间	国家/地区	伙伴关系的建立	伙伴关系发展历程
2013年5月	塔吉克斯坦（亚洲）	战略伙伴关系：2013年5月，中塔两国建立战略伙伴关系	2017年8月30日至9月5日，拉赫蒙总统来华进行国事访问并出席新兴市场国家与发展中国家对话会，两国元首共同签署并发表了《中塔关于建立全面战略伙伴关系的联合声明》
2013年7月	白俄罗斯（欧洲）	全面战略伙伴关系：2013年7月，白俄罗斯总统卢卡申科访华期间，两国元首签署联合声明，宣布中白建立全面战略伙伴关系	2016年9月，卢卡申科总统对华进行国事访问，双方宣布建立相互信任、互利共赢的全面战略伙伴关系
2013年8月	肯尼亚（非洲）	全面合作伙伴关系：2013年8月19日，中国国家主席习近平在人民大会堂同肯尼亚总统肯雅塔举行会谈，决定建立平等互信、互利共赢的中肯全面合作伙伴关系	2017年5月，肯尼亚总统肯雅塔应邀出席"一带一路"国际合作高峰论坛。中肯两国领导人共同决定将两国关系提升为全面战略合作伙伴关系
2013年9月	吉尔吉斯斯坦（亚洲）	战略伙伴关系：2013年9月11日，国家主席习近平在比什凯克同吉尔吉斯斯坦总统阿坦巴耶夫举行会谈。两国元首宣布将中吉关系提升为战略伙伴关系	2018年6月，吉尔吉斯共和国总统索隆拜·热恩别科夫对中华人民共和国进行国事访问，双方一致认为，中吉建立战略伙伴关系以来，双方高层交往、政治互信、互利合作均达到前所未有的高水平，基于当前中吉关系发展的现实需要和两国继续积极推进各领域合作的愿望，双方决定建立全面战略伙伴关系

281

续表

时间	国家/地区	伙伴关系的建立	伙伴关系发展历程
2013年9月	土库曼斯坦（亚洲）	战略伙伴关系：2013年9月，习近平主席对土进行国事访问，中土建立战略伙伴关系	
2013年10月	马来西亚（亚洲）	全面战略伙伴关系：2013年10月，习近平主席在马来西亚总统府同马总理纳吉布举行会谈，决定将两国关系提升为全面战略伙伴关系	
2014年1月	保加利亚（欧洲）	全面友好合作伙伴关系：2014年1月，保加利亚总统普列夫内利耶夫对华进行国事访问，习近平主席在北京同其举行会谈。双方签订《中华人民共和国和保加利亚共和国建立全面友好合作伙伴关系的联合公报》	2019年7月，保加利亚共和国总统鲁门·拉德夫访华，两国元首就中保关系、中国—中东欧国家合作、中欧关系以及共同关心的国际和地区问题深入交换意见，达成广泛共识。为推动双边关系健康稳定发展，两国元首宣布将中华人民共和国同保加利亚共和国关系提升为战略伙伴关系
2014年2月	塞内加尔（非洲）	友好合作伙伴关系：2014年2月20日电，国家主席习近平在人民大会堂同塞内加尔总统萨勒举行会谈。两国元首决定携手构建中塞长期友好合作伙伴关系，促进中非共同发展繁荣	2016年9月，中塞建立全面战略合作伙伴关系

282

续表

时间	国家/地区	伙伴关系的建立	伙伴关系发展历程
2014年3月	比利时（欧洲）	全方位友好合作伙伴关系：2014年3月，习近平主席对比利时进行国事访问，双方发表联合声明，决定建立中比全方位友好合作伙伴关系	
2014年3月	荷兰（欧洲）	全面合作伙伴关系：2014年3月，习近平主席对荷兰王国进行国事访问，中荷双方建立开放务实的全面合作伙伴关系	
2014年4月	东帝汶（亚洲）	全面合作伙伴关系：2014年4月，东总理夏纳纳来华出席博鳌亚洲论坛2014年年会并正式访华，两国正式建立睦邻友好、互惠互利的全面合作伙伴关系	
2014年7月	拉美和加勒比国家共同体	全面合作伙伴关系：2014年7月17日，国家主席习近平访问巴西期间出席中国—拉美和加勒比国家领导人会晤并集体会见拉共体"四驾马车"成员国领导人。会上，习近平主席发表了题为《努力构建携手共进的命运共同体》的主旨讲话，宣布中拉建立平等互利、共同发展的全面合作伙伴关系	

283

续表

时间	国家/地区	伙伴关系的建立	伙伴关系发展历程
2014年9月	马尔代夫（亚洲）	全面友好合作伙伴关系：2014年9月，习近平主席对马尔代夫进行国事访问，同亚明总统一致同意构建中马面向未来的全面友好合作伙伴关系	
2014年11月	卡塔尔（亚洲）	战略伙伴关系：2014年11月，卡塔尔埃米尔塔米姆来华进行国事访问，两国建立战略伙伴关系	
2014年11月	斐济（大洋洲）	战略伙伴关系：2014年11月，国家主席习近平对斐济进行国事访问，两国宣布建立相互尊重、共同发展的战略伙伴关系	2018年11月，国家主席习近平在巴布亚新几内亚莫尔斯比港会见斐济政府代表、国防和国家安全部长伊诺凯·昆布安博拉，双方建立相互尊重、共同发展的全面战略伙伴关系
2014年11月	巴布亚新几内亚（大洋洲）	战略伙伴关系：2014年11月22日，中国国家主席习近平在斐济楠迪同巴新总理奥尼尔会晤，双方建立相互尊重、共同发展的战略伙伴关系	2018年11月16日，中国国家主席习近平在巴布亚新几内亚莫尔兹比港同巴新总理奥尼尔举行会谈。两国领导人积极评价中国同巴新传统友谊，规划双边关系发展新蓝图，一致决定建立中巴新相互尊重、共同发展的全面战略伙伴关系

续表

时间	国家/地区	伙伴关系的建立	伙伴关系发展历程
2014年11月	密克罗尼西亚（大洋洲）	战略伙伴关系：2014年11月22日，中国国家主席习近平在斐济楠迪同时任密联邦总统莫里会晤，双方一致同意建立相互尊重、共同发展的战略伙伴关系	2018年11月，中国国家主席习近平在巴布亚新几内亚莫尔斯比港同密克罗尼西亚联邦总统克里斯琴会晤，双方建立相互尊重、共同发展的全面战略伙伴关系
2014年11月	萨摩亚（大洋洲）	战略伙伴关系：2014年11月22日，中国国家主席习近平在斐济楠迪同萨摩亚总理图伊拉埃帕会晤，双方一致同意建立相互尊重、共同发展的战略伙伴关系	2018年11月，中国国家主席习近平在巴布亚新几内亚莫尔斯比港同萨摩亚总理图伊拉埃帕会晤，双方建立相互尊重、共同发展的全面战略伙伴关系
2014年11月	汤加（大洋洲）	战略伙伴关系：2014年11月22日，中国国家主席习近平在斐济楠迪同时任汤加首相图伊瓦卡诺会晤，双方一致同意建立相互尊重、共同发展的战略伙伴关系	2018年11月，中国国家主席习近平在巴布亚新几内亚莫尔斯比港会见汤加国王图普六世，双方建立相互尊重、共同发展的全面战略伙伴关系
2014年11月	瓦努阿图（大洋洲）	战略伙伴关系：2014年11月，国家主席习近平在斐济楠迪同时任瓦努阿图总理纳图曼会晤，双方一致同意建立相互尊重、共同发展的战略伙伴关系	2018年11月，中国国家主席习近平同瓦努阿图总理萨尔维会晤，双方建立相互尊重、共同发展的全面战略伙伴关系

续表

时间	国家/地区	伙伴关系的建立	伙伴关系发展历程
2014年11月	纽埃（大洋洲）	战略伙伴关系：2014年11月，纽总理塔拉吉赴斐济岛国领导人集体会晤期间，习近平与太平洋岛国塔拉吉举行双边会晤，双方建立相互尊重、共同发展的战略伙伴关系，并共同出席中纽有关合作文件签字仪式	
2014年11月	库克群岛（大洋洲）	战略伙伴关系：2014年11月，库总理普那赴斐济岛国领导人集体会晤期间，习主席与交岛国领导普那举行双边会晤，双方建立相互尊重、共同发展的战略伙伴关系，并共同出席中库有关合作文件签字仪式	
2014年11月	澳大利亚（大洋洲）	全面战略伙伴关系：2014年11月，习近平主席对澳大利亚进行国事访问。两国领导人宣布把双边关系定位提升为全面战略伙伴关系	

286

续表

时间	国家/地区	伙伴关系的建立	伙伴关系发展历程
2014年11月	新西兰（大洋洲）	全面战略伙伴关系：2014年11月，习近平主席对新西兰进行国事访问，会见新西兰总督迈特帕里、总理约翰·基。两国领导人宣布把中新关系提升为全面战略伙伴关系，双方并发表建交以来首份双边关系联合声明	
2014年12月	埃及（亚洲）	全面战略伙伴关系：2014年12月，中埃两国建立全面战略伙伴关系	2016年1月，习近平主席访问埃及。两国签署关于加强全面战略伙伴关系的五年实施纲要
2015年1月	厄瓜多尔（美洲）	战略伙伴关系：2015年1月，中厄两国建立战略伙伴关系	2016年11月，习近平主席对厄进行国事访问。访问期间，两国发表联合声明，将中厄关系提升至全面战略伙伴关系水平
2015年1月	哥斯达黎加（美洲）	战略伙伴关系：2015年1月6日，习近平主席在人民大会堂同哥斯达黎加总统索利斯举行会谈。两国元首共同宣布建立平等互信、合作共赢的战略伙伴关系	
2015年4月	赤道几内亚（非洲）	全面合作伙伴关系：2015年4月，赤几总统奥比昂来华进行国事访问期间，两国建立平等互信、合作共赢的全面合作伙伴关系	

续表

时间	国家/地区	伙伴关系的建立	伙伴关系发展历程
2015年9月	苏丹（非洲）	战略伙伴关系：中华人民共和国和苏丹共和国发表"联合声明"，决定提升中苏关系，建立战略伙伴关系	
2015年9月	约旦（亚洲）	战略伙伴关系：2015年9月9日，习近平主席与约旦哈希姆王国国王阿卜杜拉二世·本·侯赛因在北京举行会晤。基于双方进一步提升中约关系水平，巩固两国友好关系，保持合作的共同政治意愿，双方决定建立牢固的战略伙伴关系	
2015年11月	新加坡（亚洲）	全方位合作伙伴关系：2015年11月，中国与新加坡发布《中华人民共和国和新加坡共和国关于建立与时俱进的全方位合作伙伴关系的联合声明》，两国建立起全方位合作伙伴关系	
2015年12月	伊拉克（亚洲）	战略伙伴关系：2015年12月伊拉克总理阿巴迪访华期间，两国发表关于建立战略伙伴关系的联合声明	

续表

时间	国家/地区	伙伴关系的建立	伙伴关系发展历程
2016年1月	沙特阿拉伯（亚洲）	全面战略伙伴关系：2016年1月，习近平主席访问沙特阿拉伯。基于两国进一步深化各领域合作的共同愿望，双方决定将中华人民共和国和沙特阿拉伯王国的双边关系提升为全面战略伙伴关系，并决定成立中沙高级别联合委员会	
2016年1月	伊朗（亚洲）	全面战略伙伴关系：2016年1月，习近平主席对伊朗进行国事访问。基于新形势下进一步提升中伊关系水平的现实需要，双方同意建立全面战略伙伴关系	
2016年3月	捷克（欧洲）	战略伙伴关系：应捷克共和国总统米洛什·泽曼邀请，中华人民共和国主席习近平于2016年3月28日至30日对捷克共和国进行国事访问。这是两国建交67年以来，中国国家元首首次访问捷克共和国，对双边关系发展具有重要历史意义。访问期间，中捷两国元首签署《中华人民共和国和捷克共和国关于建立战略伙伴关系的联合声明》	

续表

时间	国家/地区	伙伴关系的建立	伙伴关系发展历程
2016年4月	瑞士（欧洲）	创新战略伙伴关系：2016年4月，瑞联邦主席施奈德-阿曼对华进行国事访问，两国确立创新战略伙伴关系新定位	
2016年5月	摩洛哥（非洲）	战略伙伴关系：2016年5月，摩洛哥国王穆罕默德六世应国家主席习近平邀请来华进行国事访问，两国元首共同签署了《关于建立两国战略伙伴关系的联合声明》	
2016年5月	莫桑比克（非洲）	全面战略合作伙伴关系：2016年5月莫桑比克共和国总统菲利佩·雅辛托·纽西访华。鉴此并着眼于未来发展，两国元首决定将中莫关系提升为全面战略合作伙伴关系	
2016年10月	乌拉圭（美洲）	战略伙伴关系：2016年10月，乌拉圭总统巴斯克斯访华，两国宣布建立战略伙伴关系	

续表

时间	国家/地区	伙伴关系的建立	伙伴关系发展历程
2016年12月	塞拉利昂（非洲）	全面战略合作伙伴关系：2016年12月习近平主席在人民大会堂同塞拉利昂总统科罗马举行会谈。两国元首决定将中塞关系提升为全面战略合作伙伴关系，以落实中非合作论坛约翰内斯堡峰会成果为契机，全面拓展和深化两国各领域友好互利合作，更好造福两国人民	
2016年12月	加蓬（非洲）	全面合作伙伴关系：2016年12月7日，国家主席习近平在人民大会堂同加蓬总统邦戈举行会谈。两国元首决定将中加关系提升为全面合作伙伴关系，以落实中非合作论坛约翰内斯堡峰会成果为抓手，对接两国发展战略，全面规划好两国各领域友好互利合作，实现共同发展	
2017年3月	以色列（亚洲）	创新全面伙伴关系：2017年3月，以色列总理内塔尼亚胡访华。21日中以两国在北京共同发表联合声明，确认两国建立"创新全面伙伴关系"	

291

续表

时间	国家/地区	伙伴关系的建立	伙伴关系发展历程
2017年3月	马达加斯加（非洲）	全面合作伙伴关系：2017年3月马达加斯加总统埃里出席博鳌亚洲论坛2017年年会并访华，两国领导人共同将中马关系提升为全面合作伙伴关系，为新时期中马关系发展指明了方向	
2017年4月	芬兰（欧洲）	新型合作伙伴关系：2017年4月，习近平主席对芬兰进行国事访问，中芬发表《中华人民共和国和芬兰共和国关于建立和推进面向未来的新型合作伙伴关系的联合声明》，两国建立起面向未来的新型合作伙伴关系	
2017年4月	圣多美和普林西比（非洲）	全面合作伙伴关系：2017年4月，特罗瓦达总理正式访华，双方一致决定构建全面合作伙伴关系，习近平主席提出要将中圣关系打造成大小国家合作和南南合作的典范，为两国关系发展确立了方向和目标	

292

续表

时间	国家/地区	伙伴关系的建立	伙伴关系发展历程
2017年5月	匈牙利（欧洲）	全面战略伙伴关系：2017年5月，匈牙利总理欧尔班·维克多应邀来华出席"一带一路"国际合作高峰论坛，习近平主席会见欧尔班·维克多总理，双方认为，进一步深化中匈关系符合两国利益，一致同意建立全面战略伙伴关系	
2017年11月	吉布提（非洲）	战略伙伴关系：2017年11月23日，习近平主席同吉布提总统盖莱举行会谈，两国元首一致同意，建立中吉战略伙伴关系，全面深化两国各领域合作	
2018年3月	纳米比亚（非洲）	全面战略合作伙伴关系：2018年3月，习近平主席在人民大会堂与纳米比亚总统根哥布举行会谈。两国元首一致决定中国与纳米比亚首全面战略合作伙伴关系	
2018年4月	津巴布韦（非洲）	全面战略合作伙伴关系：2018年4月，津巴布韦总统姆南加古瓦访华，中津两国元首决定建立全面战略合作伙伴关系	

续表

时间	国家/地区	伙伴关系的建立	伙伴关系发展历程
2018年4月	奥地利（欧洲）	友好战略伙伴关系：2018年4月，奥地利共和国总统亚历山大·范德贝伦对中华人民共和国进行国事访问。中奥双方决定进一步提升两国关系发展水平，建立中奥友好战略伙伴关系	
2018年5月	阿曼（亚洲）	战略伙伴关系：2018年5月25日，习近平主席同阿曼苏丹国苏丹卡布斯互致贺电，共同宣布建立中阿战略伙伴关系，并热烈庆祝两国建交40周年	
2018年6月	玻利维亚（美洲）	战略伙伴关系：2018年6月，玻利维亚总统胡安·莫拉莱斯访华。基于两国和两国人民的根本利益，为推动双边关系全面健康稳定发展，两国元首一致认为有必要将中玻关系提升至更高水平，决定在相互尊重、平等互利的基础上建立战略伙伴关系	

续表

时间	国家/地区	伙伴关系的建立	伙伴关系发展历程
2018年7月	科威特（亚洲）	战略伙伴关系：2018年7月，科威特国埃米尔萨巴赫·艾哈迈德·贾比尔·萨巴赫殿下访华，基于两国传统友好关系和深化各领域合作的共同愿望，两国元首一致决定两国建立战略伙伴关系	
2018年9月	塞舌尔（非洲）	蓝色伙伴关系：2018年9月1日，习近平主席在人民大会堂会见了来华出席2018年中非合作论坛北京峰会的塞舌尔总统富尔。在两国元首见证下，两国大使同签署了《中华人民共和国自然资源部与塞舌尔共和国环境、能源和气候变化部关于面向蓝色伙伴关系的海洋领域合作谅解备忘录》	
2019年11月	文莱（亚洲）	战略合作伙伴关系：2019年11月19日，习近平主席在斯里巴加湾同文莱苏丹哈桑纳尔举行会谈。两国关系积极发展势头，一致决定建立中国与文莱战略合作伙伴关系	

295

续表

时间	国家/地区	伙伴关系的建立	伙伴关系发展历程
2019年11月	苏里南（美洲）	战略合作伙伴关系：2019年11月27日，国家主席习近平在北京人民大会堂同苏里南总统鲍雷塞举行会谈。两国元首共同宣布，中苏建立战略合作伙伴关系。	

资料来源：根据外交部网站资料整理。

附　　录

附录2　美国的双边盟友、战略合作伙伴和战略对话

	基于条约的盟友	主要非北约盟友	正式战略合作伙伴	正式战略对话
北美洲				
加拿大	×		*	×
墨西哥			×	×
欧洲				
阿尔巴尼亚	×		*	
比利时	×		*	
保加利亚	×			
克罗地亚	×			
捷克共和国	×		*	×
丹麦	×		*	
爱沙尼亚	×		×	
欧盟			*	×
法国	×		*	
德国	×		×	
格鲁吉亚				

297

续表

	基于条约的盟友	主要非北约盟友	正式战略合作伙伴	正式战略对话
希腊	×		*	
匈牙利	×		*	
冰岛	×		*	
意大利	×		*	
拉脱维亚	×		*	
立陶宛	×		*	
卢森堡	×		*	
荷兰	×		*	
挪威	×		×	×
波兰	×		*	×
葡萄牙	×		×	×
罗马尼亚	×		×	
俄罗斯			*	
斯洛伐克	×		*	
斯洛文尼亚	×		*	

续表

	基于条约的盟友	主要非北约盟友	正式战略合作伙伴	正式战略对话
西班牙	×		*	
土耳其	×		×	
乌克兰			×	
英国	×		*	
中东及北非地区				
阿尔及利亚				×
巴林		×	×	×
埃及		×	×	×
伊拉克		×	×	×
以色列		×	×	×
约旦		×	×	×
科威特		×	×	×
摩洛哥		×	×	×
沙特阿拉伯			×	×
突尼斯				×

续表

	基于条约的盟友	主要非北约盟友	正式战略合作伙伴	正式战略对话
阿拉伯联合酋长国				
也门			×	×
撒哈拉以南非洲				
安哥拉			战略伙伴关系对话	×
吉布提			×	
肯尼亚			×	
利比里亚				
尼日利亚			双边委员会	×
南非				×
亚太地区				
阿富汗		×	×	×
澳大利亚	×		×	×
阿塞拜疆				
孟加拉国			×	×
文莱				×

附　录

续表

国家	基于条约的盟友	主要非北约盟友	正式战略合作伙伴	正式战略对话
中国				×
印度			×	×
印度尼西亚			全面伙伴关系	×
日本	×	×	*	×
哈萨克斯坦			×	×
吉尔吉斯斯坦			*	
马来西亚			全面伙伴关系	
新西兰		×	×	×
巴基斯坦		×	×	×
菲律宾	×	×	*	×
韩国	×	×	*	×
新加坡		×	战略框架协议	×
泰国	×		*	×
乌兹别克斯坦			×	
越南			全面伙伴关系	×

301

续表

	基于条约的盟友	主要非北约盟友	正式战略合作伙伴	正式战略对话
南美洲				
阿根廷		×		
巴西			全球伙伴关系对话	×
智利			×	
哥伦比亚			×	×
秘鲁			×	

注：美国官方经常将基于条约的盟友称为"战略伙伴"，各国通常进行密切和定期的磋商。但是它们并不一定会举行持续、定期、正式的机构间"战略伙伴关系"会议。表中将定期与美国开展机构间会议的盟友标注为"×"，*代表与美国缔结有条约的盟友。

资料来源：Daniel S. Hamilton. The American Way of Partnership, ESPO Working Paper, No. 6, June 2014, pp. 22 – 23.

参考文献

[1] 习近平:《决胜全面建成小康社会 夺取新时代中国特色社会主义伟大胜利——在中国共产党第十九次全国代表大会上的报告》,人民出版社2017年版。

[2] 习近平:《论坚持推动构建人类命运共同体》,中央文献出版社2018年版。

[3] 中共中央党史和文献研究院、推进"一带一路"建设工作领导小组办公室:《习近平谈"一带一路"》,中央文献出版社2018年版。

[4]《习近平谈治国理政》第一卷,外文出版社2018年版。

[5]《习近平谈治国理政》第二卷,外文出版社2017年版。

[6] 全国干部培训教材编审指导委员会:《全面推进中国特色大国外交》,人民出版社/党建读物出版社2019年版。

[7] 杨洁篪:《新形势下中国外交理论和实践创新》,载于《求是》2013年第16期。

[8] 杨洁篪:《以习近平外交思想为指导 深入推进新时代对外工作》,载于《求是》2018年第15期。

[9] 外交部党委理论学习中心组:《努力推动构建人类命运共同体——深入学习贯彻习近平新时代中国特色社会主义外交思想》,载于《求是》2018年第19期。

[10] 孔铉佑:《习近平外交思想和中国周边外交理论与实践创新》,载于《求是》2019年第8期。

[11] 乐玉成:《继往开来,携手共创中俄关系新时代——

写在中俄建交 70 周年之际》，载于《求是》2019 年第 18 期。

［12］中共国家海洋局党组：《实现中华民族海洋强国梦的科学指南——深入学习习近平总书记关于海洋强国战略的重要论述》，载于《求是》2017 年第 17 期。

［13］［法］费尔南·布罗代尔：《菲利普二世时代的地中海和地中海世界》，商务印书馆 2013 年版。

［14］［美］汉斯·摩根索：《国家间政治》，徐昕等译，北京大学出版社 2007 年版。

［15］［德］克劳斯·施瓦布、［澳］尼古拉斯·戴维斯：《第四次工业革命》，中信出版集团 2018 年版。

［16］［美］克雷格·斯奈德：《当代安全与战略》，徐纬地等译，吉林人民出版社 2001 年版。

［17］［美］斯蒂芬·沃尔特：《联盟的起源》，周丕启译，上海人民出版社 2018 年版。

［18］［美］沈大伟：《中美战略关系：从伙伴到竞争对手》，载于《世界经济与政治》2001 年第 2 期。

［19］梁军：《不对称的特殊伙伴——联盟视野下的战后英美关系研究》，中国社会科学出版社 2011 年版。

［20］李少军：《国际战略报告》，中国社会科学出版社 2005 年版。

［21］卢静：《全球治理：困境与改革》，社会科学文献出版社 2016 年版。

［22］门洪华：《中国国际战略导论》，清华大学出版社 2009 年版。

［23］王树柏：《全球大调整》，新华出版社 1998 年版。

［24］陈新丽、冯传禄：《法国海权兴衰及战略研究述略》，载于《太平洋学报》2016 年第 9 期。

［25］陈永：《中美倡导的伙伴关系比较研究：演变过程与概念界定》，载于《国际政治研究》2016 年第 5 期。

[26] 陈志敏：《伙伴战略：世纪之交中国的现实理想主义外交战略》，载于《太平洋学报》1999年第3期。

[27] 傅莹：《中俄关系：是盟友还是伙伴？》，载于《现代国际关系》2016年第4期。

[28] 高飞：《中国外交的转型与创新》，载于《新疆师范大学学报》（哲学社会科学版）2017年第6期。

[29] 高程：《从规则视角看美国重构国际秩序的战略调整》，载于《世界经济与政治》2013年第12期。

[30] 高程：《新帝国体系中的制度霸权与治理路径——兼析国际规则"非中性"视角下的美国对华战略》，载于《教学与研究》2012年第5期。

[31] 高兰：《"冷和平"治下的中日海权博弈分析：结构、脉络、前景》，载于《东北亚论坛》2018年第6期。

[32] 葛红亮：《非传统安全与南海地区国家的策略性互动》，载于《国际安全研究》2015年第2期。

[33] 关雪凌、杨博、刘漫与：《"冰上丝绸之路"与中俄参与全球经济治理的新探索》，载于《东北亚学刊》2019年第3期。

[34] 海民：《我国边界海洋问题与中国特色的边海外交》，载于《边界与海洋研究》2018年第6期。

[35] 贺鉴、王雪：《全球海洋治理视野下中非"蓝色伙伴关系"的建构》，载于《太平洋学报》2019年第2期。

[36] 黄河、杨海燕：《区域性公共产品与澜湄合作机制》，载于《深圳大学学报》（人文社会科学版）2017年第1期。

[37] 江时学：《构建中国拉美命运共同体路径思考》，载于《国际问题研究》2018年第2期。

[38] 金正昆：《伙伴战略：中国外交的理性抉择》，载于《教学与研究》2000年第7期。

[39] 康霖、罗亮：《中国—东盟海上合作基金的发展及前景》，载于《国际问题研究》2014年第5期。

［40］李葆珍：《结盟—不结盟—伙伴关系：当代中国大国关系模式的嬗变》，载于《郑州大学学报》（哲学社会科学版）2009年第2期。

［41］李广义、石左：《"不结盟"政策需要重新审视吗?》，载于《国际展望》1999年第11期。

［42］李开盛：《中国周边外交：70年来的演变及其逻辑》，载于《国际关系研究》2019年第4期。

［43］李昕蕾、任向荣：《全球气候治理中的跨国城市气候网络——以C40为例》，载于《社会科学》2011年第6期。

［44］梁昊光：《"一带一路"：内在逻辑、全球定位和学理支撑》，载于《深圳大学学报》（人文社会科学版）2019年第4期。

［45］凌胜利：《中国为什么不结盟?》，载于《外交评论》2013年第3期。

［46］刘博文、方长平：《周边伙伴关系网络与中国周边安全环境》，载于《当代亚太》2016年第3期。

［47］刘衡：《介入域外海洋事务：欧盟海洋战略转型》，载于《世界经济与政治》2015年第10期。

［48］刘江永：《国际关系伙伴化及其面临的挑战》，载于《现代国际关系》1999年第4期。

［49］刘卫东：《新一轮"中国威胁论"意欲何为?》，载于《红旗文稿》2018年第15期。

［50］卢静：《国际定位与改革开放以来的中国外交》，载于《国际问题研究》2018年第5期。

［51］马苹、李靖宇：《关于中俄两国加强海洋合作的战略推进构想》，载于《东北亚论坛》2014年第5期。

［52］门洪华、刘笑阳：《中国伙伴关系战略评估与展望》，载于《世界经济与政治》2015年第2期。

［53］牟文富：《海洋元叙事：海权对海洋法律秩序的塑造》，载于《世界经济与政治》2014年第7期。

[54] 宁骚：《选择伙伴战略—营造伙伴关系——跨入21世纪的中国外交》，载于《新视野》2000年第2期。

[55] 庞中英：《在全球层次治理海洋问题——关于全球海洋治理的理论与实践》，载于《社会科学》2018年第9期。

[56] 秦亚青：《全球治理失灵与秩序理念重建》，载于《世界经济与政治》2013年第4期。

[57] 秦亚青：《中国文化对其外交决策的影响》，载于《国际问题研究》2011年第5期。

[58] 任远喆：《次国家政府外交的发展及其在中国跨境区域合作中的实践》，载于《国际观察》2017年第3期。

[59] 任远喆：《"一带一路"与中国在东南亚的"高铁外交"实践》，载于《东南学术》2019年第3期。

[60] 任远喆、刘汉青：《南海地区非传统安全合作与中国的角色》，载于《边界与海洋研究》2017年第3期。

[61] 阮建平、陆广济：《深化中国—东盟合作：从"利益共同体"到"命运共同体"的路径探析》，载于《南洋问题研究》2018年第1期。

[62] 苏长和：《中国与国际体系：寻求包容性的合作关系》，载于《外交评论》2011年第1期。

[63] 孙德刚：《联而不盟：国际安全合作中的准联盟理论》，载于《外交评论》2007年第6期。

[64] 孙德刚：《准联盟外交探析》，载于《国际观察》2007年第2期。

[65] 孙德刚：《结盟外交与国际安全竞争中的"三层博弈模式"》，载于《国际论坛》2008年第6期。

[66] 孙德刚：《论"准联盟"战略》，载于《世界经济与政治》2011年第2期。

[67] 孙德刚：《论新时期中国的准联盟外交》，载于《世界经济与政治》2012年第3期。

[68] 孙德刚：《论 21 世纪中国对中东国家的伙伴外交》，载于《世界经济与政治》2019 年第 7 期。

[69] 孙吉胜：《传统文化与十八大以来中国外交话语体系构建》，载于《外交评论》2017 年第 4 期。

[70] 孙祁祥、锁凌燕、郑伟：《"一带一路"与新型全球化：风险及应对》，载于《中共中央党校学报》2017 年第 6 期。

[71] 孙茹：《美国亚太同盟体系的网络化及其前景》，载于《国际问题研究》2012 年第 4 期。

[72] 孙学峰、丁鲁：《伙伴国类型与中国伙伴关系升级》，载于《世界经济与政治》2017 年第 2 期。

[73] 王聪悦：《厘清和有效应对有关的"中国威胁论"》，载于《世界社会主义研究》2019 年第 1 期。

[74] 王俊生：《重塑战略重心：十八大以来的中国周边外交》，载于《当代世界与社会主义》2017 年第 2 期。

[75] 王鹏：《"对冲"与"楔子"：美国"印太"战略的内生逻辑》，载于《当代亚太》2018 年第 3 期。

[76] 王义桅：《超越和平崛起：中国实施包容性崛起战略的必要性与可能性》，载于《世界经济与政治》2011 年第 8 期。

[77] 王铮：《新时代中国特色大国外交：伙伴关系外交的新演变和新特征（2013－2017）》，载于《当代世界与社会主义》2018 年第 4 期。

[78] 翁明：《何谓"建设性战略伙伴关系"?》，载于《世界知识》1997 年第 23 期。

[79] 吴建民：《研究亚洲 促进和平与繁荣》，载于《印度洋经济体研究》2015 年第 1 期。

[80] 夏亚峰：《尼克松主义及美国对外政策的调整》，载于《中共党史研究》2009 年第 4 期。

[81] 谢若初：《日本新〈海洋基本计划〉解析》，载于《东北亚学刊》2018 年第 6 期。

[82] 谢文泽：《中国—拉共体共建"一带一路"探析》，载于《太平洋学报》2018 年第 2 期。

[83] 徐进：《当代中国拒斥同盟心理的由来》，载于《国际经济评论》2015 年第 5 期。

[84] 阎学通：《反思为何结盟战略不受大国青睐》，载于《国际政治科学》2019 年第 3 期。

[85] 阎学通：《或可考虑改变"不结盟"战略》，载于《领导文萃》2011 年第 21 期。

[86] 阎学通：《权力中心转移与国际体系转变》，载于《当代亚太》2012 年第 4 期。

[87] 杨耀源、杨超：《21 世纪以来越南对美"伙伴关系"政策评析：内涵、起源、特征及影响》，载于《当代亚太》2016 年第 5 期。

[88] 扬震、周云亨、郑海琦：《美国海权思想演进探析》，载于《国外社会科学》2016 年第 5 期。

[89] 余潇枫：《"和合主义"：中国外交的伦理价值取向》，载于《国际政治研究》2007 年第 3 期。

[90] 郑先武：《"安全共同体"理论探微》，载于《现代国际关系》2004 年第 2 期。

[91] 章雅荻：《"一带一路"倡议与中国海外劳工保护》，载于《国际展望》2016 年第 3 期。

[92] 张清敏：《理解十八大以来的中国外交》，载于《外交评论》2014 年第 2 期。

[93] 赵可金、翟大宇：《互联互通与外交关系——一项基于生态制度理论的中国外交研究》，载于《世界经济与政治》2018 年第 9 期。

[94] 赵隆、于宏源：《创新伙伴关系的次级维度——基于跨国城市联盟的欧亚创新合作探析》，载于《国际展望》2019 年第 4 期。

[95] 钟飞腾:《中国的身份定位与构建发展中国家新型关系》,载于《当代世界》2019 年第 2 期。

[96] 钟飞腾、张洁:《雁行安全模式与中国周边外交的战略选择》,载于《世界经济与政治》2011 年第 8 期。

[97] 朱锋:《特朗普政府的南海政策及中美海上安全挑战》,载于《当代美国评论》2018 年第 3 期。

[98] 朱锋、秦恺:《中国海洋强国治理体系建设:立足周边、放眼世界》,载于《中国海洋大学学报》(社会科学版)2019 年第 3 期。

[99] 朱璇、贾宇:《全球海洋治理背景下对蓝色伙伴关系的思考》,载于《太平洋学报》2019 年第 1 期。

[100] Amitav Acharya. *The End of American World Order*, Polity, 2014.

[101] Andrew Small. *The China – Pakistan Axis: Asia's New Geopolitics*, Oxford University Press, 2015.

[102] Ashley Townshend, Brendan Thomas – Noone and Matilda Steward. *Averting Crisis: American Strategy, Military Spending and Collective Defence in the Indo – Pacific*, the United States Studies Center, University of Sydney, August 2019.

[103] Avery Goldstein. *Rising to the Challenge: China's Grand Strategy and International Security*, Stanford University Press, 2005.

[104] Charles A. Kupchan. *No One's World: The West, the Rising West, and the Coming Global Turn*, Oxford University Press, 2012.

[105] Colin Gray. *The leverage of Sea Power: The Strategic Advantage of Navies in War*, Free Press, 1992.

[106] David G. Muller. *China as a Maritime Power*, Westview Press, 1984.

[107] David Jordan, James D. Kiras, David J. Lonsdale, Ian

Spell, Christopher Tuck and C. Dale Walton. *Understanding Modern Warfare*, Cambridge University Press, 2008.

[108] Elizabeth Sherwood – Randall. *Alliances and American National Security*, Strategic Studies Institute, 2006.

[109] G. John Ikenberry. *Liberal Leviathan: The Origins, Crisis, and Transformation of the American World Order*, Princeton University Press, 2012.

[110] Glenn Snyder. *Alliance Politics*, Cornell University Press, 2007.

[111] Geoffrey Till. *Seapower: A Guide for the Twenty – First Century*, Frank Cass, 2004.

[112] Herbert W. Richmond. *Sea power in the Modern World*, Oxford University Press, 1946.

[113] Ian Bremmer. *Every Nation for Itself: Winners and Losers in a G – Zero World*, Portfolio, 2012.

[114] John. B. Hattendorf, ed. . *The Influence of History on Mahan*, Naval War College Press, 1991.

[115] Joan M. Roberts. *Alliance, Coalitions and Partnership: Building Collaborative Organizations*, New Society Publishers, 2004.

[116] John D. Ciorciari. *The Limits of Alignment: Southeast Asia and the Great Powers since 1975*, Georgetown University Press, 2010.

[117] Lincoln Paine. *The Sea and Civilization: A Maritime History of the World*, Vintage, 2013.

[118] Michael D. Ward. *Research Gaps in Alliance Dynamics*, University of Denver, 1982.

[119] Vidya Nadkarni. *Strategic Partnership in Asia: Balancing without Alliance*, Routledge, 2010.

[120] Ole Holsti. Terrence Hopmann and John Sullivan, *Unity*

and Disintegration in International Alliances, John Wiley&Sons, 1973.

［121］ Peter Howarth. *China's Rising Sea Power: The PLA Navy's Submarine Challenge*, Routledge, 2006.

［122］ Prashanth Parameswaran. *ASEAN's Role in U. S. Indo - Pacific Strategy*, Wilson Center Asia Program, September 2018.

［123］ Richard Hass. *A World in Disarray: American Foreign Policy and the Crisis of the Old Order*, Penguin Press, January 10, 2017.

［124］ Robert Blackwill and Paul Dibb (eds). *America's Asian Alliances*, MIT Press, 2000.

［125］ Sam J. Tangredi (eds). *Globalization and Maritime Power*, National Defence University Press, 2002.

［126］ Stephen D. Krasner. *International Regimes*, Cornell University Press, 1982.

［127］ Stephen M. Walt. *The Origin of Alliance*, Cornell University Press, 1990.

［128］ Thomas S. Wilkins. *Security in Asia Pacific: The Dynamics of Alignment*, Lynne Rienner Publishers, 2019.

［129］ Toshi Yoshihara and James Holmes. *Red Star Over the Pacific: China's Rise and the Challenge to U. S. Maritime Strategy*, Second Edition, Naval Institute Press, 2018.

［130］ Victor Cha. *Alignment Despite Antagonism: The United States - Korea - Japan Security Triangle*, Stanford University Press, 1999.

［131］ Vijay Sakhuja. *Asian Maritime Power in the 21st Century: Strategic Transactions China, India and Southeast Asia*, ISEAS Publishing, 2011.

［132］ Andrew Scobell, Bonny Lin, Howard J. Shatz etc.. *At*

the Dawn of Belt and Road: China in the Developing World, Rand Corporation, December 5, 2018.

[133] Eric Grove. *The Future of Sea Power*, Naval Institute Press, 1990.

[134] Geoffrey Till. *Seapower: A Guide for The Twenty – First Century*, Frank Cass, 2004.

[135] Brantly Womack. China's Future in a Multinodal World Order, *Pacific Affairs*, Vol. 87, No. 2, 2014.

[136] Colleen Chidley. Towards a Framework of Alignment in International Relations, *South African Journal of Political Studies*, Vol. 41, No. 1, 2014.

[137] Christian Bedford. The View from the West: Chinese Naval Power in the 21st Century, *Canadian Naval Review*, Vol. 5, No. 2, 2009.

[138] Daniel Kliman and Abigail Grace. *Power Play: Addressing China's Belt and Road Strategy*, Center for a New American Security, October 2018.

[139] Degang Sun and Yahia Zoubir. China – Arab States Strategic Partnership: Myth or Reality, *Journal of Middle Eastern and Islamic Studies* (in Asia), Vol. 8, No. 3, 2014.

[140] Elizabeth Wishnick. In search of the "Other" in Asia: Russia – China Relations Revisited, *Pacific Review*, Vol 30, No. 1, 2017.

[141] Elizabeth Wishnick. Russia and China: Brothers Again? *Asian Survey*, Vol. 41, No. 5, 2001.

[142] Emine Akcadag Alagoz. Creation of the Asian Infrastructure Investment Bank as A Part of China's Smart Power Strategy, *Pacific Review*, Nov. 2018.

[143] Evan Medeiros. *China's International Behavior: Activism*,

Opportunism, and Diversification, Rand Corporation, 2009.

[144] Feng Zhang. China's New Thinking on Alliance, *Survival*, Vol. 54, No. 5, 2012.

[145] Zhongping Feng and Jing Huang. China's Strategic Partnership Diplomacy: Engaging with a Changing World, *ESPO Working Paper*, No. 8, June 2014.

[146] François de Soyres. *The Growth and Welfare Effects of the Belt and Road Initiative on East Asia Pacific Countries*, World Bank Group, October 2018.

[147] Frank Biermann, Philipp Pattberg, Harro van Asselt, Fariborz Zelli. The Fragmentation of Global Governance Architectures: A Framework for Analysis, *Global Environmental Politics*, Vol. 9, No. 4, November 2009.

[148] Frans Paul van der Putten. Infrastructure and Geopolitics: China's Emerging Presence in the Eastern Mediterranean, *Journal of Balkan and Near Eastern Studies*, Vol. 18, Issue 4, 2016.

[149] Georg Strüver. China's Partnership Diplomacy: International Alignment Based on Interests and Ideology, *The Chinese Journal of International Politics*, Vol. 10, No. 1, 2017.

[150] Geoffrey Till. New Directions in Maritime Strategy? Implications for the U.S Navy, *Naval War College Review*, Autumn 2007.

[151] Glenn H. Snyder. The Security Dilemma in Alliance Politics, *World Politics*, Vol. 36, No. 4, 1984.

[152] H. D. P. Envall and Ian Hall. Asian Strategic Partnership: New Practices and Regional Security Governance, *Asian Politics and Policy*, Vol. 8, No. 1, 2016.

[153] John J. Mearsheimer. The False Promise of International Institutions, *International Security*, Vol. 19, No. 3, 1994.

[154] Katrine Soma, Jan van Tatenhove, Judith van Leeuwen. Marine Governance in a European context: Regionalization, integration and cooperation for ecosystem-based management, *Ocean & Coastal Management*, Vol. 117, November 2015.

[155] Lennox Hinds. Oceans Governance and the Implementation Gap, *Marine Policy*, Vol. 27, Issue 4, July 2003.

[156] Mingjiang Li. China and Maritime Cooperation in East Asia: Recent Developments and Future Prospects, *Journal of Contemporary China*, Number 19, March 2010.

[157] Liselotte Odgaard. Beijing's Quest for Stability in its Neighborhood: China's Relations with Russia in Central Asia, *Asian Security*, Vol. 13, No. 1, 2017.

[158] Luis Simón, Alexander Lanoszka & Hugo Meijer. Nodal defence: the changing structure of U.S. alliance systems in Europe and East Asia, *Journal of Strategic Studies*, July 2019.

[159] Lyle J. Goldstein. A China – Russia Alliance? *The National Interest*, April 25, 2017.

[160] Michael McDevitt. *Becoming a Great "Maritime Power": A Chinese Dream*, CNA, June 2016.

[161] Michele Ruta, Alen Mulabdic, Siobhan Murray, Nadia Rocha, Francois De Soyres. *How much will the Belt and Road Initiative reduce trade costs?* World Bank, Oct. 16, 2018.

[162] Minghao Zhao. Is a New Cold War Inevitable? Chinese Perspectives on U.S. – China Strategic Competition, *The Chinese Journal of International Politics*, Vol. 12, No. 3, 2019.

[163] Paul Evans. Searching for cooperative security 2.0, *China Quarterly of International Strategic Studies*, Vol. 1, No. 4, 2015.

[164] Prashanth Parameswaran. Explaining US Strategic Partnership in the Asia – Pacific Region, *Contemporary Southeast Asia*,

Vol. 36, No. 2, 2014.

［165］ Roger W. Barnett. Strategic Culture and Its Relationship to Naval Strategy, *Naval War College Review*, Winter 2007.

［166］ Sean Key. What is a strategic partnership?, *Problems of Post-Communism*, Vol. 47, No. 3, May/June 2000.

［167］ Shengsong Yue. Towards a Global Partnership Network: Implications, Evolution and Prospects of China's Partnership Diplomacy, *Copenhagen Journal of Asian Studies*, Vol. 36, No. 2, 2018.

［168］ Steward M. Patrick. Trump and World Order, *Foreign Affairs*, Vol. 96, No. 2, March/April 2017.

［169］ Sukjoon Yoon. Implication of Xi Jinping's "True Maritime Order", *Naval War College Review*, Vol. 68, No. 3, Summer 2015.

［170］ Terence Wesley-Smith. China in Oceania: New Forces in Pacific Politics, East-West Center, *Pacific Islands Policy*, No. 2, 2007.

［171］ Terence Wesley-Smith. China's Rise in Oceania: Issues and Perspectives, *Pacific Affairs*, Vol 86, No. 2, 2013.

［172］ Thomas Wilkins. Russo-Chinese Strategic Partnership: A New Form of Security Cooperation? *Contemporary Security Studies*, Volume 29, Issue 2, 2008.

［173］ Timothy R. Heath. *China's Pursuit of Overseas Security*, Rand Corporation, October, 2018.

［174］ Timothy R. Heath and William R. Thompson. Avoiding US-China Competition Is Futile: Why the Best Option Is to Manage Strategic Rivalry, *Asia Policy*, Vol. 13, No. 2, 2018.

［175］ Tim Summers. China's "New Silk Roads": sub-national regions and networks of global political economy, *Third World Quarterly*, Vol. 27, 2016.

［176］ Tom Christensen. China, the U.S.-Japan Alliance,

and the Security Dilemma in East Asia, *International Security*, Vol. 23, No. 4, Spring 1999.

[177] Wilfried Bolewski and Candy M. Rietig. The Cultural Impact on China's New Diplomacy, *Whitehead Journal of Diplomacy and International Relations*, Vol. 8, No. 3, 2008.

[178] Xuetong Yan. The Instability of China – US Relations, *The Chinese Journal of International Politics*, Vol. 3, No. 3, 2010.

[179] Yaqing Qin. A Relational Theory of World Politics, *International Studies Review*, Vol. 18, No. 1, 2016.

[180] Yaqing Qin. Rule, Rules, and Relations: Towards a Synthetic Approach to Governance, *The Chinese Journal of International Politics*, Vol 4, No. 2, 2011.

后记

2014年11月28~29日，中央外事工作会议在北京举行。习近平总书记在讲话中指出："中国必须有自己特色的大国外交。我们要在总结实践经验的基础上，丰富和发展对外工作理念，使我国对外工作有鲜明的中国特色、中国风格、中国气派。"他同时强调"要在不结盟原则的前提下广交朋友，形成遍布全球的伙伴关系网络"。中国特色大国外交，就是深刻把握中国与世界的发展大势，把发展全球伙伴关系摆在更加重要的位置，推动构建全方位、多层次、立体化的全球伙伴关系网络。"朋友多了路好走""志同道合是伙伴，求同存异也是伙伴"。在全球伙伴关系网络理念的指引下，五年多来，我国同巴拿马、多米尼加、萨尔瓦多、所罗门群岛等国家新建立外交关系，建交国数目达到180个；迄今为止已经建立了112对各种形式的伙伴关系，构建起遍布全球的伙伴关系网络，中国特色大国外交的道路越走越宽广。

回首70年外交波澜壮阔的发展历程，"积极发展全球伙伴关系"已成为中国外交鲜明的特色和重要的经验。正如我们常常讨论的"外交实践是外交理论创新的源泉"，中国伙伴关系外交的实践已经远远走在了外交理论发展的前面。学术界对于伙伴关系的关注和研究最早开始于20世纪90年代末，伴随着中国与一些国家伙伴关系的建立，不少学者开始讨论国际关系的伙伴化，并将伙伴关系外交作为世纪之交中国外交的最优选择；随着21世纪初中国伙伴关系的迅速发展，学界对于伙伴关系的研究更加深入和多元，开始有意识地进行理论化的阐释并进行案例化的剖析；党的十八大之后全球伙伴关系网络理念的提出使伙伴关系外交的研究跨入了"第三波"。不仅国内理论化分析的文章越来越多，国外学术界的关注和相关研究成果也不断增加。可以说，伙伴关系已经成为理解中国外交战略、建构有中国特色外交学的重要路径之一。

鉴于此，本书以全球伙伴关系网络为切入点，详细梳理了中国伙伴关系外交的发展历程，认真归纳了不同阶段伙伴关系外交的特点和经验，并从推进"一带一路"倡议和建设海洋强国两个方面对构建全球伙伴关系网络的现实路径进行了比较借鉴和剖析。当然，伙伴关系外交是一个宏大系统，从理论建构到实践发展方面都还有许多需要进一步厘清的内容。例如与同盟理论相比，伙伴关系外交的理论框架还相当模糊，关于伙伴关系建立的动力、伙伴国的责任、伙伴关系升级和降级、伙伴关系的效果评估等仍需要进行深入的探讨；而在实践层面，中国的全球伙伴关系网络发展十分迅速，如今112个伙伴国如何来进行更加明确、合理的定位，针对不同类型的伙伴国应该在外交政策上如何区分对待，如何进一步提升同伙伴关系国的合作成效等问题都亟待学术研究和实践探索。毋庸置疑，中国的全球伙伴关系网络还将进一步扩大，党的十八大以来建立起来的不少伙伴关系将来必然还会升级，这些都为伙伴关系的研究带来了丰富的案例和充足的研究空间，当然多样性、复杂性发展也为进一步的研究提出了挑战。

本书的写作首先要感谢经济科学出版社。非常荣幸，经济科学出版社将本书纳入"中国道路"大型丛书。感谢外交学院高飞副院长一直以来的指导、鼓励和鞭策，使我能够坚持下来完成此书。感谢外交学系苏浩教授、王春英主任和学院各位同事一直以来的关怀和帮助。感谢我的研究生陈猛、魏建勋、耿子函等在查找资料、翻译文献等方面提供的鼎力支持。最后我还要特别感谢我的家人,他们的悉心照顾让我可以安心完成本书。

任远喆
2020 年 2 月于北京外交学院